中公新書

現代史

f2

2570 佐藤栄作 村井良太
2186 田中角栄 早野透
1976 大平正芳 福永文夫
2351 中曽根康弘 服部龍二
2512 高坂正堯―戦後日本と現実主義 服部龍二
1574 海の友情 阿川尚之
1875 「国語」の近代史 安田敏朗
2075 歌う国民 渡辺裕
2332 「歴史認識」とは何か 大沼保昭 江川紹子
1804 戦後和解 小菅信子
2406 毛沢東の対日戦犯裁判 大澤武司
1900 「慰安婦」問題とは何だったのか 大沼保昭
2624 「徴用工」問題とは何か 波多野澄雄
2359 竹島―もうひとつの日韓関係史 池内敏
1820 丸山眞男の時代 竹内洋

2237 四大公害病 政野淳子
1821 安田講堂 1968-1969 島泰三
2110 日中国交正常化 服部龍二
2150 近現代日本史と歴史学 成田龍一
2196 大原孫三郎―善意と戦略の経営者 兼田麗子
2317 歴史と私 伊藤隆
2301 核と日本人 山本昭宏
2342 沖縄現代史 櫻澤誠
2543 日米地位協定 山本章子
2627 戦後民主主義 山本昭宏

山本昭宏（やまもと・あきひろ）

1984年奈良県生まれ．2007年京都大学文学部卒．2012年京都大学大学院文学研究科現代文化学専攻二十世紀学専修博士後期課程修了．博士（文学）．日本学術振興会特別研究員などを経て，神戸市外国語大学外国語学部准教授．日本近現代史，メディア文化史，歴史社会学．

著書『核エネルギー言説の戦後史 1945～1960』（人文書院，2012年）
『核と日本人』（中公新書，2015年）
『教養としての戦後〈平和論〉』（イーストプレス，2016年）
『大江健三郎とその時代』（人文書院，2019年）
編著『近頃なぜか岡本喜八』（みずき書林，2020年）

戦後民主主義《せんごみんしゅしゅぎ》
中公新書 2627

2021年 1 月25日発行

著　者　山本昭宏
発行者　松田陽三

本文印刷　三晃印刷
カバー印刷　大熊整美堂
製　本　小泉製本

発行所　中央公論新社
〒100-8152
東京都千代田区大手町 1-7-1
電話　販売 03-5299-1730
　　　編集 03-5299-1830
URL http://www.chuko.co.jp/

JASRAC 出 2010457-001

Published by CHUOKORON-SHINSHA, INC.
Printed in Japan　ISBN978-4-12-102627-9 C1221

中公新書 2627

山本昭宏著

戦後民主主義

現代日本を創った思想と文化

中央公論新社刊

はじめに

一九九四年一〇月、ノーベル文学賞を受賞した大江健三郎（一九三五〜）は、文部省からの文化勲章授与の打診に対し、辞退する意向を明らかにした。その意図について、大江は次のように説明している。

大岡昇平さんなら、この賞［ノーベル賞を指す］にあわせて「国民的栄誉」があたえられるとして、やはりそれを辞退されるだろうと思う。そこで僕もそうさせていただくことにした。申し訳ない気持においてではあるが、「戦後民主主義者」——なんと懐かしい語感だろう——に「国民的栄誉」は似合わないから、と。そして思えば、故郷の森の少年時から、老年に近づいた今にいたるまで、僕は「戦後民主主義者」のままなのだ。

（『東京新聞』一九九四年一〇月一五日）

国家の栄誉からは距離を置き、個人として生きたいという大江の思いが、戦後民主主義と

大江健三郎

いう言葉に込められている。同時に、一九九四年の時点で、すでに戦後民主主義という言葉が、「懐かしい」ものとして意識されていることもわかる。

他方で、一九九〇年代には、戦後民主主義という言葉が異なる文脈で使われることもあった。評論家の江藤淳（一九三二～九九）は、一九九四年に「『戦後民主主義』の呪い」という論考を発表した。江藤は言う。

「戦後民主主義」こそ「民主主義」だという解釈を、有力新聞、テレビ等が、全体主義的に撒き散らすという事態に立ち至った。その結果平成の体制は、「深い慮《おもんぱか》り」を失ったまま、まさに文字通りの「戦後民主主義」になってしまった。民主主義とは似ても似つかない凭《もた》れ合いと相互監視、みんなで渡れば怖くないけれども、一人で飛び出すのは真ッ平御免という空気のような全体主義的心情を、極度にまで推し進めた頽廃《たいはい》に陥った。〔中略〕改元以来五年、ふと考えると、いままさに「戦後民主主義」の呪いが吹き出しているように思われてならない。

（『諸君！』一九九四年一月号）

江藤は続けて、憲法第九条の精神的孤立主義と、自分さえ儲《もう》かればいいという物質的孤立主義が戦後民主主義の「呪い」だと主張した。

これら二つの例が示すように、戦後民主主義という言葉は、その使われ方に大きな揺らぎがあり、その言葉が何を意味するのか、厳密に定まっているとは言いがたい。しかし、この言葉について一定の共通理解が成立していることも事実である。

では、戦後民主主義とは何か。それは次のように言えるだろう。

戦後民主主義とは、日本国憲法に基づいた主権在民による民主主義、戦争放棄による平和主義、法の下の平等を徹底しようとした思想である。それは帝国憲法下の天皇主権、全体主義、軍国主義といった「戦前」への強い批判と反省のうえにあった。そのため個人の政治参加の権利を重視した民主主義、第九条が規定した戦争放棄を人類の普遍的な理念として推進しようとする。

そこから戦後民主主義は、基本的人権の尊重、思想の自由、集会・結社・言論の自由などを強く擁護し、国家に対してその拡充を求めた。また、戦後民主主義は、議会主義と直接民主主義の双方を重視したが、どちらに力点を置くかは論者の思想や時代によって変わった。

戦後民主主義の根底には、多大な犠牲者を出した戦争体験があった。そのため現実の国際政治から乖離《かいり》していると批判されがちな戦争放棄の主張も、日本が世界に先駆けた理想の姿と捉えられ、知識人、マス・メディア、教育を通して多くの人びとを魅了してきた。

ただし、占領期の民主化は当時の国民の意識と完全に一致していたわけではなかった。拒むことのできない権威による「上」からの民主化という側面は否定できず、それへの反発は一九五〇年代以降、折に触れて浮上することになる。

このように、戦後民主主義とは「戦後日本」に支配的だった制度と価値のシステムの総称として理解できる。アジア・太平洋戦争の反省に裏打ちされた「平和と民主主義」のスローガンや権力への不信感も、社会運動を重視するより直接的な民主主義の志向も、平等主義もそのシステムから生まれた。さらに、戦後民主主義を考察するうえで重要なのは、それが幅広い概念であるがゆえに、時代と状況に応じて、それぞれの論者が個別の論点を取り出して、擁護したり批判したりできたということだ。

では、そもそも戦後民主主義という言葉は、いつ、どのようにして使われ始めたのだろうか。社会思想史家の清水靖久は、最初期の用例として詩人・評論家の谷川雁《たにがわがん》が一九五七年一二月に使用した例を挙げている（『丸山真男と戦後民主主義』）。谷川は、戦後日本の無党派の革命運動が生まれていることを指して「はじめて量的な左翼を形成した戦後民主主義」と記している（『日本読書新聞』一九五七年一二月二日）。

もっとも、それよりも早い使用例は存在する。一九五六年一月から二月にかけて、松山で日教組の「第五次教育研究全国集会」が開催された。これを傍聴した評論家の加藤周一（一九一九～二〇〇八）は、戦後教育を振り返りながら、「日本の民主化の過程に非可逆的な部分があるとすれば、それは何よりも新教育によって人権の何たるかをはじめて教えられた世代

「戦後民主主義」という言葉を使用した（『知性』一九五六年四月号）。戦後民主主義のために活動したのは教員だけではない」と述べ、「戦後民主主義」という言葉を使用した（『知性』一九五六年四月号）。

一九五六年七月刊行の『経済白書』が「もはや戦後ではない」と記し、同年の雑誌『世界』八月号が「『戦後』への訣別」を特集したように、一九五〇年代後半に入った日本社会では戦後の民主化を振り返る機運が高まっていた。一九五五年には日本共産党が暴力革命路線を撤回し、五六年にはハンガリー動乱が起こってソ連への信頼が揺らいでいた。つまり、米ソ冷戦下の日本が一定の安定構造を固めながら高度成長へと向かおうとしていたときに「戦後民主主義」という言葉が使用され始めたのである。

ただし、戦後民主主義という言葉が社会に広く定着するきっかけは、一九六〇年代にあった。詳しくは第3章で述べるが、政治学者の篠原一《しのはらはじめ》（一九二五〜二〇一五）は、論考「戦後民主主義と議会制」（『世界』一九六二年八月号）で、戦後民主主義という言葉をタイトルに使用している。

さらに、一九六四年には、経済学者の大熊信行《おおくまのぶゆき》（一八九三〜一九七七）と政治学者の丸山眞男（一九一四〜九六）とが、それぞれ戦後と民主主義に関する意見を述べ、知識人や論壇の注目を集めていく。

大熊は、『世界』（一九六四年一月号）に、「日本民族について」という論考を発表している。大熊は言う。連合国による占領は軍事占領であり、軍事占領とは戦争の継続にほかならない。

したがって、ほんとうの意味で「戦後」が始まるのは、サンフランシスコ講和条約が発効した一九五二年四月二八日である。では、果たして占領下の日本に民主主義はあったのか。

軍事占領下に政治上の民主主義が存在したという考えかた。これは一言にして虚妄《きょもう》である。にもかかわらず、民主主義が樹立され、そしてそれが育ったかのように見えるとすれば、育ったもの自体が、そのなかに虚妄を宿しているのである。

（「日本民族について」『世界』一九六四年一月号）

ここで大熊が使った「虚妄」という言葉に反応したのが、丸山眞男だった。丸山の言葉のなかで、最も人口に膾炙《かいしゃ》したと思われる次の「啖呵《たんか》」は、大熊の議論を念頭に置いて発せられたはずである。

私自身の選択についていうならば、大日本帝国の「実在」よりも戦後民主主義の「虚妄」の方に賭ける。

（「増補版への後記」『増補版　現代政治の思想と行動』未來社、一九六四年）

大熊と丸山の議論は、論争と呼ぶよりは見解の相違と言うべきだろう。やや言葉にこだわり過ぎたのかもしれないが、二人の議論には、戦後民主主義をめぐるその後の議論の論点が、ほとんどすべて含まれていた。それは一言でいうと、「戦後」と「民主主義」をどう理解するのか、という問題だった。

「戦後」はいつ頃始まり、いつ頃終わるのか。「戦後」の「民主主義」は押しつけられたものなのか、選び取ったものなのか。そこに可能性はあるのか、ないのか。大熊と丸山の論考が発表された一九六四年以降、戦後民主主義は日本社会を理解するためのキーワードとなっていく。

本書では、戦後民主主義という概念を固定的なものとしては扱わず、社会の変化に応じてその内実を変化させてきた動的なものとして捉えながら、戦後史総体を捉え直していく。戦後民主主義を「虚妄」や「幻想」として片づけることは簡単だが、「理想」がどれくらい定着し、現実化したのか（あるいは現実化しなかったのか）という検証を抜きにして、「幻想」だと決めつけるのはあまりに乱暴だろう。

丸山眞男

つまり、本書は、戦後七〇年を超えた時空間のなかで戦後民主主義をめぐる人びとの営為を、擁護派・否定派をともに見据えて理解しようとする試みである。その際には、制度改革や社会運動だけでなく、政治エリートや知識人・

文化人の言説、さらには当時の映画や小説など、広く親しまれた作品にも注目する。それにより、戦後民主主義「が」生んだ文化・思想と、戦後民主主義「を」生んだ文化・思想とを循環的に捉える視座を提供したいと考えている。

現代日本はいったいどこから来て、どこに向かおうとしているのか。それを知るためには、戦後民主主義の検証作業は欠かせない。戦後民主主義と総称される思想や態度は、戦後社会のなかで、どのように現れ、いかに人びとに受け止められてきたのだろうか。それが本書の問いである。

目次

第2章　浸透する「平和と民主主義」――一九五二～六〇年　59

第5章　限界から忘却へ——一九九二〜二〇二〇年

戦後民主主義

——現代日本を創った思想と文化

凡例

・引用文中の旧漢字は新漢字に、旧かなは新かなに、カタカナはひらがなに、原則的に改めた。数字の漢字表記と仮名遣いは読みやすさを考慮し改めた箇所がある。ルビは適宜振った。
・本文に出典を表記する場合は、段落の末尾に基本的に文献名のみを記した。著者名発行年などは巻末の主要参考文献に記載した。
・独立引用文の出典は、引用文末尾に書名、あるいは論文名・掲載紙誌を表記した。本文中に挙げた雑誌は、発表された年月を明示するため「〇年〇月号」という表記で統一した。
・引用にあたっては現在では不適切な表現もそのままにしている。あくまで史料としての正確性を期すためである。他意のないことをご了承いただきたい。
・引用文中の〔 〕は筆者による補足である。
・敬称は略した。

第1章　敗戦・占領下の創造——戦前への反発と戦争体験

1　占領下の「自由」と反戦意識の醸成

敗戦から占領へ

アメリカによる占領下には、戦後民主主義という言葉はまだ登場していない。その言葉が丸山眞男の言葉を一つの契機にして日本社会に定着したのは一九六〇年代だが、そのときに焦点になったのは、アメリカが主導した民主化政策やそれにともなう人びとの意識の変化をどう評価するのかという問題だった。本章では、憲法に代表される民主主義の制度と精神、それを受け止めた人びとの意識を確認する。

戦後日本の民主化を確認する際に、見逃すことのできない起点として、ポツダム宣言がある。一九四五年七月二六日、米・英・中華民国によって発表されたポツダム宣言は、軍国主義に対する民主主義の勝利という認識の枠組みを前提にしていた。この宣言は、日本に対して、軍国主義の清算と武装解除、民主主義的傾向の復活強化、基本的人権の尊重、平和的政府樹立までの占領などを求めた。

日本政府は八月一四日、ポツダム宣言の受諾を決める。翌一五日の「玉音放送」が人びとに戦争の終わりを告げ、一六日には大本営から停戦命令が出された。もっとも、満州など一部の地域では戦闘が続いており、南洋には戦争終結を知ることができなかった兵士も存在した。こうした事例はあったものの、基本的には、八月一五日を境に「大日本帝国」の占領地域のほとんどは連合国に引き渡されるか、放棄された。

では、天皇による「終戦」の知らせを、人びとはどのように受け止めたのだろうか。

八月一五日の朝、映画監督の黒澤明(一九一〇~九八)は、砧《きぬた》の撮影所に向かって歩いていた。ラジオで放送される天皇の詔勅を皆で聴くために、撮影所に呼び出されたのだ。撮影所へ行く途中には商店街があり、黒澤は歩きながら商店街の人びとの様子を観察していた。人びとは慌ただしい雰囲気で、一億玉砕を覚悟したのか日本刀を抜いてじっと見つめている商家の主人もいた。しかし、撮影所で「玉音放送」を聴いたあとの帰りに同じ道を通ると、商店街の人びとは、今度は「祭りの前日のように、浮々とした表情で立ち働いていた」という(『蝦蟇の油――自伝のようなもの』)。

黒澤が観察したのは、状況に柔軟に対応した人びとの姿だったが、すべての人が敗戦をすんなり受け入れたわけではない。

作家の高見順（一九〇七～六五）は、八月一五日の日記に「どうしてもっと前にお言葉を下さらなかったのだろう」と書き、一六日には「日本に、なんといっても勝って欲しかった。そのため私なりに微力はつくした。いま私の胸は痛恨でいっぱいだ。日本及び日本人への愛情でいっぱいだ」と記した（『敗戦日記』）。

作家の海野十三《うんのじゅうざ》（一八九七～一九四九）は、日本が負けたら自分も死のうと思い詰め、すでに遺書を書いていた。彼は八月一五日の日記で次のように述べている。「今夜一同死ぬつもりなりしが、忙しくてすっかり疲れ、家族一同ゆっくりと顔見合わすいとまもなし。よって、明日は最後の団欒《だんらん》してから、夜に入りて死のうと思いたり」。結局、彼は周囲の説得もあり、生きることを選んだ（『海野十三敗戦日記』）。

広島で被爆した作家の大田洋子（一九〇六～六三）は、「広島市が一瞬の間にかき消え燃えただれて無に落ちた時から私は好戦的になった。かならずしも好きではなかった戦争を、六日のあの日から、どうしても続けなくてはならないと思った。やめてはならぬと思った」と述べている。（「海底のやうな光　原子爆弾の空襲に遭って」『朝日新聞』一九四五年八月三〇日）

編集者を経て作家となった澤地久枝《さわちひさえ》（一九三〇～）は旧・満州の吉林で八月一五日を迎えた。放心状態のなかで「神風は吹かなかった」と思ったという（『敗戦体験と戦後思想』）。澤地にとって、八月一五日は新たな苦難の始まりだった。一九日にはソ連軍が進駐し、その後には中国軍もやってくるという混乱のなか、約一年間も引き揚げの日を待った。澤地は「こまかなことは、今も書きたくない」と述べつつ、「「国」はどこにもなかった。赤裸にされた因幡《いなば》の白兎のような個人、もしくは家族があらゆる現実と向き合う。どこからも助けなど来はしない」と回想している（『わたしが生きた「昭和」』）。

敗戦の受け止め方はきわめて多様だった。日本はまだ戦えるし戦うべきだと考える人もいたし、それとは逆に、敗戦を解放だと受け止める人もいた。また、喜びと悲しみが入り交じった虚脱感を抱える人もいた。

ただし、これからの見通しについての不安は、共通していたと言える。特に、連合軍による占領とそれによる改革に対する警戒と不安は強かった。占領軍兵士、とりわけアメリカ兵は、敗戦前までは、残虐な「米鬼」や「鬼畜」だと認識されがちだった。占領軍の到来に際しては実際に女性を疎開させたり女児を短髪にしたりした人もいたほどだ。何より日本という国家、天皇がどうなるのかについてまったく先が見えない状況だった。

そうした警戒と不安が渦巻くなか、八月二八日、占領軍の先遣隊が厚木に到着し、続いて三〇日には連合国軍最高司令官ダグラス・マッカーサーが厚木に降り立った。

象徴天皇への布石

一九四五年九月二日、戦艦ミズーリ号で降伏文書が調印され、正式に戦争が終わった。その二日後の九月四日には帝国議会が開かれている。開院式に臨席した天皇は勅語を朗読した。

勅語には「平和国家を確立して人類の文化に寄与」という言葉があった。この勅語の起草過程については詳しくわかっていないが、マスメディアや知識人に先んじて勅語が「平和国家」を謳ったことは注目に値する（『「平和国家」の誕生』）。ただし「平和国家」の内実については誰もが明確な見通しを持てなかった。

九月二七日には、天皇がマッカーサーと面会するため、東京赤坂のアメリカ大使館公邸を訪れた。三七分間の会見のなかで、天皇は敗戦国の代表者として、占領軍の平穏な進駐に謝意を述べ、ポツダム宣言の履行を約束した。

他方、マッカーサーは、円滑な占領統治のために天皇の戦争責任を問わない方針を固めていく。会見では、日本の占領統治について天皇に助言を求めた。以後、天皇とマッカーサーの協力関係のもと、天皇の地位保全が図られていく。

その後、占領軍による改革の方向性が、矢継ぎ早に明らかにされた。一〇月四日、日本政府に対するいわゆる「人権指令」により、治安維持法廃止が要求され、一五日に廃止、政治犯・思想犯が釈放された。また、一〇月一一日には、新首相の幣原喜重郎に対して、いわゆる五大改革指令と呼ばれる「婦人解放」「労働組合の奨励」「学校の民主化」「経済の民主化」「司法制度の民主化」が発令された。さらに一二月には、「神道指令」によって、国家と神道とを切り離し、国家神道を廃止して天皇信仰の弱体化を図った。

これに合わせて、GHQ民間情報教育局（以下、CIE）は、軍国主義的なイデオロギーの除去を徹底するため、勅語の公布を計画していた。勅語の文案は、内閣の中枢部や天皇自身の意向を加えて、練り上げられた。このとき天皇自身が付け加えたのは、「五箇条の御誓文」に関する詔書冒頭の一節である。天皇は、民主主義が明治以来の日本にあったという点を強調しようとした。

こうして、一九四六年一月一日に、天皇が自身の神性を否定する「年頭詔書」が発表された。いわゆる「人間宣言」である。詔書は、天皇を現御神《あきつみかみ》とするのは架空の観念であると述べると同時に、天皇と人びとのあいだの紐帯《ちゅうたい》は、今後も従来通りに「信頼と敬愛とに依《よ》りて結ばれ」ると表明していた。マッカーサーは、すぐさまこの詔書に対して歓迎の意を表した。天皇は日本の民主化に指導的役割を果たそうとしていると褒《ほ》め称えたのである。

天皇の神性は否定されねばならないが、円滑な占領統治のためには天皇を利用したいと考えたGHQ側。そもそも天皇は人として民衆と愛し合ってきたと主張して天皇の存在感を残したい日本側。両者が、互いに自分の主張を通すかたちで折り合った証《あかし》が、「年頭詔書」だった。

相次ぐ天皇論

一九四六年一月一日に「年頭詔書」が発表されたが、天皇の処遇が決まったわけではない。天皇および皇室の行く末は、人びとの重大な関心事だった。

そもそも、人びとは生活物資の欠乏と物価高騰に苦しんでいた。食糧配給は遅れがちだったため、人びとは闇市で当座をしのいだ。小売物価は一九四五年九月から一二月のあいだに約二倍に上がっていた。生活に追われるなか、こうした状況を招いた戦中の指導者への怒りの念が積もることはあっても、GHQの改革に対する根本的な批判は起こりようがなかった。文芸評論家の河上徹太郎《かわかみてつたろう》（一九〇二～八〇）のように、敗戦後の自由を「配給された自由」だと指摘する者はいたが、それはあくまで少数意見にとどまっていた（『東京新聞』一九四五年一〇月二六日）。

こうした状況で、人びとが関心を抱いた「公共的」な問題は、天皇の地位だった。一九四六年三月六日付の『読売報知』は一面に「憲法改正後に退位か」との見出しで、「天皇は皇位にとどまることをほっしておられない」という東久邇宮《ひがしくにのみや》の談話を載せた。

思想史家の津田左右吉《つだそうきち》（一八七三～一九六一）は、論文「建国の事情と万世一系の思想」（『世界』一九四六年四月号）のなかで、国民が皇室を愛することに「民主主義」の姿があると記した。

戦後民主主義を代表する総合雑誌で「戦後平和主義のメートル原器」（佐藤卓己）とも呼ばれる『世界』だが、創刊当初は明治生まれのオールド・リベラリストたちも主要な執筆者だった（『日本の論壇雑誌』）。そのため、皇室への敬慕を吐露する津田のような言論が掲載されることもあり得た。『世界』の創刊宣言は、次のように述べていた。

連合国の指令する民主主義、個性の尊重、言論信仰の自由、世界の平和等は夫々《それぞれ》けっこうである。併《しか》しそれは単に戦勝国の戦敗国に対する指令たるが故にでなく、それが人間本性の要求と天地の公道とに根ざすが故であり、この趣旨は既に炳《へい》として明治維新に於ける五箇条の御誓文の宏謨《こうぼ》に示されて居る。

（『世界』一九四六年一月号）

五ヵ条の御誓文という明治国家成立時の国是を持ち出して、民主主義は占領軍に強制されたから受け入れるのではなく、むしろ明治維新の本義に帰るものだと述べている。

天皇への敬慕は、決して珍しいものではなかった。作家の志賀直哉（一八八三～一九七一）は、エッセイ「天皇制」（『婦人公論』一九四六年四月号）のなかで、「今度の戦争で天子様に責任があるとは思われない。しかし天皇制には責任があると思う」としつつ、「少数の馬鹿者」が悪用できるような「脆弱性《ぜいじゃくせい》」を持った天皇制には問題があると述べた。当時の論壇・文壇の大家だった津田と志賀はともに明治生まれであり、皇室への親愛の情が強かった。彼らの穏健な天皇論は、当時の年長知識人たちにある程度共通するものだった。

新たな時代の息吹

敗戦後、論壇と文壇に新たな息吹を持ち込んだのは、当時三〇代の書き手たちだった。彼らの共通体験を、最もわかりやすく抽出したのが文芸評論家の本多秋五《ほんだしゅうご》（一九〇八〜二〇〇一）である。本多は、東京帝大国文科を卒業後、プロレタリア文学運動に参加したが、一九三三年に検挙される。獄中で一年を過ごしたあとは、トルストイの研究に没頭して戦中期を過ごした。本多は、一九四六年一月一〇日に同世代の文学者たちと雑誌『近代文学』を創刊し、編集兼発行人となる。

創刊号の巻頭に発表した評論のなかで本多は、敗戦を迎えた三〇代の特徴を簡潔にまとめている。

自分達は第一次世界大戦後のデモクラシーの時代に物心つき、左翼運動が全盛を謳はれたころ、もしくはその末期に考えることを学びはじめた。やがて昭和六年九月一八日〔満州事変〕にスタートする戦争時代に入り、世相と思想界の一切がいかに悉皆《しっかい》の転換、悉皆の変貌を遂げるかを両の眼に目撃した。さしも苛烈を極めた戦争も今年八月一五日をもって終り、民主主義日本建設の日が始まった。かくて——歴史は一巡したのである。

（「芸術　歴史　人間」『近代文学』一九四六年一月号）

本多は、戦争によって中断された「デモクラシー」の再開として戦後を捉え、「芸術家よ、「私」を肥らせよ！」と呼びかけた。第二次世界大戦以前の日本には民主主義があったという理解は、「年頭詔書」や『世界』の創刊宣言とも共通するが、民主主義の起源を明治に置くか大正に置くかで、決定的に異なっていた。

本多と同じく『近代文学』の同人だった荒正人《あらまさひと》（一九一三～七九）の言葉を使えば、彼らにとって戦後は「第二の青春」だった。占領軍への批判や天皇賛美などの復古的言説などを除けば、個人や自我に基づいて自由に発言したり、私的欲求を追求したりしても、なんら憚《はばか》ることもない解放の時代がやってきたのである。

物資の欠乏からくる貧困や混沌のなかで、新たな価値観が生まれつつあったが、本多や荒の言論が示すように、それは無から生まれたのではない。彼らは戦前の自分たちを再確認したうえで、これから来る時代を構想しようとした。

戦前・戦中の経験が大きな意味を持ったのは、共産党員に代表されるマルクス主義者たちの戦後の再出発にも当てはまる。徳田球一（一八九四～一九五三）と志賀義雄（一九〇一～八九）の「獄中非転向」は畏敬《いけい》の念とともに受け止められた。非共産党系のマルクス主義者が集い一九四五年一一月に結党した社会党も強い影響力を持っていた。マルクス主義者たちは、初期の占領政策の良き理解者でさえあった。誰もが確たる展望を持てない敗戦直後の日本で、戦前からの蓄積を持つマルクス主義は、未来を説得的に語り得るものだと期待されたのである。

自由な学問への欲求

敗戦直後、人びとは学問を求めた。それをよく示す有名な挿話がある。一九四七年七月一九日、岩波書店の前に長い行列ができていた。その日に発売される『西田幾多郎全集』の第一巻を求める若者たちが並んでいたのだ。

学問への期待感に、学者たちも応えようとした。学者たちもまた若者たちと同様、新たな学問を求めていた。湧き上がるような学問への欲求は、相次ぐ学術系団体の設立として表れた。

一九四六年一月、一八〇人の自然科学者と人文科学者からなる民主主義科学者協会（民科）が発足した。民科は、ピーク時の一九五〇年には、全国に一一四の地方支部を持ち、約一万人の会員を抱える巨大な学術団体になった。その後、民科は共産党との関係をいっそう深めて政治と学問の架橋を目指したが、その試みは成功せず、社会への影響力を徐々に低下させていく。その意味でも、占領期の知的雰囲気をよく体現する団体だった。

一九四六年二月には二十世紀研究所が設立される。清水幾太郎《しみずいくたろう》が所長に就任し、川島武宜《かわしまたけよし》、中野好夫、林健太郎、福田恆存《ふくだつねあり》、丸山眞男、宮城音弥《みやぎおとや》、渡辺慧《わたなべさとし》など、多分野の学者・知識人が集った。左派の論客もいれば、のちに保守派の言論人として活躍する人物も名を連ねた。研究会活動や書物の刊行に加え、一般向けの講座を開くなど教育活動にも積極的だった。一九四八年秋に活動を停止するが、その後も岩波書店の一室を借りて、研究会活動を継続した。

従来の学問の高踏性を排し、市井の人びとの存在を対象にする学問を目指した研究サークルも誕生した。一九四六年五月に発足した思想の科学研究会である。設立時の同人には、武《たけ》谷三男《たにみつお》、武田清子《たけだきよこ》、都留重人《つるしげと》、鶴見和子、鶴見俊輔、丸山眞男、渡辺慧がいた。ここでも、物理学から哲学、政治学、経済学まで専門分野の違う研究者たちが集まっていた。

その他、在野の研究・教育機関が各地で設立された。作家の山口瞳や映画監督の鈴木清《すずきせい》順《じゅん》、脚本家の廣澤榮《ひろさわえい》など多くの文化人を輩出した私立の高等教育機関・鎌倉アカデミア（当初は鎌倉大学）。丸山眞男らが講師として関わった庶民大学三島教室などが知られる。こうした場所には、学びたいと願う復員兵や主婦や労働者たちが集まった。そして学者たちは、人びととの交流のなかで自分たちの学問を磨いていく。こうした好循環が全国で起こっていた。

ウォー・ギルト・プログラム

他方で、占領軍はアメリカ政府の対日占領方針に基づいて、マス・メディアを介した「再教育」活動を進めていた。ウォー・ギルト・プログラムといわれるその活動を代表するのが、GHQによる新聞連載記事「太平洋戦争史」である。

アジア・太平洋戦争開戦からちょうど四年目に当たる一九四五年一二月八日から、『朝日新聞』『毎日新聞』『読売報知』をはじめとする主要紙に掲載された「太平洋戦争史——真実

敗戰日本十五年の足跡

奉天事件より「ミゾリー」降伏文書調印まで
聯合軍司令部の記述せる太平洋戰爭史

隱蔽されし眞實
今こそ明かに暴露
知れ軍國主義者の罪

禍根は遠し「奉天事件」

大連會談の四要求

軍部テロ

「太平洋戦争史―真実なき軍国日本」,『読売報知』（1945年12月８日）

なき軍国日本の崩潰」は、民間情報教育局（ＣＩＥ）の執筆による。日本の侵略戦争の起点を一九三一年九月に始まる満州事変に置き、満州事変から日中戦争を経て日米開戦に至る戦争を一連の流れとして描いた。そこでは、戦争を始めたのは「軍国主義者」たちであり、国民は彼らに騙《だま》されたのだという考えが提示されていた。

並行してラジオでも「太平洋戦争史」と同様の趣旨の連続番組「真相はかうだ」が始まった。そもそも、ＧＨＱは一九四五年九月から、主にＮＨＫの放送施設を利用して、「米軍放送」や「進駐軍放送」と呼ばれたラジオ放送を始めていた。「真相はかうだ」は、一九四五年一二月九日から、毎週日曜日の夜八時に放送された三〇分番組である。この番組は、一週間に二度、再放送された。

「太平洋戦史」と「真相はかうだ」が提示したのは、戦争を起こしたのは「軍国主義者」たちだという認識である。それは読者や聴取者が、自分たちは被害者だったと思うことを可能にした。戦争に対する自らの主体的関与を免責する機能があったため、敗戦に打ちひしがれた多くの人びとの耳に入りやすかった。さらに、侵略した国々への加害責任の意識を稀薄にするものでもあった。

一九四六年五月三日に開廷した東京裁判も、日本人の責任意識の稀薄化に寄与した。裁判の過程で、日本軍による戦争犯罪の実態が明らかになったが、それらの情報は多くの国民にとって初めて耳にするものが多かった。戦時下の報道管制によって、日本軍の蛮行は報じられていなかったからである。また、円滑な占領政策の実施のために天皇の利用を図ったアメリカは、天皇を起訴しなかった。

一方では占領軍による「上から」の意識改革があり、他方では軍国主義への拒否感が「下から」醸成された。そのうえに新しい民主主義のイメージが花開いていく。

映画のアメリカ

大衆娯楽の王様だった映画は、アメリカを身近に感じることのできる重要な娯楽だった。

戦前もアメリカ映画は日本で人気を誇っていたが、一九四六年二月から配給が再開されると、戦前以上に人びとを惹きつけた。映画館の多くは、戦災の影響で貧弱な設備しかなく、壁にはひび割れが残り、椅子席も少なかったが、映画館はいつも満員で、立ち見の客が大勢いた。アメリカ映画の入場料は邦画の約三倍に設定されたが、それでも人びとは映画館に殺到した。

当時の観客たちにとって、アメリカ映画は邦画よりも数段勝る上質な娯楽だった。配給が再開されたアメリカ映画には、一九四〇年代前半に製作されたものが多かった。それらは技術的に高水準だっただけでなく、男女のラブロマンスを描くなど、自由な雰囲気に満ちていた。日本の観客が、それに驚かされ、魅了されたのも当然だった。敗戦と占領によって日米の戦力の差を痛感していた人びとは、今度は文化の差を痛感させられることになったのである。そして、日米に大きな差を付けたのは「民主主義」だという理解が、当時は一般的だった。

もっとも、ラジオと映画、そして雑誌というメディアを通して知るアメリカ文化やライフスタイルは、敗戦直後の多くの日本人にとって、手に届かないものだった。しかし、むしろそれゆえに、人びとはアメリカ文化に憧れる。戦後日本の豊かさを体感的に測る指標は、「アメリカの消費文化にどれだけ近づいたか」だった。車や電気製品からファッションなどの物質面でも、働き方や恋愛の方法などのライフスタイルの面でも、アメリカの方法にどれだけ近づいたかが指標の一つだった。その指標は占領下にセットされたのだ。

キスと民主主義

では、邦画をめぐる状況はどうだったのだろうか。

終戦直後から、GHQはCIEによる検閲の体制作りを進めていた。映画に対する統制・検閲の手始めとして、一九四五年九月二二日、GHQは日本の映画会社に対して、軍国主義を退けて自由主義と平和主義を広める映画を制作するように指示している。

具体的には、労働組合の平和的かつ建設的な結成を奨励する映画や、日本の歴史上で自由と議会政治のために尽力した人物を映画化することなどが求められた（「映画に盛る新日本」『朝日新聞』一九四五年九月二四日）。こうした指示を踏まえて、映画人たちは映画作りを再開させる。

撮影所にはCIEの職員がやってきて、映画製作を指導した。CIEによる映画の指導は、風俗描写にまで及ぶ。CIEは、民主主義の啓蒙として自由恋愛を映画に取り入れるように求め、キスの描写を推奨したと言われるが、キスの描写は解放された戦後風俗の表れでもあった。

接吻映画の第一号は、一九四六年四月に封切られた『彼と彼女は行く』（田中重雄監督、大映）である。作家・舟橋聖一原作、弟の舟橋和郎《かずお》が初めて脚本を担当した作品として知られる。この映画は、キスの描写を「エロティシズム」「愛情映画を革命する」などとして売り出し、話題になった。

続いて、一九四六年五月にほぼ同時に公開された二作品が、キスの描写を採用する。『はたちの青春』（佐々木康《ささきやすし》監督、松竹）と『或る夜の接吻』（千葉泰樹《ちばやすき》監督、大映）である。これらの映画は、「接吻映画」などと呼ばれて俗悪視されることもあったが、観客に新しい自由な風俗を印象づけたことは間違いない。キスは戦後の解放感の象徴であり、それが民主主義と結びついて理解されたところに、この時期の特色がある。

反戦映画の誕生

新しい風俗の誕生とあわせて、戦時期の指導者層を糾弾する機運も高まっていた。新聞連載「太平洋戦争史」で示されたような新たな歴史観で戦時期を描き直す映画が登場する。今井正《いまいただし》は『民衆の敵』（東宝、一九四六年四月）で、戦時期に軍需工場に関わった財閥や軍人の横暴とそれに反対する人びとを描いた。吉村公三郎《よしむらこうざぶろう》は『安城家の舞踏会』（松竹、一九四七年九月）で、旧華族の人びとの戸惑いと再出発に焦点を絞った。戦時期の権力者の横暴をわかりやすく告発し、新しい時代の生き方を肯定的に描いた作品は、「民主主義」を描く良心的な映画として批評家たちからも高く評価され、観客からも支持された。

映画評論家の佐藤忠男（一九三〇～）は、亀井文夫、山本薩夫《さつお》共同監督の『戦争と平和』（東宝、一九四七年七月）を観たときの思いを次のように回想している。

太平洋戦争は侵略戦争であった、ということを、私は亀井文夫、山本薩夫共同監督の「戦争と平和」から学んだ。もちろん、この映画を見る前から、日本軍の残虐行為ということは新聞で読んで知識として知っていたが、戦争なんだから当り前じゃないか、というように反発する心理も作用して、納得し難かったのである。しかし、この映画をみて、そのなかに、日本軍に追われて流浪する中国の難民を撮った実写が出て、そこに「流氓《りゅうぼう》の歌」という難民の恨みの情を訴えた主題歌が流れるのを見て聞いたとき、私の心の中で何かが変化したのだった。私はそのとき、難民たちに感情移入し、日本軍を恨む感情を、ほんの若干にしろ、了解したように感じたのだった。

（「映画の戦後民主主義」『世界』一九七二年一〇月号）

『戦争と平和』は、スローガンを絶叫しているかのような映画ではあったが、加害と被害をわかりやすく提示することには成功していた。とりわけ、「中国の難民」の姿や音楽の効果によって、観客は国外の戦争被害者たちに思いを馳《は》せた。この映画を観た一六歳の佐藤忠男も、そうした観客の一人だった。

新しい女性像

当時の日本映画は反戦意識とあわせて、新しい女性像を積極的に描いた。黒澤明が監督した『わが青春に悔なし』（東宝、一九四六年一〇月）をみてみよう。

この映画で、敗戦直後の時代性を最もよく示しているのが、主人公「幸枝」の造形である。舞台は一九三〇年代の京都。原節子（一九二〇～二〇一五）が演じた幸枝は、「かえりみて悔《くい》のない生活」をモットーに、反戦運動家「野毛」と結婚するが、そのために幸枝も警察の取調を受けてしまう。野毛が獄死したあとは、元京都帝国大学教授の令嬢としての安定した生活をなげうって、野毛の両親とともに農村に住むことを決める。幸枝は、村の人びとの白眼視や露骨な意地悪に耐えながら農業に従事し、そのまま敗戦を迎える。その後、幸枝は村の民主化の指導者として、村人たちの信頼を得て輝き始める。

これぞまことの戀、眞實の生き方
と信じた二人が、暴虐の嵐の中に
生命を賭けて悔いぬ一瞬の歡喜！
わが青春に悔なし
『わが青春に悔なし』ポスター　1946年10月公開

戦時下の自由主義者や反戦運動家の姿をスクリーンのなかで理想的に再構成したこの映画は、彼ら・彼女らを虐げた大多数の日本人を批判しながら、女性の受難と再生を描いている。戦中の価値観を否定したいという思いが強過ぎて、やや生硬なところがあり、人びとが体制に順応せざるを得なかったという側面についてはまったく理解を示さない映画だが、幸枝の造形には、女性の活躍に期待を込めていた監督・黒澤明のねらいがあった。

その背景には、占領軍による「女性解放」の推進があったことは言うまでもない。一九四五年一二月一七日には衆議院議員の選挙法が改正され、女性に参政権が付与された。一九四六年四月の総選挙では、三九名の女性議員が誕生する。総選挙前の三月には、作家の宮本百合子（一八九九〜一九五一）や教育評論家の羽仁説子《はにもとこ》（一九〇三〜八七）らを中心に婦人団体「婦人民主クラブ」が結成され、婦人団体のさきがけとなった。両性の平等を定めた憲法第二四条に基づいて民法も改正された。伝統的なイエ観念はその後も残り、特に女性の生き方を縛ることになるが、当時は女性解放の期待感は高かった。幸枝の造形は、こうした戦後の状況に合致するものだった。

他方で、幸枝は、敗戦以前からすでに自由主義的な性格を確立した女性として描かれている。それは、女性の権利が占領軍によって突然に与えられたものではないと示唆する演出だった。あらためて述べるまでもないが、女性参政権獲得の主張は、すでに明治期の自由民権運動のなかで提起され、大正から昭和初期にかけては市川房枝（一八九三〜一九八一）らによる婦人運動として継続していたからである。『わが青春に悔いなし』は、占領下の民主化が、たんにGHQによる検閲と指導によって与えられたものではないのだというメッセージを発していた。

わが青春に悔あり

『わが青春に悔なし』が自由主義や反戦をいちはやく提示できたのは、製作者たちが大正デモクラシー期に精神形成をし、左翼運動に関与した経験を持っていたからだ。

この映画を企画したのは、東宝のプロデューサー松崎啓次（一九〇五〜七四）である。プロレタリア映画同盟に所属していたこともある松崎は、戦争に反対しきれなかったという過去への悔恨と、戦後の解放感から、戦前の反戦運動を主題にした映画を企画したという。

脚本は久板《ひさいた》栄《えい》二郎《じろう》（一八九八〜一九七六）。久板は、東京帝大在学中に社会主義思想運動団体の新人会に接近し、その後は劇作家としてプロレタリア演劇を主導した。戦時期に戯曲の発表が難しくなると、映画界に転身。木下恵介（一九一二〜九八）の戦後第一作『大曽根家の朝』（松竹、一九四六年二月）の脚本を担当し、自由主義の尊重と戦争への怒りを描いた。監督黒澤明も、よく知られるように、プロレタリア美術運動に関わっていた経験を持つ。

黒澤 明（1910〜98）映画監督・脚本家．1936年 PCL 映画製作所に入社．43年『姿三四郎』で監督デビュー．『羅生門』（51）でベネチア国際映画祭グランプリ，『デルス・ウザーラ』（75）で米アカデミー賞外国語映画賞

このように、『わが青春に悔なし』の企画に関わった松崎、久板、黒澤の三人は、

それぞれ戦前に左翼運動に何らかの関与をし、映画の企画当時は三〇代後半から四〇代後半の同世代人だった。当時の映画界にGHQによる強力な指導があったことは確かだが、この映画は、黒澤、松崎、久板の三人の後悔の念が生み出した作品でもあった。

大正デモクラシー研究を牽引した歴史学者の松尾尊兊《まつおたかよし》は、「大正デモクラシーを推進した民衆組織と思想は戦時下といえども潜在勢力を保持し、戦後、占領軍の非軍事化政策のもとに展開された戦後民主主義を支える基盤となった」と述べている（『日本大百科全書』）。

ただし、制度的には大正デモクラシーと戦後民主主義のあいだには大きな断絶があった。天皇主権は言うに及ばず、選挙制度をみても、一九二五年の普通選挙法で選挙権が与えられたのは、二五歳以上の「帝国臣民たる男子」のみである。女性を排除した普通選挙をデモクラシーと呼ぶのかどうか、議論はあるだろう。他方で、女性参政権を求める運動が起こっていたことも事実である。いずれにせよ『わが青春に悔なし』の成立背景からは、大正デモクラシーと戦後民主主義のあいだの思想史的・文化史的な連続性と制度的な断絶が浮かび上がる。

なお、『わが青春に悔なし』の成立については、東宝の労働組合の存在も無視できない。東宝の労働組合は、一九四六年三月から五〇年一二月まで、四回にわたる争議を繰り広げた。特に一九四八年八月の争議では、警察とGHQの軍事力が動員され「来なかったのは軍艦だけ」と言われる大事件になったことはよく知られている。東宝の労働組合は、人事権と企画権と経営権の決定に組合が関わることを要求し、その一部は実現した。労働組合の要求の背景には、戦争中に経営陣から強いられて戦争協力映画を作り続けたことへの反省と、労働者自身が映画生産を管理すべきだという労働組合の理念があった。

つまり、『わが青春に悔なし』は、ＧＨＱによる映画の統制、戦中に左翼運動に関わった映画人たちの意図、それを支えた東宝の労働組合の存在、これらによって成立していたのだった。

２　日本国憲法の誕生――「平和と民主主義」の確立

憲法改正の過程

これまで、一九四六年までの文化状況を確認してきたが、当時の日本では憲法改正をめぐる議論が並行して起こっていた。では、人びとは憲法改正をめぐる議論をどのように受け止めたのだろうか。まずは憲法改正の経緯を確認しよう。

敗戦直後、憲法学者たちは、憲法改正は不要だと主張していた。戦前に天皇機関説を主張し、それが原因で貴族院議員を辞職した美濃部《みのべ》達吉《たつきち》は、「民主主義の政治の実現は現在の憲法の下でも十分可能であり、憲法の改正は決して現在の非常事態の下において即時に実行せねばならぬ程の急迫した問題ではないと確信する」と、運用次第で民主化は可能だと主張していた（『朝日新聞』一九四五年一〇月二〇日）。

美濃部の弟子で、東京帝大の憲法学講座を引き継いだ宮沢俊義《みやざわとしよし》も、「憲法の条項に何ら手をつけずとも憲法の民主化乃至《ないし》立憲化への途は十分に拓《ひら》かれ得る」と同様の認識を明らかにしていた（『毎日新聞』一九四五年一〇月一九日）。

しかしGHQは、一九四五年一〇月一一日、首相の幣原喜重郎に対して憲法改正を示唆した。これを受けて、松本烝治《まつもとじょうじ》を委員長とする憲法問題調査委員会が設置される。また、政治家、政府関係者、民間を問わず、さまざまな立場の人びとが独自に憲法草案を練り始めた。

一九四六年二月一日、憲法問題調査委員会の試案が『毎日新聞』にスクープされた。内容を知ったマッカーサーは、その保守的な内容に不満を抱き、GHQの民政局に対して独自に憲法草案を起草するように指示する。その際、新憲法の原則を明らかにしている。原則とは第一に「天皇は国家の最上位」に置く。第二に「戦争の廃止、陸海空軍の不保持、交戦権も不許可」、第三に「封建制廃止、皇族を除く華族の廃止」。いわゆるマッカーサー三原則である。なお、一九四六年一月二四日にマッカーサーと幣原喜重郎が会談しており、その席上で戦争放棄の条文を憲法に入れるという発意があった。ただし、それを言い出したのがマッカーサーなのか幣原なのかについては、決定的な史料がないため、ここでは踏み込まない。

三原則を受けて民政局が作成したGHQ案は、一九四六年二月一三日に日本政府に提示された。拒絶すれば天皇および保守勢力の将来は保証できないと通告された幣原は、GHQ案を受け入れるほかなかった。天皇の地位保全を優先したのである。

三月六日、GHQ案に沿った日本政府案が「憲法改正草案要綱」として発表された。各紙は、主権在民、戦争放棄、天皇の地位、社会的差別の撤廃などの文言を見出しに使い、改正案を大々的に報じた。なお、改正案とあるように、新憲法は帝国憲法の七三条に定められた憲法改正手続きによって進められた。

一九四六年五月には、『毎日新聞』が憲法改正案に関する世論調査を行っている。調査は「戦争抛棄《ほうき》の条項を必要とするか」と尋ねており、これに対して七〇%が必要、二八%が不要と答えた。GHQによる武装解除によって当時の日本には軍隊はなく、戦争はもうこりごりだと感じている人も多かった。憲法の平和主義は、敗戦国の実情に照らし合わせれば、現実的なものだったと言えるだろう。改正案の発表直後、当時読売新聞社の社長だった馬場恒吾《ばばつねご》（一八七五〜一九五六）は次のように述べている。

現在の日本には交戦したくても交戦すべき武力がない事は事実であるがこの憲法は将来も日本国家がそうした武力を備えることを許さない。日本は無抵抗主義に徹底する覚悟を決めたのである。世界各国がもし日本と同じように覚悟を決めるならば、全世界は今日からでも完全な平和天国になるのである。

（「徹底した平和主義」『読売報知』一九四六年三月八日）

また、幣原喜重郎は一九四六年三月二七日に開催された戦争調査会の冒頭で、次のように述べて、新憲法の平和主義を誇っている。

戦争を放棄すると言うことは夢の理想である、現実の政策でないと考える人があるかもしれませぬ。しかし将来学術の進歩発達によりまして原子爆弾の数十倍、数百倍にも当たる破壊的新兵器の発見せられないことを何人が保証することが出来ましょう。
〔中略〕
今日我々は戦争放棄の宣言を掲ぐる大旗をかざして国際政局の広漠なる野原を単独に進み行くのでありますけれども世界は早晩、戦争の惨禍に目を覚まし、結局私どもと同じ旗をかざして、遥か後方に付いてくる時代が現れるでありましょう。
（「戦争調査会第一回総会に於ける幣原総裁の挨拶」）

憲法の平和主義はのちに厳しい批判にさらされるが、敗戦直後のこの時期には、むしろ現実的であり、世界を先導するという自負心に支えられていたと言える。なお、戦争調査会とは、戦争への道程を自己検証するために一九四五年一一月に発足したプロジェクトである。当初は大東亜戦争調査会という名称だったが、GHQの指導により名称が変更された。一九四六年九月には廃止されている。

一九四六年五月の『毎日新聞』の世論調査に戻ろう。この調査は「政府草案の天皇制を認めるか」と質問しているが、これについては、八五％が認めると答えた。この調査は対象者の男女比率が、女性が一三％、職業比率が農業従事者六％といった偏りがあるものだったが、それでも、戦争放棄や天皇の地位保全が広く支持されていたと言えるだろう。

幣原喜重郎から政権を受け継ぎ、「民主主義的平和国家」の建設を掲げた吉田茂（一八七八～一九六七）は、六月二六日の衆議院で、自衛権について次のように述べている。

戦争放棄に関する本案の規定は、直接には自衛権を否定はして居りませぬが、第九条二項において一切の軍備と国の交戦権を認めない結果、自衛権の発動としての戦争も、また交戦権も放棄したものであります。従来近年の戦争は多く自衛権の名において戦われたのであります。満州事変然《しか》り、大東亜戦争また然りであります。今日我が国に対する疑惑は、日本は好戦国である、何時《いつ》再軍備をなして復讐戦をして世界の平和を脅かさないとも分らないと云うことが、日本に対する大なる疑惑であり、又誤解であります、先《ま》ず此の誤解を正すことが今日我々としてなすべき第一のことであると思うのであります。

（第九〇回帝国議会衆議院議事速記録第六号、一九四六年六月二六日）

吉田は、「自衛」と称して戦争が起こった直近の例を挙げながら、新憲法は自衛権を放棄していると答弁した。日本は好戦国だという「誤解」を正すことが先決だと述べたのである。

南原繁の疑問

しかし、国会では反対意見も表明された。軍備の放棄に疑義を呈した一人に、当時の勅選貴族院議員で東京帝大総長の政治学者、南原繁（一八八九～一九七四）がいる。南原は、新憲法のもとで日本は国際連合に加盟できるのかどうか、という問題を提起した。南原の主張を確認しよう。

国連憲章は、第五一条で加盟国の自衛権を承認すると同時に、第四三条で「国際の平和及び安全の維持に必要な兵力、援助及び便益を安全保障理事会に利用させること」を定めている。もし、日本がまったく兵力を持たないならば、そもそも国際連合に加盟できるのか。南原は続ける。

> 日本は永久にただ他国の好意と信義に委ねて生き延びんとする所の東洋的な諦《あきら》め、諦念主義に陥る危険はないのか。むしろ進んで人類の自由と正義を擁護するがために互に血と汗の犠牲を払うことに依《よ》って相互に携えて世界恒久平和を確立するという積極的理

想はかえってその意義を失なわれるのではないか。
（第九〇回帝国議会貴族院帝国憲法改正案特別委員会速記録第二四号、一九四六年八月二七日）

国連を中心とする安全保障と日本の憲法第九条との整合性をめぐる重い問題提起である。前文と第九条に表れる「国際社会への信頼」は、いかに保証されるのか。この難問は以後の憲法論議について回ることになる。一九六〇年代以降に戦後民主主義という言葉で議論される平和主義の問題は、すでに新憲法の制定過程で表面化していた。

八月一五日は民主主義「革命」だったか

一九四六年三月六日に発表された「憲法改正草案要綱」は、知識人たちに衝撃をもって受け止められた。その衝撃を、学問の場で受け止めた代表的な人物が政治学者の丸山眞男、憲法学者の宮沢俊義、経済史家の大塚久雄（一九〇七～九六）、法学者の川島武宜（一九〇九～九二）らだった。彼らに共通するのは日本の前近代性を厳しく批判する視点であり、批判の先に開ける戦後の新時代への期待だった。

丸山眞男は、「超国家主義の論理と心理」（『世界』一九四六年五月号）のなかで、天皇を中心として外側に価値が広がっていくものとして超国家主義の価値体系を整理する。この論文の末尾は、八月一五日に近代日本の転機をみて、次のように述べている。

日本軍国主義に終止符が打たれた八・一五の日はまた同時に、超国家主義の全体系の基盤たる国体がその絶対性を喪失し今や始めて自由なる主体となった日本国民にその運命を委ねた日でもあったのである。

この文章にみられる断絶と新生の意識は、一九四六年三月六日に発表された憲法改正草案要綱に衝撃を受けた丸山が、事後的に八月一五日に遡《さかのぼ》って、そこに転機を見出したものである。実際には一九四五年八月一五日に政治体制の革命的な変化が起こったわけではない。丸山は学界では知られていたとはいえ、当時まだ若手の政治学者であり、ジャーナリズムのなかで影響力を持ってはいなかった。

より影響力があったのは憲法学者の宮沢俊義の議論だろう。宮沢は東京帝大法学部教授で憲法学の権威だった。そもそも宮沢は、終戦直後には憲法改正の必要はないと述べていた。しかし、彼もまた八月一五日に日本の民主主義の転機を見出すようになった。宮沢は、憲法改正草案要綱における主権者の変化に注目する。大日本帝国憲法下の神聖な天皇主権から、主権在民への変化である。この革命的な変化をもたらしたものは法的にはポツダム宣言の受諾であり、それゆえ「八月革命」と呼ぶに値する。それが宮沢の見解だった（「八月革命と国民主権主義」『世界文化』一九四六年五月号）。「八月革命」説は宮沢の弟子たちによって支持され憲法学の一学説として定着する。

もっとも「八月革命」は、丸山眞男の問題意識でもあった。一九四六年に、東京帝大総長だった南原繁の指示により大学内に憲法委員会が設置されたが、その委員会の委員長が宮沢、書記が丸山だった。一九四六年三月六日に発表された憲法改正草案要綱を受けて、憲法委員会で丸山が「八月革命」を主張し、それに賛同した宮沢が、丸山の許可を得たうえで論文に使用したのである。

敗戦が決定的になったことと、「日本国民」が「自由なる主体」になることとのあいだには隔たりがあるが、占領軍主導の新憲法づくりが進むなか、日本国民が新憲法を選び取る説得的な論理として丸山や宮沢は八月一五日を画期としたのだ。

新憲法への支持、教育による啓蒙

一九四六年四月一七日には、憲法改正草案要綱に基づいた「憲法改正草案」が発表され、枢密院での審査が始まった。その後、六月二〇日に「帝国憲法改正案」が衆議院に提出され、八月二四日に衆議院で修正可決。貴族院に送られた「帝国憲法改正案」は、一〇月六日に修正可決される。そして、一九四六年一〇月七日に衆議院で確定した。その後、天皇の裁可を経て、一一月三日に日本国憲法として公布された（一九四七年五月三日施行）。では、当時の日本社会は憲法改正をどう受け止めたのだろうか。

結論から言うと、当時の社会は新憲法を肯定的に受け入れた。一九四六年一二月一六日に公表された『毎日新聞』の世論調査は、憲法改正や農地改革などの一〇項目を挙げて吉田政権の施策について意見をきいている。そのうち最も支持されていたのが憲法改正だった。調査結果は、憲法改正が「成功」と評価する回答が三五％、「大体よろし」と評価する回答が五七％だった。

占領改革が掲げ、憲法に結実した民主主義は、教育を通して人びとに浸透していく。戦後教育の民主化を担った知識人・大学人・政治家たちには、大正デモクラシーの精神を受け継いだリベラリストが多かった。東京帝大法学部教授から、文部省学校教育局長を経て、第一次吉田内閣で文相になった田中耕太郎（一八九〇～一九七四）や、一九二〇年に無政府主義者クロポトキンの論文を雑誌に訳載して起訴され、東京帝大を追われた森戸《もりと》辰男《たつお》（一八八八～一九八四）などである。

彼らが関わって一九四七年三月には、「個人の尊厳」を掲げた教育基本法が制定された。教育基本法は、教育を通して憲法の精神を徹底するための重要な法律であるとみなされ、法律としては異例の前文を持つ。憲法に準ずる性格を持つ法律だと言われる所以《ゆえん》である。

さらに、学校教育法により、一九四七年四月からは六・三・三制と呼ばれる単線型の学校体系が始まった。また、旧制高校と帝国大学が廃止され、国立大学を置くことで、高等教育の大衆化が進んだ。小学校では、修身と歴史と地理が廃止されホームルームと社会科が新設された。

新しい教育制度のもと、政府はGHQの指導を受けながら憲法の啓蒙に力を入れた。一九四六年一二月には帝国議会内に憲法普及会を設置し、普及活動を進めた。文部省は、中学一年生用の教科書として『あたらしい憲法のはなし』を一九四七年八月に刊行、翌四八年から二年間教科書として使用された。

この教科書は、象徴天皇について「日本国民ぜんたいの中心」とし、「私たちは、天皇陛下を私たちのまん中にしっかりとお置きして、国を治めてゆくについてごくろうのないようにしなければなりません」と述べた。また、憲法が掲げる戦争放棄条項について説明する前に、次のように呼びかけている。

みなさんの中には、こんどの戦争に、おとうさんやにいさんを送りだされた人も多いでしょう。ごぶじにおかえりになったでしょうか。それともとうとうおかえりにならなかったでしょうか。また、くうしゅうで、家やうちの人を、なくされた人も多いでしょう。いまやっと戦争はおわりました。二度とこんなおそろしい、かなしい思いをしたくないと思いませんか。こんな戦争をして、日本の国はどんな利益があったでしょうか。何もありません。ただ、おそろしい、かなしいことが、たくさんおこっただけではありませんか。戦争は人間をほろぼすことです。世の中のよいものをこわすことです。

敗戦時に三〇代から四〇代だった知識人・文化人たちのなかには、後悔の念とともに再出発の意思を固めて民主主義を歓迎する者が多かった。それと比べると、当時一〇歳前後の子どもたちが教育を通して受け止めた民主主義は、より感覚的なものだったと言える。いくつかの証言と回想を確認しよう。

子どもたちの「民主主義」体験

演出家の今野勉《こんのつとむ》（一九三六〜）が記憶しているのは、小学校の頃に受けた新しい教育の衝撃だった。今野は当時、北海道夕張の小学校に通っていた。その小学校の国語の授業では、生徒たちはもっぱら教科書を音読するだけだった。

ある日、札幌の小学校から教師と生徒がやってくる。新しい教育実践のモデルを示すのが彼らの目的だった。札幌の小学生たちが披露した国語の授業は、レコードの音楽に合わせて詩を朗読したり、一人が読んだ詩の語句を大勢がリフレインしたりという、まったく新しいものだった。今野は、それを呆然《ぼうぜん》と眺めながら、「ア、人生っていうのは、相当自由にやって許されるんだなってのが突然わかった」と感じた（『今野勉のテレビズム宣言』）。

一九三五年生まれの大江健三郎は、新制中学の第一期生にあたる。彼は、中学で受けた憲法の授業で使用された上下巻の教科書『民主主義』（著作・発行は文部省、翻刻発行は教育図書株式会社、一九四八年）のことをよく覚えている。大江は、この憲法の授業が自身にとっていかに重要だったか、一九六四年に次のように回想している。

修身の時間のかわりの、新しい憲法の時間、という実感のとおりに、戦争からかえってきたばかりの若い教師たちは、いわば敬虔《けいけん》にそれを教え、ぼくら生徒は緊張してそれを学んだ。ぼくはいま、〈主権在民〉という思想や〈戦争放棄〉という約束が、自分の日常生活のもっとも基本的なモラルであることを感じるが、そのそもそもの端緒は、新制中学の新しい憲法の時間にあったのだ。

（「戦後世代と憲法」『朝日新聞』一九六四年七月一六日）

筑紫哲也（1935～2008）ジャーナリスト．早大卒後1959年朝日新聞社入社．84年『朝日ジャーナル』編集長．89年「筑紫哲也 NEWS23」メインキャスター．同番組では世相を評論する「多事争論」のコーナーが話題を呼んだ

憲法の理念を「基本的モラル」にしたという大江は、その後、改憲論に接するたびに「自分の人格を否定されているような不安を感じ」ることになる。

中学校で民主主義を実感するという体験は、ジャーナリストの筑紫哲也にも共通している。中学二年の頃に学級新聞の編集・

阿久悠（1937〜2007）作詞家．作家．明大卒．放送作家を経て，1960年代から作詞家として活動．「また逢う日まで」（71）や「勝手にしやがれ」（77），「UFO」（78）などの作詞を手がけ，昭和歌謡の黄金期を牽引した

執筆に熱中した筑紫は、三年生が牛耳る生徒会を民主的なかたちに変えようと、学級新聞で呼びかけたという。そのときのことを回想して、「学級新聞をやった直接の動機は、大げさに言うと戦後民主主義でした」と語る（「筑紫哲也オーラル・ヒストリー」）。

当時、少なくない教育者たちが、子どもたちに新聞を作らせる教育的効果を説いていた。自分で書くという主体性や、調べて真実を書くという客観的思考を育てるために、新聞制作は格好の素材だったからだ。さらに筑紫の場合は、権力に対抗するジャーナリズムの思想を、学級新聞を通して身につけようとしていた。

書く主体としての自己認識が民主主義と結びつく例は、脚本家の山田《やまだ》太一《たいち》（一九三四〜）の回想からも確認できる。

山田は、中学二年生だった一九四九年に、文化祭の朗読劇の脚本執筆を自ら申し出た。山田が脚本の原作として選んだのは菊池寛の短編小説「入れ札」だった。「入れ札」には、侠《きょう》客《かく》の国定忠治が、子分から数名を選抜する際、子分たちに投票をさせるという場面がある。山田は、この話を原作に選んだ理由を、「敗戦後のアメリカ民主主義教育は選挙ばやりであり、赤城山の国定忠治一家の投票の経緯はとても身近なことに思えた」と振り返っているもちろん、学校以外の場所でも、子どもたちは民主主義のイメージを浴びるように摂取していた。作詞家の阿久悠《あくゆう》の場合は、流行歌から民主主義のイメージを受け取っていた。彼は、映画『青い山脈』（一九四九年）の主題歌が好きだった。西条八十《さいじょうやそ》が書いた歌詞のなかでも、特に二番と三番の歌い出しに「民主主義」を感じたのだという。それは奈良光枝が歌う「古い上衣よさようなら／さみしい夢よさようなら」という部分と、藤山一郎が歌う「雨にぬれてる焼けあとの／名も無い花もふり仰ぐ」という部分だった（『愛すべき名歌たち』）。

一九三五年前後に生まれた彼らは新しい学制のもとで新しい教育を受け、新時代の風俗をシャワーのように浴びた世代だった。分野はそれぞれ異なるが、彼ら五人はのちにマス・メディアで活躍し、戦後民主主義を擁護する立場を取る。

小説「青い山脈」が描いた大衆的なイメージ

占領下における民主主義の大衆的なイメージを示す作品としては、石坂洋次郎（一九〇〇～八六）の連載小説「青い山脈」がよく知られている。先に映画でも触れた「青い山脈」は、『朝日新聞』の戦後初めての連載小説として、一九四七年六月九日から一〇月四日まで掲載された。一九四九年に今井正によって映画化されると、「島崎雪子」という教師を演じた原

映画『青い山脈』より　石坂洋次郎『青い山脈』は『朝日新聞』戦後初の連載小説．1947年6月に始まった．映画公開は49年7月

節子の存在が観客の印象に残り、主題歌は多くの人びとに親しまれた。

　ここでは小説の筋書きを確認しながら、そこに当時の民主主義のイメージがいかに描かれているのか、探ってみよう。

「青い山脈」の中心的な舞台は、戦後すぐの女学校である。転校生の「寺沢新子」のもとに偽ラブレターが届く。女学校の生徒たちによる新子への嫌がらせだった。新子は物怖《ものお》じしない女学生として描かれており、小説の冒頭では、大学を落第した旧制高校生の「六助」と二人で街を歩く。同級生はそうした新子の態度に我慢がならず、彼女を「ふしだらな女」に仕立て上げるために、偽ラブレターを送りつけ、校風を乱したと糾弾する。この事件を契機として、新任の英語教師・雪子が、旧態依然たる校風や教師たちに立ち向かっていく。

　雪子は、偽ラブレター計画に関わった生徒たちを諭《さと》すが、教室の雰囲気が悪くなったため、話題の転換を試みる。彼女は黒板に大きく「国家　家　学校」と横に並べて書き、その下に

「個人」と書き加えて話し始める。

日本人のこれまでの暮し方の中で、一番間違っていたことは、全体のために個人の自由な意思や人格を犠牲にしておったということです。学校のためという名目で、下級生や同級生に対して不当な圧迫干渉を加える。家のためという考え方で、家族個々の人格を束縛する。国家のためという名目で、国民をむりやり一つの型にはめこもうとする。

〔中略〕

書かれた手紙が、どんなに寺沢さんの人格を侮辱することになるかも考えず、自分たちは学校をよくするためにやってるんだと思ってる——そういう考え方が情けないと思うんです…。

（「青い山脈（一五）」『朝日新聞』一九四七年六月二三日）

このように教え諭された女生徒たちは、いったんは引き下がるが、再び雪子に申し出る。自分たちの行為はあくまで愛校精神に基づくものだ。先生には学校の伝統を尊重して欲しい、学生の風紀は学生の自治に任せて欲しいと陳情する。根強く残る旧秩序と、そこからの脱却を目指す教師との対比が鮮明だ。

もう一つ、この小説が新時代の価値観を描く印象的な場面がある。小説の最後は、雪子が同僚の「沼田」からプロポーズを受ける場面だ。雪子は沼田に対して、「鉛筆をもっていますか」と訊く。「これから私の希望条件を申し上げますから、心覚えに書きとめて置いて下さい」と言う。夫婦が互いに尊敬し合うことや、二人で一緒に街を歩くことなどの条件を言い終えた雪子は、最後に次のように述べる。

あとで私が私達の約束事項を箇条書にして、貴方の承認を求めることにしますわ。そして、貴方は忘れっぽい方だと思いますから、それを紙に大きな字で書いて、寝室の壁にはって置こうと思いますの。

（「青い山脈（一一六）」『朝日新聞』一九四七年一〇月三日）

雪子は、結婚に先だって二人で約束を確認しあうことを申し出ている。それを紙に書いて貼っておくという徹底ぶりである。それは約束というよりも対等な個人間の契約に近い。

女性教師と生徒たち

ただし、小説『青い山脈』は、新たな価値観が勝利するという単純な物語ではない。雪子は旧い価値観に対して寛容であり、他の教師や生徒たちは雪子の新しい価値観を最終的に優しく受け止める。両者は対立せずに、仲良く生きていくのである。新旧のモラルが互いに調和する様子が描かれている点に、この小説が幅広く受け入れられる下地があったと言えるだろう。戦後の価値観を求める読者は雪子と新子に共感し、戦中の価値観を引きずる読者は教師や生徒たちに感情移入できたからだ。

また、戦後すぐの女学校という舞台も、戦後民主主義のイメージを展開する場所としては最適だった。新たな女性像を体現する教師と、試行錯誤しながら変わろうとする生徒たち。両者の姿は、戦後日本の大衆文化のなかで再生産され続ける。教師と生徒の関係が、啓蒙する知識人と啓蒙される大衆という戦後の言論のモデルに似ていたことも見逃せない。

学校という限定的な場所で戦後民主主義が開花するというイメージは、戦後民主主義が持つ啓蒙主義を如実に示していた。後年、戦後民主主義は、しばしば学校教育と結びついて批判されるが、それも戦後民主主義と学校の相性のよさを示している。

一部の知識人から憲法の平和主義への批判があったものの、人びとは憲法に基づく新しい価値観を素直に受容しつつあった。しかし、その幸福な時間は長くは続かなかった。民主主義的な制度は整備されたが、アメリカが体現した民主主義のイメージは、米ソ間の冷戦の開始にともなう占領政策の転換によって最初の変化を迎えることになる。

3　朝鮮戦争と再軍備支持――第九条との併存へ

占領政策の転換

ＧＨＱの方針転換を最初に広く印象づけたのは、いわゆる二・一ストの中止命令である。発端は官公庁の労働組合運動の盛り上がりだった。それを支援するため、全日本産業別労働組合会議（産別会議）や日本労働組合総同盟（総同盟）などが結集し、一九四七年一月に全国労働組合共同闘争委員会が結成された。産別会議と総同盟は全国の労働組合を束ねる連合体で、ともに一九四六年八月に発足。産別会議は一六三万人、総同盟は八五万人の組合員を抱える巨大組織だった。共同での闘争態勢には、社会党と共産党も加わり、労働条件をめぐる闘争を超えて、吉田政権の打倒や「民主人民政府」の樹立といった目標も掲げられた。

しかし、一九四七年二月一日に予定されていたゼネラル・ストライキは、その直前にマッカーサーの指令によって中止される。民主化政策の一環として労働者運動を奨励してきたＧＨＱが、労働運動を阻止した最初の事例である。

当時はまだ戦後民主主義という言葉が使われていないが、後年から振り返れば、戦後民主主義の最初の挫折だった。それはまた、「民主人民政府」を目指す左翼運動が、アメリカの認める民主主義とは一致しないことを、労働運動に関わる人びとが否応なく認識した出来事だった。

他方で、国政選挙の結果をみれば、新たな時代の到来は誰の目にも明らかだった。一九四七年四月に行われた総選挙で、社会党が一四三議席を得て第一党に躍進したからである。その結果、新憲法施行後最初の国会で、社会党の初代委員長だった片山哲が首班指名を受け、総理大臣に就いた。ただし、衆院では第二党が自由党（一三一議席）、第三党が民主党（一二四議席）と、ともに保守政党であり、両者を足せば社会党の議席数をはるかに上回っていた。そのため、社会党は民主党と国民協同党と連立政権を組む。

しかし、国政選挙の結果とは別に、国際政治の力学は冷戦へと傾き、占領政策にも影を落としつつあった。

一九四七年三月一二日には、トルーマン米大統領が、共産勢力の膨張から自由主義諸国を防衛すると議会で表明する。また、ロイヤル陸軍長官は、一九四八年一月六日に「極東における全体主義に対する防壁としての役割を日本に望む」と演説した。これは、日本を信頼できる同盟国として育てるべきだというジョージ・ケナンの主張が、アメリカの国家安全保障会議の基本方針となったことの表れだった。

冷戦が本格的に始まるなかで、アメリカの対日占領方針も明確に転換していく。日本の武装解除と民主化教育という占領初期の目的から、日本を東アジアの前線基地として再整備していく方向への転換だった。一九五一年一月から二月にかけて、国務省顧問ダレスが特使として来日し、講和後の日本の再軍備や日米の協力のあり方について吉田茂らと議論した。

「中立」は国家的利己主義か

占領政策の転換が明らかになると、来たるべき占領終結と日本の主権回復に向けて、国際法の研究者たちが見解を明らかにしている。ここでは、横田喜三郎《よこたきさぶろう》（一八九六〜一九九三）と田岡良一《たおかりょういち》（一八九八〜一九八五）という二人の国際法学者たちの議論をみてみたい。

当時東京大学法学部教授だった横田喜三郎は、満州事変の国際法違反を公言した知識人として知られ、戦後は国際連合に期待を寄せていた。横田は、「集団的保障こそ世界の平和を確保する確実な方法であり、同時に日本の安全を保障する真の道」だと意見を述べている。横田が言う「集団的保障」とは、具体的には国連軍を中心にした安全保障体制を意味していた。

中立ということは、いまでは、時代おくれである。現在は集団的保障の時代で、諸国が一致協力して侵略戦争を防止すべき時代である。どこかの国が侵略戦争を行えば、他のすべての国が協力して、防衛にあたらなくてはならない。それによってはじめて、一般的にも平和が保たれ、自分の国も安全が保障される。自分の国だけ中立の地位に立ち、戦争の惨禍をまぬかれようとすることは、国家的利己主義であり、国際協力の時代精神

を理解しないものである。（「時代遅れの中立論」『読売新聞』一九四九年五月二七日）

「中立」を「国家的利己主義」だと否定的に捉える横田は、戦後日本の平和主義の難点を鋭く指摘していた。

他方で、当時京都大学法学部教授だった田岡良一は、「中立」を可能にする条件を考察した。田岡は次のように述べる。国連の安全保障理事会には拒否権が認められているため、仮に侵略戦争を開始した国への制裁を行う場合でも、安保理で拒否権が行使されれば、国連による制裁は成立しない。このような制度のもとで、果たして国連による安全保障を頼りにできるのか。かといって、他国と相互援助条約を結ぶと、戦争に関与する危険が増す。

日本に必要なのは、日本が攻撃をうけた場合には援助を受けるが、他国が攻撃を受けたとき援助の義務はないとする条約である。相互援助ではなくて、片務的援助条約である。（「永世中立無価値か」『読売新聞』一九四九年五月二七日）

田岡は、横田が「国家的利己主義」だとした「中立」の可能性をあえて追求して、「片務的援助条約」を提言している。日本にとってきわめて都合のよい提案だが、憲法はそれを求めているというのが田岡の理解だった。

ちょうど同じ時期には、独立後の日本のあり方をめぐる講和問題が世論の関心を引きつけていた。講和をめぐる議論は、戦後日本が初めて経験する本格的な外交論議だった。講和条約をめぐる議論をリードしたのは、岩波書店の雑誌『世界』である。

平和問題談話会と朝鮮戦争

『世界』の編集長、吉野源三郎《よしのげんざぶろう》は、一九四八年にユネスコ本部が発表した「戦争をひきおこす喫迫の原因に関して、ユネスコの八人の社会科学者によってなされた声明」の刺激を受けて、日本でも同種の声明文を発表できないかと考えていた。

吉野は清水幾太郎と哲学者の久野収《くのおさむ》に連絡を取って計画を練り、一九四八年一二月に「平和問題討議会」を発足させる。メンバーには、哲学者の田中美知太郎《みちたろう》や思想史家の津田左右吉、科学者の仁科芳雄《にしなよしお》などオールド・リベラリストと呼ばれた分野を超えた学者たちが集まった。平和問題討議会は、一二月一二日に「戦争と平和に関する日本の科学者の声明」を発表したあと、平和問題談話会と名称を変えて活動を続けた。

この時期、国際情勢は緊迫感を増していた。一九四九年四月、トルーマン米大統領が原子兵器の使用をためらわないと明言し、九月にはソ連の原爆保有が明らかになった。こうした状況で、平和問題談話会の一部の知識人は、大衆的平和運動の必要性を説き始める。久野収は革命を目指す左翼運動から自立した平和運動を求めた（「平和の論理と戦争の論理」）。

平和問題談話会は一九五〇年一月、講和問題についての声明を発表する。次第に平和問題談話会は丸山眞男ら若手学者が中心となり、オールド・リベラリストの存在は稀薄になっていた。敗戦時に浮上した民主主義には多様な内実があったが、この頃にはオールド・リベラリストとその下の世代との亀裂が露わになりつつあった。彼らの主張は、「全面講和」「中立堅持」「国連加盟」「軍事基地反対」の四点であり、これらは戦後民主主義を構成する平和主義の代表的主張となる。全面講和とは、共産主義諸国を含めた講和条約を指す。自由党・吉田茂政権は、アメリカに代表される西側諸国と講和条約を結ぶつもりでいたが、その方向性は「片面講和」と呼ばれ、批判の対象になっていた。

　こうした議論が続くなか、一九五〇年六月二五日、隣国から衝撃的な知らせが入る。北朝鮮と韓国の軍事衝突、いわゆる朝鮮戦争の勃発である。

吉野源三郎（1899～1981）編集者．東京帝大卒．1937年岩波書店入社．46年に創刊された『世界』の初代編集長になり，一貫して反戦・平和の論陣を張った．文筆家としては『君たちはどう生きるか』などの啓蒙書で知られる

　朝鮮戦争を知ったマッカーサーは七月、警察予備隊の設置を吉田茂に指示した。在日米軍が朝鮮半島に向かうため、日本国内の治安維持のための兵力が手薄になる。それを補うために七万五〇〇〇人からなる警察予備隊が創設された。

　社会党は、警察予備隊は憲法違反だと主張

したが、吉田はこれは軍隊ではないという見解を繰り返した。慌ただしく「警察予備隊令」が整備され、八月一〇日に施行された。警察予備隊の装備は貧弱なもので、文字通り「警察」という側面が強かったことは確かだが、「再軍備」の大きな一歩でもあった。

再軍備をめぐる議論

講和問題で平和問題談話会の方針を支持した政党は、社会党の左派だった。社会党は従来から党内対立を抱えていたが、講和条約への態度をめぐって、一九五一年一〇月に左派社会党と右派社会党に分裂、別の会派として活動した。

社会党左派の理論的指導者だった山川均は、日本の社会主義の目標のなかに平和主義を取り込む議論を発表(「非武装憲法の擁護」)。その影響もあり、社会党左派は「中立堅持・軍事基地反対」を掲げ、ソ連・中国とも国交を回復する「全面講和」を主張、平和問題談話会と歩調を合わせた。ここに、知識人と社会党、それを支持する人びとによる革新陣営が形成された。しかし、「自主独立」を掲げる社会党の右派は、国民生活の安定という側面から、警察予備隊の存在を認めるとともに、西側諸国との講和に賛成していた。他方で、当初は左派社会党とともに「全面講和」を掲げていた民主党は、芦田均の意向で方針を転換し、「再軍備」論を展開する。

芦田均は、自身の反共思想に基づく自衛論を起草し、GHQと吉田首相に提出した。芦田は、一九五〇年一二月二八日にそれをマス・メディアに公表し、記者会見を行う。再武装を達成するために自由党・社会党と協力して世論を喚起すべきだと訴えたのである。芦田の意見書について、吉田は再軍備論とは見解を異にすると述べ、浅沼稲次郎は憲法の精神に反すると反対した。

反共自衛論を論壇で展開したのは、経済学者の小泉信三（一八八八～一九六六）である。小泉は「平和論」（『文藝春秋』一九五二年一月号）のなかで、ソ連の日ソ不可侵条約破棄や、北朝鮮が起こした朝鮮戦争を挙げ、共産主義国の侵略的性格を指摘した。小泉の議論が再軍備政策と相性がよかったのは言うまでもない。

戦後平和論の源泉

朝鮮戦争と再軍備の流れのなか、平和問題談話会は「三たび平和について」（『世界』一九五〇年一二月号）を発表する。「三たび平和について」は、全面講和、再軍備反対、国連加入と中立主義による平和の達成を掲げた声明であり、以後の平和論の基調となった。声明の中心部分を執筆したのは丸山眞男と憲法学者の鵜飼信成《うかいのぶしげ》（一九〇六～八七）である。

彼らは、「平和問題に対するわれわれの基本的な考え方」として、巨大な破壊力を持つ核兵器登場以降、いかなる論理をもってしても、戦争による犠牲を正当化できなくなったと述べる。いまや、戦争は「最大の悪」になったのであり、憲法九条の理想主義的な立場は、同時に現実主義的な意味を持っているとした。

西側陣営の一員としての国際社会復帰は、東西の緊張を高める。それが全面講和を求める理由だった。日本は米ソのどちらにも加担せずに非武装と中立を選択することで、冷戦の緊張緩和に貢献できると述べていた。

ではその場合、日本の安全はいかにして保障されるのか。平和問題談話会が期待を寄せたのは、国連による安全保障だった。

「三たび平和について」の提言は、結果的に実を結ばなかったが、日本国憲法から導き出される国際主義、平和主義の端的な表れだったと言える。

提言は次のように記している。

現在全面講和論者や中立論者に対してなされるさまざまの批評ないしは悪罵《あくば》を冷静に検討する人は、そこにかの満州事変以後、連盟脱退から日独伊軍事同盟を経て太平洋戦争に至る時代の思想的雰囲気を想起させるような論理と語調を読み取ることができるはずである。

終戦からわずか五年しか経過していない一九五〇年には、戦前・戦中への反省意識がきわめて強かった。この提言が大きなインパクトを持った背景には、軍部の台頭に抵抗できず、既成事実が積み重なるのを座視した戦前への反省があった。

労働組合への期待——革新勢力の形成

講和をめぐる議論では労働組合の存在を見逃すことはできない。戦後、労働組合運動は急速に発展した。なかでも重要なのは、一九五〇年七月一一日に結成された日本労働組合総評議会（総評）である。一七の労働組合が結集した総評は、組合員数が三二〇万人に達する一大組織だった。一九五〇年当時、日本の全労働者は約一二二八万人であり、そのうち労働組合に加入する労働者は約五六五万人だった。つまり、労働組合に所属する労働者の半数以上が総評に所属していたことになる。

結成当初、総評はＧＨＱの指導を受けて、西側諸国の労働組合からなる国際自由労働組合総連盟（国際自由労連）に加盟していた。しかし、一九五一年三月一〇日に開催された第二回大会で、運動方針を転換し、社会党左派が掲げていた平和四原則を採択する方針を採る。

平和四原則とは、社会党が一九五一年一月の党大会で採択した「全面講和」「中立堅持」「軍事基地反対」「再軍備反対」である。また、総評は選挙で左派右派を問わず社会党を支援した。こうして、社会党は社会運動に大きな影響力を行使するだけでなく、選挙でも議席を伸ばしていく。それは、共産主義国にコミットし武装蜂起による革命を掲げて大衆の支持を失った共産党とは対照的だった。

そもそも、労働組合は、民主主義を体現する団体の一つとして知識人たちからも期待を寄せられていた。丸山眞男は、一般読者向けの本のなかで、労働組合の意義を説いている。

労働組合の使命は単に狭い意味の経済闘争にあるのではなく、むしろ、そこで政治・社会・文化のあらゆる問題が大衆的に討議され、また教育されることによって人間の規画品化、大量通信報道機関による知識の画一化、趣味・教養の末梢化の傾向と戦い、大衆の自主的な批判力と積極的な公共精神を不断に喚起するところにあるのだと思います。民主主義の根をしっかりと培うことを真実に欲する人々はなにより、大衆の政治的関心を日常化する場として、組合の強化発展につとめ、これを不具化し矮小《わいしょう》化する動向と闘わなければなりません。（『政治の世界』御茶の水書房、一九五二年）

民主主義には、政治的関心の日常化が不可欠なことを、丸山はよく理解していた。労働組合は、労働者の待遇向上のみならず、「公共精神」を喚起する自発的な結社として理解されていた。

朝鮮戦争が勃発し、講和条約をめぐる議論が高まっていた一九五〇年代初頭は、革新勢力が形成された時代だった。革新勢力とは、平和問題談話会に集った知識人とその周辺の人びと、総評、そして社会党の左派を指すといってよい。

しかし、こうした運動の盛り上がりは、吉田茂が目指した西側陣営との早期講和路線を覆すことにはならなかった。一九五〇年六月に勃発した朝鮮戦争は、結果的に全面講和の道が遠いことを多くの国民に認識させたからだ。吉田茂の自由党とそれを支持する多くの人びとは、西側諸国との講和による日本の主権回復を望んでいた。

国内世論の改憲支持

再軍備の主張が大きくなるなか、憲法改正も論点として浮上していた。小説『ビルマの竪琴』で知られるドイツ文学者の竹山道雄は、反共の立場から全面講和論に反対し、憲法改正の必要性を示唆していた（「門を入らない人々」『新潮』一九五一年六月号）。

竹山が危惧したのは、冷戦下で日本が中立を掲げ続けて、共産主義国の傘下に入ってしまうことだった。もし日本が東側諸国の一員になると、憲法は改正され、反米・反帝国主義の憲法に代わるだろうと竹山はいう。その場合、共産主義の理想のために自ら戦争を起こすかもしれない。つまり、徹底した平和主義を守って中立を通すことが、結果として戦争を呼び込むかもしれないというのである。多分に空想的な部分がある議論だが、竹山は平和憲法の精神を守るための手段として、憲法改正を提案していた。

憲法改正の主張は、保守的知識人や政治家たちだけが掲げていたわけではない。むしろ国内世論の傾向に合致するものだった。

一九五一年三月に行われた『読売新聞』による世論調査は、「日本に国防軍を再建せよ」という意見について賛否を問うている。調査結果は、賛成が四七・三％、反対が二三・六％と、賛成が反対を大きく上回った。

翌一九五二年四月の『読売新聞』の調査では「憲法を改正して軍備を持つべきかどうか」という踏み込んだ質問に対して、賛成は四七・五％、反対は三九％であった。反対が大きく増えたが、同様の傾向を示している。

憲法九条の改正に関わる世論は、『朝日新聞』の調査でも同様の傾向を示していた。一九五一年九月の『朝日新聞』の世論調査は、「『日本も講和条約ができて独立国になったのだから、自分の力で自分の国を守るために、軍隊を作らねばならぬ』という意見があります。あなたはこの意見に賛成されますか」と問うた。結果は賛成が七一％と多数を占めた。

『朝日新聞』はさらに、一九五二年二月の世論調査で、「日本は憲法で、戦争はしない、軍隊は持たないときめていますが、このようにきめたことは、よかったと思いますか、まずかったと思いますか」と質問している。この質問について、「よかった」という回答は二七％に過ぎず、「仕方がなかった」が一七％、「まずかった」が一六％だった。憲法九条に基づく平和意識が定着していたとは言い難い。

『毎日新聞』が一九五二年三月に実施した世論調査でも「軍隊を持つための憲法改正」について、賛成は四三％、反対は二七％であり、やはり同様の傾向にあったと言える。

こうした世論の背景には、軍隊の存在が悪いのではなく、戦争指導者たちが悪かったという戦争認識があったのだろう。ウォー・ギルト・プログラムに代表されるような占領軍の啓蒙によって、軍事指導者への嫌悪は高まったが、当時の人びとは、数年前までは「軍隊のある日常」を生きていたため、軍隊の存在自体については比較的寛容だった。

主権回復と占領の終焉

吉田茂首相は、西側諸国の一員として国際社会に復帰し、憲法九条を掲げてアメリカによる再軍備の圧力を和らげながら、最低限の兵力は備える現実路線を選択する。

一九五一年九月八日、サンフランシスコで、日本は四八ヵ国とのあいだで講和条約を調印、同時に日米安全保障条約を調印した。

講和条約を締結した四八ヵ国のなかには、中国は含まれなかった。アメリカ政府は中華人民共和国を敵視していたため、中国は講和条約締結の場に招かれなかった（台湾の国民政府とのあいだに一九五二年四月に日華平和条約を締結）。他方で講和条約によって、日本は沖縄の施政権をアメリカに譲ることとなった。

当時の日本にとって講和条約は寛大なものだったといえよう。講和条約は日本の戦争責任に言及しないばかりか、賠償請求権も認めず任意賠償方式をとったからだ。その背景には、日本を防共の防波堤として西側陣営に留め置きたいアメリカの意向があったのは言うまでもない。

占領下に形成された強固な日米関係と、そのもとで進んだ民主化政策、憲法第九条、そして講和条約と日米安全保障条約は、その後の日本における民主主義認識を根本的に規定していくことになる。

第2章　浸透する「平和と民主主義」——一九五二〜六〇年

1　保守政党による改憲熱——アメリカの要望と理解

占領政策への違和感

一九五一年九月のサンフランシスコ講和条約の締結前後から、占領下の民主化、とりわけ憲法第九条を問う機運が高まっていた。第1章で朝鮮戦争以後の改憲論・護憲論を見たが、憲法への関心は、一九五二年四月二八日の主権回復後も高かった。

サンフランシスコ講和条約が発効したその日、首相の吉田茂は官邸で記者会見を行い、憲法改正の意思はないと語った。当面は日米安保条約によって日本の安全を確保し、国力が充実したときに軍備について考えると述べたのである。吉田茂の発言は、主権回復に合わせて憲法改正をすべきだという国内世論や政治家の機先を制するものだった。

憲法をめぐる国内世論は揺れていた。一九五二年五月三日の憲法記念日に、『読売新聞』

は、社説「憲法の再検討を急げ」を発表する。ここでは前文と九条の理想主義を批判し、主権回復に合わせた憲法改正を提起していた。「平和を愛する諸国民の構成と信義」が実現していない以上、現実に合わせて憲法を再検討すべきだという主張である。

他方、論壇で憲法の擁護を唱え続けていたのが、『世界』である。『世界』は一九五二年五月号で「平和憲法は犯されたか否か」と題して憲法擁護の特集を組んでいた。特集の冒頭には、憲法前文と第九条、そして第九九条の条文が掲載されていた。第九九条は「天皇又は摂政及び国務大臣、国会議員、裁判官その他の公務員は、この憲法を尊重し擁護する義務を負う」と定めたものだ。改憲を主張する国会議員たちを念頭に置いて、第九九条を掲げたのである。

巻頭論文は山川均「その後に来るもの」。山川はサンフランシスコ講和条約と日米安保条約は「日本の独立ではなくて占領状態の永久化であり、平和の回復と平和の保障ではなくて、新しい戦争における日本の部署を定める」ものだと述べた。さらにこの特集では、二八人の知識人たちへのアンケートが行われていた。アンケート項目のなかには吉田茂政権の再軍備の進め方について「道徳的にみていかがお考えでしょうか」という質問があった。道徳的という言葉が明瞭ではないという意見もあったが、「非道徳的だ」「政治道徳上悲しむべき」という意見が大勢を占めた。道徳的かどうかを判断基準に定めた点に、『世界』編集部の姿勢が端的に表れている。

民主主義と軍隊は、それ自体としては対立するものではないが、憲法第九条の理念に照らして両者を対立的に捉える見方が、戦後の平和主義の特徴だった。『世界』のアンケートには、軍隊は道徳的・倫理的に許されないという暗黙の前提があったのである。

手塚治虫の平和と理想

弱小国が生き残る方策がさまざまに議論されるなか、平和主義や理想主義は大きな力を持っていた。それらは、この時期の子ども向け文化にも端的に表れている。

それを代表するのが手塚治虫である。

手塚の『来るべき世界』（一九五一年）には、冷戦の危機に裏打ちされた平和主義が表れている。「スター国」と「ウラン連邦」の対立が世界を二分する地球を、謎の星雲が飲み込もうとする。星雲が迫り、人類が滅びようとするとき、二大国の首脳はようやく和解し、抱き合って平和を叫ぶ。破滅的危機が平和をもたらすという皮肉である。その後、星雲のガスが太陽光で酸素に化学変化し、地球の滅亡は土壇場で回避されるという結末を迎える。

朝鮮戦争の勃発により「もう戦争はたくさんだ」という思いが増した手塚は、虚無的な気持ちで『来るべき世界』を描き、当初はアンハッピーエンドにするつもりだったという。しかし、「翌年、朝鮮がいったん休戦にはいり、まがりなりにも日本が講和条約に調印したので、ラストを大団円にした」という（『ぼくはマンガ家』）。手塚の思いが詰まった『来るべき

手塚治虫（1928〜89）マンガ家．アニメーター．大阪大学医学専門部卒．マンガ文化の可能性を広げ，「マンガの神様」とも呼ばれる．アニメ制作に乗り出し，1963年より国産初の連続テレビアニメ『鉄腕アトム』を成功させた

世界』は、国際情勢を踏まえたうえでの平和主義が、子ども向け文化にも流れ込んでいたことを示す。

手塚の理想主義については、「ジャングル大帝」（『漫画少年』一九五〇〜五四年）を見るのがわかりやすい。「パンジャ」という勇敢なライオンを父に持つ「レオ」は、ジャングルを荒らす動物や人間たちに対抗するため、動物たちのなかから大臣を任命して「自治」に乗り出すとともに、「人間語」を学び始める。そして「人間と堂どうとつきあって行けるだけの力を持った子どもたちが必要なんだ　人間語や学校はたいせつだよ」と述べて、他の動物たちに言葉を教える「人間語学校」を設置する。人間の横暴を逃れ、動物たちが自由を享受できる平和な王国を作り上げようとするのだ。物語の最後で、レオは人間を救うために自らの命を差し出すが、そこでは自己犠牲のヒューマニズムがわかりやすく提示されている。

「ジャングル大帝」と並行して、手塚は「アトム大使」（『少年』一九五一〜五二年）を連載している。『鉄腕アトム』の原型となった作品だ。「アトム大使」で、ロボットの「アトム」が、平和を実現するために宇宙人と地球人とのあいだに入って「大使」として活躍するという物語だ。

一九五〇年代前半の手塚の作品には、戦後日本の理想主義と平和主義が刻印されている。手塚は子ども向けの文化のなかで、戦争の愚かさや平和の意義を易しく説明しようとしていた。手塚は一九八九年二月に亡くなるが、死後に手塚の仕事を整理した記事は、次のように述べている。

手塚マンガは、作品の中に主張を打ち出した最初のものであったといっていい。それが「戦後民主主義」に影響された「人類愛」であり「平和主義」であり「理想主義」といった時に図式的になりがちなものであったとしても、大衆にそうした意識を定着させたのは手塚マンガであろう。

（「手塚漫画と大衆文化」『読売新聞』夕刊、一九八九年三月八日）

これは死後の評価だが、一九五〇年初頭の手塚マンガが、戦後マンガのなかに人類愛・平和主義・理想主義といった要素を開花させたことは間違いないだろう。

愛国心と自衛精神の〝誓約〟

一九五三年一〇月、特使として訪米した池田勇人（一八九九～一九六五）は、日米の安全保障体制をめぐってロバートソン国務次官補と面会した。この会談は日米の軍事的な同盟関係を確認するものだったが、アメリカからの軍備増強の要求に対し、日本側が第九条などを理由にその要求を和らげつつ、アメリカからの経済的援助を得ることに合意した場としても知られる。

また、この会議で池田は日本国内で愛国心と自衛の精神とを育てることを誓約している。会談後の共同声明では、日本の自衛力増強のために憲法が障壁になっていることが確認され、教育・広報活動によって自衛心と愛国心の養成に努めるべきだと述べられていた。一一月には、当時アメリカ副大統領だったリチャード・ニクソンが日本を訪れ、日本の新憲法に非武装を盛り込んだのは誤りであったと発言して論議を呼んだ。

いずれにせよ、池田・ロバートソン会談を経て日本は事実上の軍備増強へと舵《かじ》を切る。一九五四年三月には、日米相互防衛援助協定（アメリカの相互安全保障法に基づいて、当時は「MSA協定」と呼ばれた）が署名され、日本は自らの防衛に責任を負うことが確認された。これにともない、防衛庁が設置され、陸・海・空の三自衛隊が発足する。自衛隊の発足に合わせて憲法改正すべしという意見も高まった。当然、革新陣営は、これに反発する。

もっとも、吉田茂のもとで進められたアメリカとの協調と再軍備に強い不満を抱いたのは革新陣営だけではない。占領下の民主化政策に疑問を持つ保守側も、吉田の路線に違和感を持っていた。それは、日米安保条約が「不平等」だったことによる。この条約は日本には米軍に基地を提供する義務を定めていたが、アメリカには日本防衛の義務を課していなかった。また第一条の「極東条項」も問題視された。そこでは、「将来の極東での軍事作戦における、米国によるありうべき一方的行動」のために、米軍が日本の基地を自由に使用できるとしていた。「極東」とは、ここでは中国本土やソ連、オーストラリアが含まれていた。

こうした状況を憂慮し、「現状は真の独立ではない」と主張していたのが岸信介（一八九六～一九八七）である。岸信介は戦前、官僚として満州国の経営に関わり、戦中は東条英機のもとで商工相を務めた。戦後はA級戦犯として巣鴨プリズンに収監されたが、一九四八年一二月に釈放され、サンフランシスコ講和条約の発効にともない公職追放も解除され、翌五三年に政界に復帰していた。

改憲論の高揚

この時期に改憲論を掲げて大衆の支持を集めた政治家は多いが最も影響力があったのが、鳩山一郎（一八八三～一九五九）である。鳩山人気の背景には彼への同情があった。戦後、一九四六年四月一〇日の衆議院選挙で日本自由党が第一党になる。だが、党首の鳩山が首相になる直前にGHQにより公職を追放されてしまう。一九五一年には、鳩山は追放解除を目前に脳溢血で倒れていた。

一九五二年九月一二日、日比谷公会堂で鳩山一郎の政見発表演説会が開催された。会場は満員で聴衆が廊下にあふれるほどの盛況だった。演説のなかで鳩山は、「自衛軍」を設置すべきであり、そのためには憲法改正が必要だと語りかけた。そもそも警察予備隊からして軍隊ではないか、というのが鳩山の意見だった（『朝日新聞』夕刊、一九五二年九月一二日）。一九五二年一〇月の衆議院選挙で当選すると、鳩山は自由党に復帰し吉田茂との対決姿勢を強めていく。

自由党は、鳩山一郎に代表される党内の改憲派の意向を受けて、一九五四年三月に憲法調査会を発足させた。会長には岸信介が選ばれる。憲法調査会の発足と人選に対しては「改憲のための調査会ではないか」という疑念の声が上がる。この疑念は決して的外れではなかった。当時、岸自身が「従来岸というものは憲法改正に関して積極的な意見を発表している、それが会長になったということ自体が相当に私は憲法改正に対する機運を醸成するものだと思います」と述べている（「新春政局縦横談」『東京新聞』一九五三年一二月三一日）。

自由党の憲法調査会は、一九五四年一一月に「日本国憲法改正要綱」を発表した。調査会の意見は、第九条の改正による軍隊の設置、天皇の国家元首化、基本的人権の制限など、日本国憲法の根幹部分に変更を迫るものであり、戦前復帰を目指していると受け止められた。

また、当時の野党第一党の改進党は、自由党よりも先に憲法調査会を設置しており、一九五四年九月には憲法の全面的改正を主張する「現行憲法の問題点の概要」を発表していた。

改憲を模索する保守政党の政治家たちは、吉田政権が末期だとみていた。吉田政権は、M

ＳＡ協定以来、自衛隊の発足、教育に関わる公務員の政治的中立を定めた教育二法の成立、警察機構の中央集権化を進める警察法改正などで野党から激しい批判を招き、さらには造船疑獄事件で国民からの信頼を失いつつあったからだ。

メディアの憲法への姿勢

こうした状況で、各紙は憲法改正を支持する社説を載せた。一九五四年五月三日の憲法記念日の社説をみてみよう。

『読売新聞』は「必要な自衛力を持ち得るよう改正が行われることは望ましい」としつつも、「戦後の民主革命を逆転させかねない改正が行われる危険」があるとして拙速な改正論を戒めていた。そのうえで「この憲法が掲げている民主主義を根幹とする種々の高く、進歩的な諸理念は、いわゆる人類普遍の原理としてあくまで保持されなければならない」と記している。

『毎日新聞』は、第九条と現実との矛盾が拡大している状況で、「平和主義と民主主義の二大精神はあくまで堅持しなくてはならない」としつつも「改正への意思をはっきり持つべき時だ」と述べた。現状では憲法の矛盾と不備が明らかだという認識である。

他方で、『朝日新聞』は、「今日の情勢下においても、憲法改正、再軍備の方向に突走ることを非とする」とし、「平和憲法擁護の決意」を新たにしていた。

論壇では、日本はアメリカの従属国（あるいは「植民地」）なのかという議論が起こっていた。『中央公論』（一九五四年六月号）は、特集「日本はアメリカの植民地か」を掲載し、自由党、右派社会党、左派社会党、労農党それぞれの見解を掲載した。自由党と右派社会党が否定するなか、左派社会党の議員で一九六〇年代には社会党委員長を務める勝間田清一（一九〇八〜八九）は日本を従属国だとし、労農党の堀真琴《ほりまこと》（一八九八〜一九八〇）は日本を「植民地」だと規定した。

護憲勢力の結集

改憲論が高まるなか保守政党の再編が進んでいた。一九五四年一一月、日本民主党が誕生する。総裁に鳩山一郎、幹事長に岸信介が就いた。日本民主党には、鳩山一郎グループと岸信介グループに加え、石橋湛山《いしばしたんざん》、芦田均ら有力政治家が参加、さらに改進党も合流した。こうして、自由党に次ぐ第二の保守勢力が誕生する。

保守政党の再編に対して、左派・右派社会党（講和条約をめぐり一九五一年一〇月に分裂）や知識人たちは、護憲を掲げる団体を組織した。

一九五三年九月、全国の学者、宗教家、政治家らが「平和憲法擁護の会」を結成した。この会は、一九五四年一月に一四四の護憲団体を統合して憲法擁護国民連合へと発展、「保守反動勢力の憲法改悪計画」との対決を掲げていた。

一九五〇年代の社会運動の主要な担い手はこれらの護憲団体だった。一九五〇年代の社会運動は「平和と民主主義」の運動だったと言われるが、それは憲法が主張する「平和と民主主義」が当時の喫緊の課題だったことを意味している。

ただし、分裂後の左右社会党が掲げた憲法擁護については留意が必要である。そもそも、左右社会党は、必ずしも日本国憲法を擁護すべきだと考えていたわけではない。左派社会党は憲法擁護国民連合の結成と同じ時期に綱領を採択しているが、そのなかでは議会で多数を獲得したうえで憲法を改正するとしていた。また、右派社会党には再軍備に賛成する議員が多かった。にもかかわらず、左右の社会党が護憲を掲げたのは、党勢の維持・拡大という戦略があったからだ。

そもそも、左右の社会党は、主権回復後の総選挙で議席を増やしていた。一九五二年一〇月の総選挙では、右派社会党は三〇議席から、五七議席（のちに六〇議席）へ。左派社会党は、一六議席から五四議席（のちに五六議席）へと躍進した。さらに、一九五三年二月には、衆議院予算委員会で吉田首相の「バカヤロー」発言があり、これがきっかけで四月に再び総選挙が行われたが、この選挙でも、左右の社会党は議席を伸ばす。右派社会党は六六議席、左派社会党は七二議席を獲得して右派を上回った。

こうして、西側諸国との講和と日米安保という現実に対して、憲法改正を掲げる日本民主党と、それに反対する左右の社会党が両翼に位置するという対抗の構図が固まった。この対立軸は、改憲と護憲という対立を含み込んでいく。選挙で議席を伸ばした左右の社会党は、護憲の姿勢を前面に出していたが、そこには保守政党に対抗し、広範な支持を得るための戦略という側面があった。

2 高揚する社会運動――直接民主主義への期待

映画『二十四の瞳』のヒット

一九五〇年代初頭には、反戦映画が相次いで封切られた。『日本戦歿学生の手記 きけ、わだつみの声』(東横映画、一九五〇年)や『原爆の子』(近代映画協会、一九五二年)、『ひめゆりの塔』(東映、一九五三年)、など、戦争とその傷痕を描いて平和の尊さを訴える映画が注目を集めた。

この時期の平和主義を見るうえで重要な映画が、『二十四の瞳』(松竹、一九五四年)である。作家・壺井栄《つぼいさかえ》(一八九九〜一九六七)が一九五二年に発表した原作を木下恵介(一九一二〜九八)が映画化したものだ。

木下恵介は、第1章で見た黒澤明や今井正と並んで、敗戦後の日本映画界を代表する映画監督だった。木下は、戦争中に国策映画として企画された『陸軍』(松竹、一九四四年)の監督をしたが、出来上がった映画が軍部に厭戦《えんせん》的だとみなされた経験を持つ。戦後の監督作

『カルメン純情す』（松竹、一九五二年）では、再軍備を主張して日章旗に拍手する軍人の妻を批判的に描いた。

『二十四の瞳』は、瀬戸内海の小豆島に赴任した新人教師の「大石久子」と、一二人の教え子たちとの交流を軸にした物語だ。子どもたちは成長の過程で、ある者は病に倒れ、ある者は兵士として戦場で死んだり、視力を失ったりする。久子は戦中に教壇を追われ、夫も戦死する。映画のハイライトは、久子と大人になった教え子たちが戦後に再会する場面だ。「蛍の光」が流れるなか、生き残った教え子たちが集まり、「大石先生」を囲む宴会が始まる。

映画『二十四の瞳』のポスター（1954年9月公開）　映画は1954年度キネマ旬報ベストテンで3位の『七人の侍』を押さえて1位．2位も木下惠介作品『女の園』．同作も女子大を舞台に封建的な制度を告発する作品だった

久子と教え子たちは、自分たちが映る集合写真を見て、静かに涙する。日本の自然を背景に、戦前から戦後にかけての庶民の生活を辿りながら、不幸を乗り越える人間の姿を情感豊かに撮った作品である。

監督・木下恵介が『二十四の瞳』の映画化を決めた背景には、再軍備が進む国内情勢に対する批判意識があった。木下は次のように回想している。

木下惠介（1912〜98）1933年松竹蒲田撮影所入社．黒澤明と並び戦後日本映画の黄金時代を支えた．日本的情緒とヒューマニズムを重視した演出で評価される．64年松竹退社後はテレビドラマの演出家・脚本家としても活躍

終戦後七年にして、早くも再軍備熱が盛んになり、壺井さんがこの小説を書き始めた昭和二十七年には保安隊が創設され、二十九年には自衛隊、防衛庁設置の両法案が成立しています。そんな空気に腹を立てていた私は、この小説こそいま映画にすべきだと思い、映画作りという職業に生きる一人の日本人として、是非それをしなければならないと思ったのです。

（「私を駆り立てたひたむきなもの」壺井栄『二十四の瞳　他二編』一九六五年）

映画は批評家からも、観客からも高い評価を受けた。キネマ旬報ベスト・テンでは一九五四年度第一位、ブルーリボン賞作品賞、毎日映画コンクール日本映画大賞にも選ばれた。配給収入は約二億三〇〇〇万円で、同年の『ゴジラ』（東宝）を上回るものだった。

第1章で確認した『わが青春に悔なし』と『青い山脈』では、戦前・戦中の価値観がわかりやすく否定されていたが『二十四の瞳』はそうではない。戦争は過ぎ去った過去の不幸として描かれており、「時流への批判の目もゆるい」とも言われた（『読売新聞』夕刊、一九五四年九月一五日）。結末で涙する教師と元生徒たちの姿は、反戦というよりは厭戦の意識を表している。しかし、敗戦から一〇年も経っていなかった当時の社会において、厭戦感情は十分に平和主義の基盤になるものだった。戦争体験と平和主義を結びつける規範があったからである。

その規範を教育の場で体現したのが日本教職員組合（日教組）だった。

戦後教育と日教組

日教組は、一九四七年六月八日に結成された教職員の労働組合である。結成宣言では、「全日本の教職員五〇万人」が結集したと自称している。また、統計によれば、一九五〇年前後には、八〇%を超える組織率を誇った。一九五一年一月には「教え子を再び戦場に送るな」をスローガンに、再軍備に反対。社会党の平和三原則への支持を打ち出した。

日教組が積極的に関与した社会問題に、米軍基地問題がある。基地周辺には米兵向けの歓楽街が存在し、風紀の乱れや青少年への悪影響が憂慮されていたからだ。

一九五二年五月には、米軍基地周辺の子どもの問題を検討するため、日教組の援助によって「子供を守る会」が結成された。一九五三年三月には横須賀で「子供を守る会」が主催する「第一回基地の子供を守る全国会議」が開催された（『日教組十年史』）。

基地問題が全国に拡大するなか、清水幾太郎らが編集した子どもの作文集『基地の子――この事実をどう考えたらよいか』（一九五三年）や、同じく清水らが編者になったルポルタージュと評論集『基地日本――うしなわれいく祖国のすがた』（一九五三年）が刊行され、全国的な関心を集めた。

　戦後教育に強い影響力を持っていた日教組は、活発な教育研究活動を行っていた。年に一度、教育研究全国集会を開催し、全国の教員たちによる活動報告や共同研究の成果発表が実施された。全国集会の内容は教育の現在地を示すものとして、新聞でも例年大きく報じられ、社説の論題になるなどして関心を集めていた。

　一例を挙げよう。一九五六年一月から二月にかけて、日教組による「第五回教育研究全国集会」が松山で開催された。教員・父母の参加者が一万人を超える大きな集会だった。

　この集会に関わった二人の知識人の言葉から、日教組が当時どのように期待されていたのか、見てみよう。討論会に出席した歴史学者の遠山茂樹（一九一四～二〇一一）は、集会の印象を次のように記している。

> 本当によい教科指導をするためには、一人の落後者《〔ママ〕》もなく、だれでもが仲よくなれ、先生に思ったことを何でも語れる民主的な学級がつくられなければならない。それには子供の父母、そして地域的に先生は働きかけなければならない。それも父母の本当の苦

しみ、地域の問題をつかまえなければならない。それなしには人権を尊重する教育をおこなうことが出来ない。ところがその父母の生活や地域には貧しさの問題をはじめ今日の社会が直面しているむずかしい政治的、経済的問題が山積している。

(「第五回教研全国集会から」『朝日新聞』一九五六年二月三日)

遠山は、現場の教師たちが山積する問題に立ち向かっている姿を評価していた。「しなければならない」と繰り返す遠山の言葉は、戦後の民主的な教育の土台にあった非常に強い理想主義と教師たちの使命感を如実に表している。

他方で、評論家の加藤周一は、日教組が民主主義の概念を拡張し、民主主義を万能薬であるかのように扱う傾向があると批判した。そのうえで、戦後教育を振り返りつつ戦後教育を受けた子どもたちの存在に期待を寄せ、「日本の民主化の過程に非可逆的な部分があるとすれば、それは何よりも新教育によって人権の何たるかをはじめて教えられた世代の存在以外ではないだろう。戦後民主主義のために活動したのは教員だけではない」と述べた。(『知性』一九五六年四月号)。

原水爆禁止署名運動と主婦たち

一九五四年三月一日、マーシャル諸島ビキニ環礁で米国の水爆実験「ブラボー作戦」が行われた。マグロはえ縄漁を操業していた第五福竜丸は、アメリカが実験のために指定した「危険区域」外にいたにもかかわらず、「死の灰」と呼ばれた放射性降下物を浴び、乗員二三名が被ばくし漁獲物も汚染された。いわゆるビキニ事件である。

この事件は、一九五四年三月一六日の『読売新聞』夕刊によって初めて報じられ、「原子病」に罹《かか》ったと言われた船員たちは、世論の関心を引きつけた。さらに、汚染されたマグロが市場に出回っているという報道は、人びとの不安をかき立てた。ビキニ事件を受けて全国各地の自治体や平和団体は、声明を発表するなど運動を始める。

特に重要な役割を果たしたのは主婦たちだった。東京都杉並区の主婦たちから始まった水爆禁止署名運動は、一九五五年一月までに三二五九万に達する署名を集めた。

広島・長崎・ビキニを並置して「三たびの被爆」を強調し、原水爆の禁止を訴えたが、具体的政治目標を掲げることはなかった。あくまで原水爆に反対か否かのシングル・イシューに焦点を当てた。これにより、さまざまな思想信条を持つ者が、署名に参加する。初期の署名運動では、町内会・婦人会・青年団という保守的色彩の強い団体が大きな役割を果たしたが、こうした団体を取り込むことに成功したからこそ、未曽有の運動へと発展していく。署名運動は、「平和国家日本」というアイデンティティが、広く浅く浸透していたことの証左でもあった。

署名運動の大きなうねりは、一九五五年に広島で開催された原水爆禁止世界大会へと結実する。世界大会の準備会と、原水爆禁止署名運動全国協議会は、原水爆禁止日本協議会（原水協）を結成し、核兵器への反対や被爆者援護などの運動を継続していく。一連の運動により「署名によって政治を動かし、集会で世界に訴える」という平和運動の方法が多くの人びとに信頼されるようになったと言える。

清水幾太郎の護憲論

当時、社会運動のなかからは「平和と民主主義」の価値を問い直し、憲法の理念に立ち返ることを説く議論が目立った。当時の知識人たちが共有していた憲法擁護の姿勢をわかりやすく示しているのが、社会学者の清水幾太郎である。一九五〇年代、清水は革新運動との結びつきを強めた知識人の代表的存在だった。清水は一九五五年に発表した教育に関する論考のなかで、教育者が憲法を学ぶ意義について次のように述べる。

> 日本の教育者が憲法を学習し実践し擁護することは、われわれが「教育の国家からの独立」という新教育の精神をいかに自己のものにしているか、それを証明するところの仕事である。
> （「国民教育について」『思想』一九五五年八月号）

国家から独立した教育という考え方は、戦争の記憶が生々しかった当時は、決して珍しい

清水幾太郎（1907〜88）東京帝大卒．社会学者，評論家．学習院大教授．戦後は評論活動を通して民主化を訴え，特に平和運動に大きな影響を与えた．60年安保闘争後は平和運動と距離をおき，次第に活躍の場を保守論壇に移した

ものではない。清水は、独立という言葉に多様な意味を重ねていく。日本に再軍備を迫るアメリカの要求と、「憲法を通じて新しく生まれ変わった日本の民衆に怯《おび》える日本の支配者」とが結びつき、憲法を改正しようとする動きが活発になったことを指して、清水は続ける。

それゆえに、憲法の学習と実践と擁護とは、国家からの独立という意味で国民的主体性を帯びるだけでなく、アメリカからの独立、というより、アメリカへの対立という意味で国民的主体性を帯びるものとなる。　（同　前）

清水の議論は、「国家からの独立」と「アメリカへの対立」の二点を憲法に読み込んでいる。「国家からの独立」は、国民自らが国家を主体的に批判することを期待した清水なりのレトリックとして受け止めるべきだが、そこに見られる国家批判の精神性は、戦後民主主義の特徴である。

「アメリカへの対立」という言葉については、説明が必要だろう。清水は憲法がアメリカから押しつけられたものだという考えを持ちながらも、憲法の価値を高く評価していた。憲法の理念を擁護し、日本に軍事基地を置き続けるアメリカという現実を批判するためのレトリックとして、「アメリカへの対立」という言葉を使う。この清水の議論は、一九五〇年代の革新陣営の姿勢を端的に示すものだった。

この時期の世論調査を確認しておこう。前章で記したように、一九五一～五二年は軍隊を持つために憲法を改正する支持が多かったが、逆転する。一九五五年一一月に『朝日新聞』は、「日本に、正式の軍隊がもてるように憲法を改正することに賛成ですか、反対ですか」と問う世論調査を実施した。回答は「賛成」が三七％、「反対」が四二％。一九五七年一一月にも、同じ質問で調査を実施したがその結果は「賛成」三二％、「反対」五二％である。

いずれにせよ、改憲論は一九五〇年の朝鮮戦争と再軍備以降に浮上してきた。その改憲論に対抗する護憲運動は、平和主義を掲げることによって日本の保守政権とアメリカとをともに批判するようになったのである。

福田恆存の疑問

護憲運動、原水禁運動、基地反対運動など、一九五〇年代半ばには、平和をめぐる議論と運動が高揚していた。これまで見てきたように、そうした運動には社会党、総評、各種文化団体、宗教団体、平和団体、知識人、学生など多様な人びとが結集していた。運動の基調をなしたのは、「平和と民主主義」のスローガンだった。

それに根本的な疑問を投げかけたのが、文芸評論家で劇作家の福田恆存（一九一二〜九四）である。福田は一九五四年に、「平和論の進め方についての疑問」を発表している。

福田が注目したのは、米軍基地への反対運動に関わる議論の「進め方」である。反対運動は、本来ならば米軍基地周辺の治安や騒音といった具体的な問題を解決しなければならないはずだが、運動で指導的役割を果たす知識人たちは、論点を日米安保や冷戦構造へと広げていく傾向にある。果たして彼らは本当に基地周辺の具体的な問題を解決しようとしているのか――。それが福田の疑問だった。

さらに、福田は平和そのものを議論の俎上《そじょう》にのせる。福田の理解では、「絶対平和」というものは理想としてしかあり得ず、現実の平和は戦争を防止するという努力によってしか成り立たない「相対的」なものだという。

私がどうおもおうと、じっさいには、日本はアメリカと手を握っている。平和論者はこれを断とうとしているわけですが、そのほうがよくて、しかも断てない今日、毎日どうして暮らしたらいいのか。平和論は若い世代に大きな影響力をもっているときます。まさか、かれらが毎日「平和、平和、平和」と気勢をあげているだけでいいわけでもありますまい。彼らに現代世界の構図を図示するだけでなく、最悪の事態にも応じられる人生観を示唆することも必要でしょう。平和論水泡に帰す、あとのことは知らぬ、それではすみません。その点をどう考えているのでしょうか。（「平和論の進め方についての疑問」『中央公論』一九五四年一二月号）

福田の議論は、次章で述べるパワー・ポリティクスに基づく「現実主義」的な理解を先取りしていた。一九六〇年代以降、現実主義は人口に膾炙するが、五〇年代半ばの論壇では、福田のような意見はまだ少数だった。

五五年体制による対立

護憲勢力と結びついた社会運動が高まる一九五四年の年末、政局が動き始めていた。吉田茂が辞意を明らかにし、吉田後に向けた動きが本格化する。キャスティング・ボートを握ったのは、左右社会党だった。左右社会党は、選挙管理内閣として限定的に日本民主党・鳩山内閣の誕生を許容し、鳩山には早期解散を約束させた。

このような動きのなか、自由党・吉田茂内閣は一九五四年一二月に総辞職を決断。首班指名に際して左右社会党の協力を得て、第一次鳩山内閣を発足させた。

首相就任後の鳩山は、吉田茂の路線を対米追従だと批判し、憲法改正に意欲をみせた。衆議院の解散をにらんで全国遊説に出た鳩山は、「憲法改正は必要であり、占領政策是正の手

革新派"1/3"を突破

民主、百八十を越す

左社、予想外の躍進

自由 百十名前後に転落

開票結果

二十八日午後4時50分現在

首相、四度び全国最高

広川氏当選、加藤氏(右社)落つ

東京

党派別当選者

(当選確実を含む)

28日午後4時50分現在 本社調査

党派	計	新	前	元	解散時
民主	184	22	101	61	124
自由	109	6	78	25	180
左社	89	17	68	4	74
右社	65	8	49	8	61
労農	4	0	3	1	5
共産	2	0	1	1	1
諸派	2	0	2	0	1
無所属	6	2	2	2	10
合計	461	55	304	102	456

婦人 7名

各党得

二十八日午

党派	得票数	比率
民主	12,982,174	36.8
自由	9,481,568	26.9
左社	5,313,935	15.1
右社	4,877,530	13.8
共産	678,674	1.9

第27回衆院選挙で憲法改定阻止につながる「革新派」が⅓議席を獲得（『朝日新聞』夕刊，1955年２月28日）

始めがまず憲法改正である。殊《こと》に第九条の改正は必要である」と発言して、それが大きく報じられた（『朝日新聞』一九五四年一二月一九日）。鳩山は、一九五五年一月の施政方針演説でも、日本の「自主独立」のための憲法改正を訴えた。

その後、鳩山は約束通り衆議院を解散、一九五五年二月には総選挙が行われた。日本民主党は、憲法改正による自衛軍の創設と日米安保体制の強化、さらには日ソ国交正常化を掲げて選挙を戦う。選挙の結果、日本民主党は一二四から一八五議席に躍進して第一党となった。自由党は一八〇議席から一一二議席（のちに一一四議席）へと議席を大幅に減らした。

他方、「憲法改正阻止」を掲げて左右の協調をアピールしていた社会党は、左右ともに議席を増やす。左右の合計で全四六七議席の約三分の一にあたる一五六議席を獲得。これに共産党の二議席、労農党の四議席を合わせると改憲の発議を阻止する三分の一を超える議席数だった。三分の一を超えたことは大きく報じられた。

選挙での躍進は、左右社会党統一の機運をいっそう高めることとなった。そして、一九五五年一〇月一三日、社会党の統一大会が開催される。この大会では、約四年におよぶ分裂状態に終止符が打たれ、委員長には左派の鈴木茂三郎、書記長には右派の浅沼稲次郎が就任した。

統一大会で決定された「組織活動方針」は、「わが党は革命を行う階級的大衆政党である」と述べるとともに、「議会偏重主義、選挙第一主義の弊におちいらない」と述べていた（『日本社会党二〇年の記録』一九六五年）。議会だけが民主主義ではなく、議会の外の大衆のエネルギーもまた民主主義の重要な要素であるという理解がそこにはあった。

社会党の統一を受け、一九五五年一一月には、自由党と民主党が合併して自由民主党（自民党）が結党された。総裁に鳩山一郎、幹事長には岸信介が就いた。自民党の結党大会で採択された政綱には、「現行憲法の自主的改正」、「占領諸法制」の再検討、「自衛軍備」、「駐留外国軍隊の撤退」などの言葉が並んでいた。

ここに、改憲を掲げる自民党と護憲を掲げる社会党が向かい合う、五五年体制と呼ばれる政治体制が誕生した。憲法第九六条が定めるように、衆参両院の議員の三分の二以上の議員

「正式の軍隊がもてるように憲法を改正すること」の賛否を尋ねた世論調査

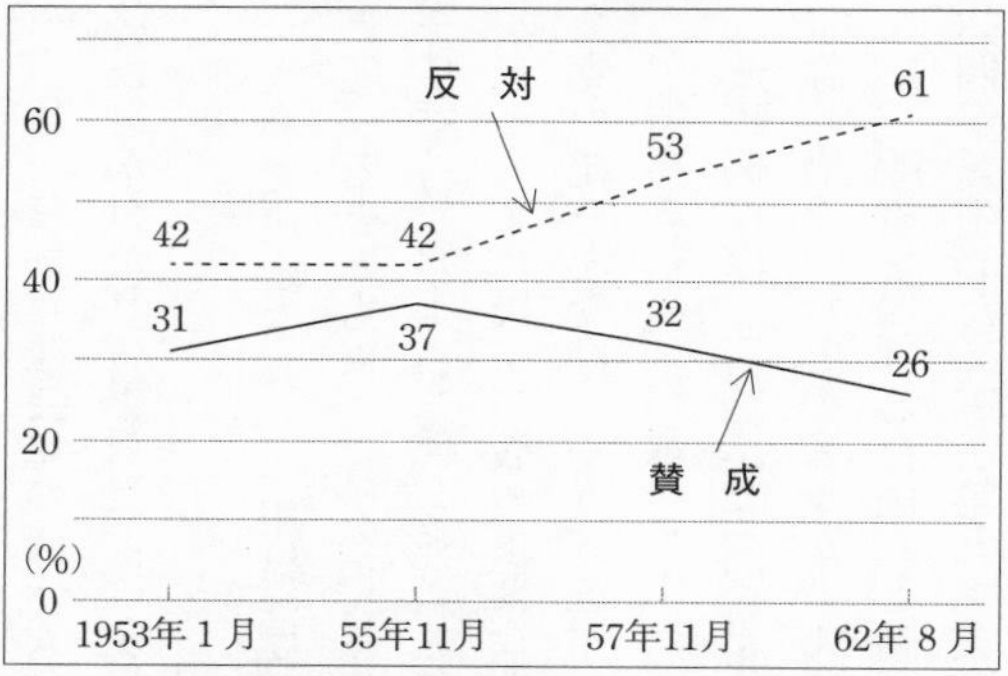

註記：グラフの年月は世論調査の実施時
出典：『朝日新聞』夕刊，1962年8月17日

の賛成なしには、憲法改正を発議できない。したがって、社会党などが三分の一以上を占めることで、自民党は憲法改正ができなかった。

鳩山はすでに一九五五年五月、自主憲法期成同盟を結成、七月には自主憲法期成議員同盟を結成して、憲法調査会の設置を目標に活動を始めていたが、そもそも、鳩山が固執した憲法改正を、果たして国民は求めていたのだろうか。

『毎日新聞』が一九五五年二月に実施した世論調査をみると、憲法改正に賛成という回答は四四・七%だったのに対し、反対は二九・六%であり、憲法改正が支持されていたことがわかる。

ただし、同年一一月に「正式の軍隊がもてるように憲法を改正すること」を問うた『朝日新聞』の世論調査を見れば、反対が賛成を上回っていた。国民の多くは、自衛隊の存在そのものを否定はしなかったが、それを理由に憲法を改正することには否定的な意見が多かった。それは選挙結果にも表れている。

一九五六年七月に、五五年体制下では最初の参院選が行われたが、自民党の議席は三分の二に届かなかった。他方で、社会党は議席を伸ばし、共産党と革新系無所属とを合わせて八六議席となり、護憲派が全体の三分の一以上の議席を占めたのである。これにより次の参院選までは国会で憲法改正を発議することが困難になった。

自民党結党後の鳩山内閣は、小選挙区制度を目指して公職選挙法改正法案を国会に提出した。従来の中選挙区制度では、複数定員制であるため、自民党の候補者同士が同じ選挙区で争わねばならなかった。小選挙区制ならば、自民党支持者の票の分散を抑えることができる。三分の二以上の議席を獲得して憲法改正を発議したい自民党にとって、小選挙区制度は都合がよかった。公職選挙法改正法案の審議では、小選挙区の区割り案が焦点になった。区割りが自民党に有利なものであったため社会党が激しく反対し、改正案は廃案になる。

岸政権の誕生と憲法調査会

一九五七年二月に岸信介が首相に就任した。岸政権は一九五七年八月に、憲法調査審議機関である憲法調査会を発足させ、第一回総会を開いた。すでに鳩山政権下の一九五六年五月に憲法調査会法が成立していたが、社会党が参加を拒否するなど委員の調整が難航していたため、岸政権下になってようやく発足した。しかし、改憲が持論の岸政権下での憲法調査会の発足は、護憲派から警戒される。

護憲派は政府の憲法調査会に対抗すべく、一九五八年六月に憲法問題研究会を設立した。宮沢俊義や大内兵衛《おおうちひょうえ》ら約五〇人の護憲派の学者が集った研究会だった。この研究会は、たんに憲法を研究するだけでなく、岩波書店の『世界』を中心にして研究会の議論を公表し、啓蒙活動を推進していく。

憲法をめぐる議論が高まるなか、一九五八年四月に衆議院が解散し、五月に総選挙が行われた。有権者の関心は非常に高く、投票率は七七%と戦後最高を記録する。選挙結果は、自民党が二八七議席とやはり三分の二に届かなかった。社会党は選挙前にくらべて八議席を増やし、一六六議席とした。また、一九五九年の参院選でも、自民党は三分の二を握ることはできなかった。このように、一九五〇年代末の国政選挙では自民党の議席は三分の二に届かず、憲法改正の機運は下火になりつつあった。

抵抗権、直接行動の肯定

岸信介は反共主義者としても知られた。左派が主導する日教組・総評などの労働組合との対決路線を明確にする。さらに岸の来歴もまた、革新陣営の反発を招きやすいものだった。日米開戦時に東条英機内閣の閣僚であり、開戦の詔勅に署名した岸は、先述したように、戦後はA級戦犯として巣鴨に収監されていた。

岸政権と革新陣営との火種になったのは勤務評定問題である。当時、文部省は、全国の教育現場で勤務評定の導入を図っていた。教職員の昇任や昇給を検討する際の資料に使うためである。これに対して、教育統制につながると、日教組を中心に強い反対運動が展開された。国会では社会党が厳しく追及した。勤評闘争と呼ばれた反対運動は、一九五八年秋頃にピークを迎える。九月一五日には日教組による授業ボイコットが実施されたが、勤務評定の実施を覆すことはできなかった。

さらに、一九五八年一〇月、岸政権は警職法の改正案を国会に提出した。警察官の職務権限の緩和がねらいだった。これに対して社会党とその最大の支持母体である総評は、改正案に強く反発。岸政権が「戦前的警察国家」への回帰を目指していると受け止めたからである。反対運動が組織され、「デートもできない警職法」と報道された。

反対世論の高まりをみた岸内閣は警職法の改正を断念する。革新陣営にとっては、自分たちの反対運動が実った結果となった。この成功体験は、六〇年安保闘争の高揚を準備することにもなる。

警職法の反対運動を踏まえて、戦後日本の民主主義そのものを考察する論考が発表された。政治学者の松下圭一《まつしたけいいち》による論文「忘れられた抵抗権」（『中央公論』一九五八年一一月

松下圭一（1929～2015）政治学者．東大卒．法政大学教授．1950年代，大衆社会論で注目される．統治型から市民自治への政治の転換を唱え，『シビル・ミニマムの思想』（1971）は革新自治体の理論的支柱にもなった

号）がそれである。

松下は次のように述べる。「戦後民主主義が、内からの革命としてではなく、敗戦と占領による「外からの革命」として実現された、という戦後民主主義の条件そのものが、日本の民主主義にとって不幸であったわけである」と。フランスにおけるレジスタンスのように、大衆的抵抗を経験しないまま、戦後を迎えたことを松下は嘆いた。

そのうえで、現在の議会制民主主義が大衆の意思を十分にくみ取っていない以上、基本的人権や政治表現の自由、集団行動の権利など憲法の理念に基づく抵抗としての直接行動が求められていると指摘した。民主主義を議会のみに閉ざすのではなく、人びとの直接的な「抵抗」という回路に注目する松下の戦後民主主義論は、六〇年安保闘争を予見するものでもあった。

新憲法下のミッチー・ブーム

他方で、松下圭一は、「デートもできない警職法」というスローガンが定着した警職法の反対闘争の底には「新憲法感覚」があるとみていた。それと同じ基盤が天皇制の大衆的支持を生んでいると考え、「大衆天皇制論」（『中央公論』一九五九年四月号）を発表する。

一九五八年一一月、皇太子の婚約者が決まった。婚約者は日清製粉社長の長女・正田美智子。二人がテニスを通じて関係を深め、婚約に至ったことが現代的な恋愛結婚だと話題になった。皇族ではなく「平民」の正田美智子をスターのように取り上げるマス・メディアの報道と人びとの熱狂は、ミッチー・ブームと呼ばれる社会現象となった。二人は一九五九年四月一〇日に結婚し、成婚パレードが行われる。

松下の「大衆天皇制論」は、ミッチー・ブームを「新憲法ブーム」として読み替える試みである。婚約した二人の日常が報道されればされるほど、人びとは二人に親しみを持った。ただし、歓迎一色だったわけではない。一九五八年一一月に結婚が決まった直後、評論家の村上兵衛《むらかみひょうえ》（一九二三～二〇〇三）は、戦争体験に基づいて皇室に対する「生理的な嫌悪」があると表明している（『日本読書新聞』一九五八年一二月八日）。評論家の大宅壮一《おおやそういち》（一九〇〇～七〇）は、自由な生活が難しい皇室に「平民の娘」が適応できるような仕組みが必要だと述べた。大江健三郎は、国民にとって天皇の地位が曖昧なまま熱狂が生じることを危惧している（『読売新聞』一九五八年一一月二八日）。

こうした問題提起はあったにせよ、大多数の国民は新憲法に規定された象徴としてのあり方を体現するカップルだと理解していた。

3　六〇年安保と「憲法感覚」――戦前からの大きな変貌

新安保条約の意味

岸信介は一九五七年六月に訪米し、アイゼンハワー大統領、ダレス国務長官とそれぞれ会談した。その後、一九五八年九月、外相の藤山愛一郎とダレスの会談で、安保改定のための日米交渉の開始が合意される。これを受けて、社会党は党の統一見解を発表する。それは、反共軍事同盟たる安保条約を解消し、米・ソ・中・日によるアジアの平和保障体制を構築すべきという主張だった。

一九五一年に結ばれた日米安保条約は、先述したように日本はアメリカに基地を提供したが、アメリカの日本防衛義務が明確ではなかった。また年限も定められていなかった。岸信介は、これを片務的だとみなし、安保条約の改善を目標に定めていた。

岸政権が目指したのは次のような改定だった。アメリカに日本の防衛義務を課す代わりに、在日米軍基地が攻撃された場合、日本は自国が攻撃されたものとみなして対応する。そして、日米安保条約には一〇年の期限をつけるというものである。岸政権が目指した新安保条約は、旧条約と比べるとたしかに双務的と言える内容だった。しかし、一〇年という期限や、新安保の第四条にある「極東」という言葉が指す範囲をめぐって議論を呼ぶ。

革新陣営とそれに同調する知識人たちは、従来から対米従属の解消と日本の中立を求めていた。その立場からみれば、新安保はアメリカとの軍事的同盟に他ならず、日本が戦争に巻き込まれる可能性を高めると理解される。こうして、幅広い人びとによる反対運動が組織され、戦後最大の社会運動へと発展していく。

一九五九年三月に発売された『世界』（四月号）は、「日米安保条約改定問題」を特集した。編集長の吉野源三郎は「この改定の企てそのものに、わが国の将来にとって容易ならぬ危険が伴う場合、私たちはただ手を束ねて政府の為すところに委ねていてよいであろうか」と記した。同じ月に、総評、原水協、護憲連合、日中国交回復国民会議、全国軍事基地反対連絡協議会の五団体からなる「安保改定阻止国民会議」が結成されている。

徐々に広がった「反対」

六〇年安保闘争という巨大な反対運動を招いた安保改定問題だが、実は反対運動は当初から大きく盛り上がっていたわけではない。一九五九年の時点では、むしろ岸政権が進めた安保条約の改定を認める意見が世論の多数を占めていた。一九五九年から六〇年にかけての世論変化を詳しくみてみよう。

『毎日新聞』が一九五九年八月に実施した世論調査では、安保条約を改定せよという回答が二八％だったのに対し、「廃棄」という回答は一九％だった。しかし、「関心がない」と「分からない」という答えを足せば三六％存在しており、安保条約自体改定の争点が広く理解されていたとは言えない。（『毎日新聞』一九五九年八月二六日）。

また、『読売新聞』が一九五九年九月に行った世論調査は、「安保条約は必要か」と尋ねているが、それに対する回答は、「必要」が四六％、「不要」が一二％だった。またこの調査では「日本の取るべき道」について、「自由主義諸国の側に立つ」が二六％、「共産主義諸国の側に立つ」が一％、「中立」が五〇％と、中立志向が最も高かったことがわかる。（『読売新聞』一九五九年一〇月四日）。このように、世論調査を見る限りでは、安保条約改定を支持する声が多かった。

その後、一九六〇年一月にワシントンで新安保条約が調印され、二月五日に国会に提出されると、安保問題をめぐる世論に微妙な変化が生まれる。

『毎日新聞』が一九六〇年三月に実施した世論調査は「新条約についてどう思いますか」という漠然とした質問をしているが、これについては、「よい」が二二％、「よくない」が三六％となり、反対意見が増加する。ただし、同調査は「新条約は国会で承認されなければ、効力を発生しません。あなたはこれを承認するのがよいと思いますか。承認しない方がよいと思いますか」と踏み込んだ質問もしており、これについての回答は、「承認するのがよい」と「やむをえない」があわせて三四％、反対意見は二四％だった（『毎日新聞』一九六〇年四月五日）。

同じタイミングで実施された『読売新聞』の調査でも安保条約改定の評価が逆転している。「国会の承認を望むか」という問いについて「望む」が二一％、「望まない」が二八％だった（『読売新聞』一九六〇年四月三日）。

これらの調査からは、一九六〇年の春に安保改定への反対世論が徐々に高まりつつあったことがうかがえる。世論を喚起したのは、社会運動と知識人たちの言論活動、そして両者を報じるマス・メディアだった。社会運動のなかでも特に激しい反対運動を展開したのは、全日本学生自治会総連合（全学連）の主流派に属する大学生たちだった。

大規模な請願運動の主張

当時の全学連主流派と、その中心にいたブント（共産主義者同盟）という組織について確認しておこう。共産党は一九五五年の日本共産党第六回全国協議会（六全協）を経て、武装闘争路線を放棄し、議会制民主主義の枠内での活動を決めた。他方で、学生党員たちは、共産党中央の穏健な方針を批判した。彼らは、戦後日本の経済発展を日本帝国主義の復活とみなし、それとの対決を主張していたが、共産党からは除名された。

彼らは、一九五八年一二月にブントを結成し、共産党との対決姿勢を強めた。一九五九年には、ブントの唐牛健太郎《かろうじけんたろう》（一九三七〜八四）が全学連の書記長に就任し、ブントが全学連を掌握する。

ブント率いる全学連主流派は、一九五九年一一月二七日の安保阻止第八次統一行動のなかで国会構内に突入する。また、一九六〇年一月、首相岸と外相藤山愛一郎が、新安保条約に調印するために訪米したが、このとき全学連主流派は岸の訪米阻止を掲げ、羽田空港に立てこもった。彼らの直接行動は、暴力的だと非難されもしたが、六〇年安保の争点化に寄与した。他方で、一九六〇年二月から始まった特別国会の場では、社会党が反対意見を述べて、議論は進まなかった。

穏健な安保改定阻止国民会議と急進的なブントは、互いに対立していたが、新安保への反対運動は全体としては盛り上がり、世論の関心を集め始めていた。加えて、知識人たちの言論活動も、六〇年安保の争点化を後押しした。

重要な役割を果たしたのが、清水幾太郎である。清水は安保改定をめぐる国会論戦を傍聴した帰り道に、国民による大規模な請願運動を思い描いていた。清水は、自分の頭のなかのイメージを次のように展開して、読者に請願を呼び掛けた。

　手に手に請願書を携えた日本人が、北は北海道から、南は九州から東京へ上って来て、長い行列を作って、提出の順番を待っている姿を、私は思い浮かべた。行列は議事堂を幾重にも取り巻き、しかも、それは刻々に長くなって行く。全国の津々浦々から国会へ向かって流れ始めた限りない人間の流れである。この流れが尽きないならば、この行列が限りなく続くならば、そのときこそ、われわれは失望や絶望から救われるであろう。国会を正気に立ち戻らせることができるであろう。新安保条約の批准を食いとめることが出来るであろう。（「いまこそ国会へ——請願のすすめ」『世界』一九六〇年五月号）

清水は、議会外の民衆運動によって「国会を正気に」戻すことを訴えている。これまで見てきたように、一九五〇年代は議会外での社会運動による意思表示が、政治に対する一定の圧力として機能していた。知識人たちの呼びかけや各種団体の運動は成功し、一〇〇〇万を超える請願書が集まった。

そんななか、国際情勢の変化を告げる事件が起こる。一九六〇年五月一日、ソ連がアメリカの偵察機U2を撃墜したという一報である。この事件によって、日本が戦争に巻き込まれるという不安が、危機感にまで高まっていく。「反戦」の要素がつけ加わった安保闘争は、いっそう高揚する。

強行採決と「民主か独裁か」

六〇安保闘争が激しさを増していた一九六〇年五月二〇日午前零時六分、岸政権は安保条約の改定案の承認と衆議院の会期延長を強行採決した。警官隊を本会議場に導入し、座り込みをする社会党議員たちを排除したうえでの強行採決だった。

自民党、新安保を単独可決
警官隊、国会内に入る
未明の本会議で
衆院"会期延長"も通す
社党、廊下に座りこみ
負傷九十余人
警官、実力
政局

強行採決による新安保条約の承認を伝える『朝日新聞』1960年5月20日

これ以降、安保闘争は、安保条約の改定に賛成か反対かという次元を超えて、岸内閣の強権的な政治姿勢から民主主義を守ることができるかどうかという、より大きな問題が意識されていく。強行採決は、少数の権力者が憲法を蹂躙《じゅうりん》したものだと受け止められていた。他方、岸信介首相は、五月二八日の記者会見で「声なき声」の支持を信じると述べた。

こうした状況で「民主か独裁か」という議題設定を行ったのが、中国文学者で評論家の竹内好である。竹内は、安保闘争のなかで東京都立大学教授を辞職していた。憲法が無視される状況下では、憲法を尊重するという公務員・教育者の義務を果たせないというのが、その理由だった。竹内は、五月三一日の日付を記した短文で、次のように呼びかけている。

民主か独裁か、これが唯一最大の争点である。民主でないものは独裁であり、独裁でないものは民主である。中間はありえない。この唯一の争点に向っての態度決定が必要である。そこに安保問題をからませてはならない。安保に賛成するものと反対するものとが論争することは無益である。論争は、独裁を倒してからやればよい。今は、独裁を倒すために全国民が力を結集すべきである。

（「民主か独裁か——当面の状況判断」『図書新聞』一九六〇年六月四日）

共産党や社会党、労働組合がそれぞれに動いていたが、竹内はそうした既存の団体の指導に従うのではなく、全国民が「主権奪回」の意思表示を行い、各自が集団を作ってそれらの集団が連合する統一戦線が必要だと述べた。

「独裁」に対して「民主」を擁護するという、竹内が提示したわかりやすい構図は、戦後の社会運動の最高潮とされる六〇年安保闘争の本質を言い当てていた。これまでにも、賃上げや反戦平和を掲げた運動は存在したが、それらの根幹にある国民主権と民主主義という原理が、焦点化されたのである。民主主義という言葉は、反対運動のシンボルになった。

竹内 好（1910〜77）中国文学者・評論家．東京帝大卒．戦後に評論家として論壇で地歩を築く．60年安保闘争では岸内閣に反対して東京都立大教授を辞職．1965年には「評論家廃業」を宣言し，その後は魯迅の翻訳を進めた

「憲法感覚」の定着

もっとも竹内は一九一〇年生まれであり、旧憲法下で精神形成をした世代である。竹内は日本国憲法について「あまりにまぶしい」「何となく翻訳調でなじめない」「自分の身についていない」と感じていたという。しかし、六〇年安保闘争を通じて、憲法と民主主義を自分のなかから生まれたものだと感じる「憲法感覚」を打ち立てるべきだと考えていた（「私たちの憲法感覚」『世界』一九六〇年八月号）。

五月一九日の強行採決以後の人びとの精神性を「憲法感覚」という言葉で捉えたのは、竹内だけではない。運動に参加した政治思想史家の藤田省三《ふじたしょうぞう》（一九二七～二〇〇三）は、憲法が法律制度の枠組みを越え、社会的行動の基盤として機能しつつあることを指して、「憲法感覚が定着したと思う」と述べている（江藤淳との対談「運動・評価・プログラム」）。「憲法感覚」という言葉は、主権者意識を持って民主主義を実践する「感覚」を指しており、その意味ではのちに定着する戦後民主主義という言葉に近い。

強行採決以降、それまでは抗議の声を上げなかった人びとが国会前に足を運ぶ。当時の女性週刊誌の記事から舞踏家のヨネヤマ・ママコ（一九三五～）の言葉を拾ってみよう。

政治というものは、専門家がやってくれるものと思ってましたけれど五月十九日の強行国会を見て、これはオカシイぞと感じたね。いままで私は、眠っていたようだが、これからは、目をサラ《(ママ)》して、よく見てやろうと、思うんだ。ちょっと、マカせておけない感じなんでね。

（『女性自身』一九六〇年六月八日号）

「これはオカシイ」「マカせておけない」というヨネヤマの言葉は、人びとの感覚を言い当てていた。新安保条約の内容や「民主か独裁か」といった論点ではなく、「オカシイ」という感覚こそが、多様な人びとを運動へと向わせたのだろう。

強行採決以降は、労働組合によるストライキも反響を呼んだ。総評を中心に、六月四日、一五日、二二日と三回のゼネストが決行された。とりわけ、六・四ストは全国各地で計五六〇万人もの労働者が参加したが、自律的秩序のある整然としたストライキであり「人民主権をはじめて社会的行動のなかで立証した」と注目された（石田雄ほか「現在の政治状況」）。

新安保条約の自然承認の期日は一九六〇年六月一九日だった。この日を前に、反対運動は、より広く、より鋭くなっていく。

七社共同宣言への批判の意味

一九六〇年六月一〇日、ハガチー事件が起こる。これは、アイゼンハワー大統領の訪日について、日本政府との事前打ち合わせのために来日した大統領新聞係秘書のジェームズ・ハガチーが、羽田空港からアメリカ大使館に向う車中でデモ隊に取り囲まれた事件を指す。アメリカ海兵隊のヘリコプターが出動してハガチーらを移送したが、アイゼンハワー大統領の訪日を控えた政権側からすれば、警備体制の脆弱性を世間にアピールした格好となった。

六月一一日から一九日まで、安保改定阻止国民会議は「第一八次統一行動」として大規模なデモや集会を実施した。一八日の国会デモには三三万人が集った（警視庁によると一三万人）。六月一五日には、東大生の樺美智子がデモ隊と機動隊との衝突に巻き込まれて死亡するという事件が起こる。

デモ隊と機動隊の衝突が死者を出したことを受けて、七社の新聞社が共同で声明を発した。七社とは、産経、東京、東京タイムズ、日経、毎日、読売、朝日である。声明文は、朝日新聞社の論説主幹の笠信太郎《りゅうしんたろう》（一九〇〇～六七）らがまとめた。

七社共同宣言「暴力を排し議会主義を守れ」は一九六〇年六月一七日の各紙に掲載された。四一の地方紙も同調し、これを載せている。声明文には次のようにある。

民主主義は言論をもって争わるべきものである。その理由のいかんを問わず、またいかなる政治的難局に立とうと、暴力を用いて事を運ばんとすることは、断じて許さるべきではない。一たび暴力を是認するが如き社会的風潮が一般化すれば、民主主義は死滅し、日本の国家的存立を危うくする重大事態になるものと信ずる。

共同宣言

暴力を排し 議会主義を守れ

六月十五日夜の国会内外における流血事件は、その事の依ってきたる所以を別として、議会主義を危機に陥れる痛恨事であった。われわれは、日本の将来に対して、今日ほど、深い憂慮をもつことはない。

民主主義は言論をもって争わるべきものである。その理由のいかんを問わず、またいかなる政治的難局に立とうと、暴力を用いて事を運ばんとすることは、断じて許さるべきではない。一たび暴力を是認するが如き社会的風潮が一般化すれば、民主主義は死滅し、日本の国家的存立を危うくする重大事態になるものと信ずる。

よって何よりも当面の重大責任をもつ政府が、早急に全力を傾けて事態収拾の実をあげるべきことは言うをまたない。政府はこの点で国民の良識に応える決意を表明すべきである。同時にまた、目下の混乱せる事態の一半の原因が国会機能の停止にもあることに思いを致し、社会、民社の両党においても、この際、これまでの争点をしばらく投げ捨て、率先して国会に帰り、その正常化による事態の収拾に協力することは、国民の望むところと信ずる。

ここにわれわれは、政府与党と野党が、国民の熱望に応え、議会主義を守るという一点に一致し、今日国民が抱く常ならざる憂慮を除き去ることを心から訴えるものである。

昭和三十五年六月十七日

産経新聞社　毎日新聞社
東京新聞社　読売新聞社
東京タイムズ新聞社　朝日新聞社
日本経済新聞社

新聞社7社による「共同宣言」(『朝日新聞』1960年6月17日)

(『朝日新聞』一九六〇年六月一七日)

このように述べた後、声明文は政府与党と野党に対して国会の正常化を求めた。声明文は、安保の問題には直接的には触れておらず、岸の退陣を求めてもいなかった。

「議会主義を守れ」という呼びかけは、まだ生まれて日が浅い戦後の民主主義を守りたいという新聞人たちの願いが込められていたが、戦後の民主主義を議会制民主主義だけに限定してしまうものであり、直接民主主義の可能性や問題を遮断してしまった。

七社共同宣言は批判を呼んだ。英文学者で革新派の知識人としても知られた中野好夫は、六月一八日の『朝日新聞』夕刊の「声」欄に長文の批判を寄せている。中野は学生らの暴力を招いたのは強行採決という「暴力」だが、声明文はそれに一言も触れていないと指摘。「こわれた車〔国会〕に民主主義は乗らぬ。はずれた車をなおすことが先決である」として、国会を解散して民意を問えと訴えた。

死亡した樺美智子の父で社会学者の樺俊雄は「〔岸内閣の〕非民主的な行動は不問に付するというのであるから、これほど不条理なことはない」と記した（「体験的新聞批判」『中央公論』一九六〇年八月号）。

運動の過激化を危惧した七社共同宣言だったが、運動に関わる人びとの目には、政府与党に資するものとして映った。戦後民主主義の最高潮とも呼ばれる六〇年安保闘争がマス・メディア批判の側面を持っていたこともわかる。

六月一六日にアイゼンハワー大統領の訪日中止が決まり、二三日に岸信介が内閣総辞職を表明するなど運動は一定の「成果」を出した。しかし、国会の解散はなく、改定案は六月一九日に自然承認された。運動が求めた安保改定の白紙撤回という目標は達成できなかった。

それでも、現代から振り返れば、六〇年安保闘争は戦後日本の社会運動の一つの到達点だった。単一の指導部が主導した運動ではなく、各種団体がそれぞれの力量に応じて、時に反目しながらも同じ時空間を共有した巨大な運動だった。

六〇年安保闘争以後の知識人たちは、闘争の意義を、戦後の民主主義と結びつけて論じ始めた。当時二六歳だった大江健三郎は、「六〇年安保」を振り返って次のように述べた。

戦後の民主主義教育は、われわれの手のなかにこそ強権があるのだという理念をおしえたが、手のなかが空虚だとしったとき、いかに強権に確執をかもすかについては教えなかった。一九六〇年夏に日本を揺りうごかしたものは、教育の側面からいえば、デモクラシー精神の抵抗的、反逆的要素を学生たちの心に加える仕事をしたといっていいと思う。（「強権に確執をかもす志」『世界』一九六一年七月号）

六〇年安保闘争は、戦後の民主主義教育に欠落していた「抵抗的、反逆的要素」を学生たちに教えたと大江は評価している。

六〇年安保闘争に戦後の終わりを読み込む論者もいた。文芸評論家の江藤淳と吉本隆明である。

江藤淳と吉本隆明による〝総括〟

江藤淳は、大江健三郎や石原慎太郎らとともに「若い日本の会」の一員として安保闘争に参加したが、「〝戦後〟知識人の破産」と題された論考を発表して直後に立ち位置を転回する。

吉本隆明（1924〜2012）評論家・詩人．東京工業大卒．軍国主義に染まった自身の経験をもとに，文学者の戦争責任を追求．60年安保闘争では全学連を支持し，進歩的文化人を批判して新左翼運動の理論的指導者の一人に

江藤は「憲法に基づく平和」という戦後の理想に注目し、「平和」とは「単に戦争の回避の連続という綱渡りを意味する」ことだと主張し、さらに次のように述べる。

> 理想主義は占領下という温室に咲いた花であって、ガラスの外には刻々と変化する国際間の力の葛藤がうずまいていることを洞察していたのも、知識人ではなく、政治家であったろう。政治家や大小の実際家たちの時計は動いていたが、理想家の時計だけが八月十五日正午で停っていた。
>
> （「〝戦後〟知識人の破産」『文藝春秋』一九六〇年一一月号）

江藤は、戦後の理想主義は敗戦による虚脱の産物だと指摘して、丸山眞男や藤田省三らとは対照的な戦後理解を示した。以後、江藤の言論は保守論壇と相性のよいものになっていく。

他方で、安保闘争の直後には、新左翼とその同調者たちによる戦後革新陣営への批判も活性化していた。その先鞭をつけたのは、吉本隆明らが上梓した『民主主義の神話――安保闘争の思想的総括』（一九六〇年）である。共著者には、谷川雁や埴谷雄高《はにやゆたか》などブントを支持した知識人だけでなく、黒田寛一《くろだひろかず》など同じ新左翼のなかでブントを批判した思想家も名を連ねていた。

『民主主義の神話』に、吉本は「擬制の終焉」という論考を寄せている。その論考は次のように始まる。

安保闘争は、戦後史に転機をえがくものであった。戦後一五年間、戦中のたいはいと転向をいんぺいして、あたかも戦中もたたかい、戦後もたたかいつづけてきたかのようにつじつまをあわせてきた戦前派の指導する擬制前衛たちが、十数万の労働者・学生・市民の眼の前で、ついにみずからたたかいえないこと、みずからたたかいを方向づける能力のないことを、完膚なきまでにあきらかにしたのである。

（「擬制の終焉」『民主主義の神話』一九六〇年）

吉本の視点からすれば、六〇年安保闘争時に、知識人、社会党、共産党は本当の意味では闘わなかった。そもそも吉本は、闘争で全学連主流派を支持して、国会前の全学連の集会で演説し、その後の警官隊との衝突の過程で逮捕されている。吉本は、「組織にたいする物神感覚」を持たず「戦前・戦中の思想的体験から自由であった戦後世代」として全学連を支持していた。それゆえに吉本は、全学連の「たたかい」を横目で見ていた革新陣営を許容できなかった。

吉本の違和感は、戦後革新陣営のスローガンだった「平和と民主主義」への批判へとつながっていく。「平和と民主主義」を掲げる穏健な議会制民主主義では、結局何も変わらないのだというラディカルな主張は、多くの学生たちの支持を集めた。

『秋津温泉』が描く戦後日本

六〇年安保後、映画で戦後を総括しようと試みた監督に吉田喜重《よしだよししげ》（一九三三〜）がいる。吉田は福井空襲の体験者であり、戦後は東大卒業後に松竹に入社し、当時は大島渚らとともに新たな才能として注目されていた。

吉田が監督した『秋津温泉』（松竹、一九六二年）は、藤原審爾《ふじわらしんじ》の原作小説を、戦後を舞台にして大胆に読み替えた作品であり、キネマ旬報ベスト・テンで第一〇位にランクインするなど、批評家たちからもそれなりに高い評価を受けた。

映画の冒頭は敗戦直前の岡山。主人公の「河本周作」（長門裕之）は空襲で焼けた自宅に戻るが、もはや親族はそこにいない。彼は結核に冒されており、療養のために秋津温泉を訪れる。周作は病に倒れるが、温泉宿の女将の娘「新子」（岡田茉莉子）の看病によって回復する。

一九四五年八月一五日、新子は玉音放送に打ちのめされて号泣する。その姿を見た周作は恋に落ちるが、温泉を離れて生活に戻っていく。その後の一七年間で、周作は秋津温泉を五回訪れる。周作は行き詰まると新子のもとに来て、一緒に死んでくれと言う。かと思えば、別の女性と結婚して、都会生活のなかでそれなりにうまく生きていく。他方で、新子は温泉宿を売り、母親にも死なれて孤独に生きる。それでも、二人はどこかで惹かれ合っていた。最後の場面で、新子が周作に心中を持ちかける。しかし、周作は取り繕う。それは一時の気の迷いに過ぎず「明日になれば何もかも忘れてしまうさ」と。そして、また必ず来ると約束して新子を置いて帰ろうとする。

周作を見送る新子は、とうとう剃刀《かみそり》で自分の手首を切る。周作は川べりで息絶えた新子に駆け寄り「なぜ死ななきゃいけないんだ」と言い、抱きしめて泣く。しかし観客には、周作が最後まで新子を理解できずにいたことが明白であり、周作の涙も独りよがりにしか見えない。

吉田喜重（1933～）映画監督．東大卒．1955年松竹大船撮影所に入社．『ろくでなし』（60）で監督デビュー．新たな映画表現を模索し，大島渚や篠田正浩とともに「松竹ヌーベルヴァーグ」と呼ばれた

新子は敗戦直後の理想主義を、周作はそれを裏切り続ける戦後日本社会を表している。偶然の一致だが、新子という名前は前章で触れた『青い山脈』に登場する転校生

の少女と同名であり、戦後の新時代の希望が託されている。この視点から『秋津温泉』を捉えれば、戦後民主主義の清く正しい理想が裏切られ続け、自死を選ぶという筋書きが明らかだ。そこには、戦後に対する吉田喜重の苦い認識が表れていた。

吉田は『秋津温泉』について次のように回想している。

敗戦を契機に生きることに疑惑をいだいた男と、それを勇気づけた女が、戦後一七年たったいま、女が男に生きることの意味を問いかけたとき、男にはなにも応える言葉がなかったという、無残なすれ違い、その双曲線の広がりのなかに、戦後の情念が結実しないままに流産していった責任を、私自身に問いただしたい欲求がこの映画に私をかりたてる全てとなった。

（「思い出すままに」『見ることのアナーキズム』一九七一年）

戦後に対する吉田喜重の苦い認識が投影された『秋津温泉』は、まぎれもなく「六〇年安保後」の映画だった。

戦後最大の大衆運動だった六〇年安保闘争後、革新陣営は左右双方からの批判にさらされていた。同時に、一つの時代が終わったという認識が一定程度は定着し始めていたのである。

第3章　守るべきか、壊すべきか──一九六〇～七三年

1　進歩的文化人の権威化と危機感

池田政権と福祉国家

岸信介の辞職を受けて一九六〇年七月に首相に就いた池田勇人は、経済優先の政策と「低姿勢」によって政治の安定を図った。一一月の衆院選で二九六議席を得て圧勝すると、一二月には「国民所得倍増計画」を閣議決定する。同時に、太平洋ベルト地域を中心に工業化を進める方針を打ち出した。

池田はまた、憲法改正は考えていないと明言し、社会党との対立を回避して、憲法と安全保障から経済へと国民の関心を向けようとした。権威主義的で復古的だとみなされることが多かった岸政権から、師と仰ぐ吉田茂の「軽武装経済重視」路線への転換を目指した。

他方、社会党にも変化の兆しがみられた。書記長の江田三郎《えださぶろう》（一九〇七～七七）が大衆か

ら支持される穏健な路線への転換を主張したのである。江田は一九六二年に、「アメリカ的生活水準」「ソ連的社会保障」「イギリス的議会民主主義」「日本的平和憲法」の混合物を新しい社会主義の目標として掲げた。「江田ビジョン」と呼ばれたこの路線は、高度成長下の中間層の期待に合致しており一定の支持を得たが、党内の左派から厳しい批判を受けた。江田ビジョンが社会党の方針に採用されることはなかったが、自民党同様に社会党も六〇年安保闘争後に一つの転機を迎えていた。

高い経済成長率が続いた一九六〇年代、人びとは豊かさを追い求めた。企業に雇用されるサラリーマンと専業主婦による夫婦というモデルが定着し、人びとのライフコースは規格化するが、それは経済成長の駆動因でもあった。

日本は社会主義国のソ連とは異なるかたちで、平等な豊かさを達成する福祉国家を目指して突き進んだ。一九六一年に国民皆保険制と国民皆年金制が整えられたのはその端緒である。「福祉元年」と呼ばれた一九七三年には、七〇歳以上の老人医療費の公費負担が始まるなど各種社会保障が改善され、問題はあったにせよ日本的な福祉国家が一応の成熟に至る。他方で、ベトナム反戦運動や学生運動なども盛り上がっていた。高度経済成長期は、戦後民主主義のなかにある生活保守的価値観と国家批判的価値観とが、有効に機能した時代だった。

第3章では、高度成長期の論壇、社会運動、社会意識に注目しながら、戦後民主主義という言葉が定着すると同時に、批判にさらされる過程を辿っていく。

東京五輪下の戦争の記憶

論壇の議論を確認する前に、一九六〇年代前半の人びとの意識をみておこう。人びとの意識の一端は、次第に一九六四年開催の東京オリンピックへと向かいつつあった。東京オリンピックという国家プロジェクトは、戦後復興の象徴でもあった。大会への準備が進むなかで、人びとは敗戦から現在までの時間を振り返った。

オリンピック前後には、「根性」という精神性がもてはやされたが、そこには戦争の記憶も作用していた。根性論で注目されたのは、日紡貝塚女子バレーボールチームを指導し、厳しい練習で知られた大松博文《だいまつひろふみ》（一九二一～七八）と、同じく厳しい練習で知られたレスリング指導者の八田一朗《はったいちろう》（一九〇六～八三）だった。大松は、兵士としてインパール作戦を経験、八田は中国での兵役体験があった。

特に、大松の著書『おれについてこい！——わたしの勝負根性』（一九六三年）は広く読まれた。大松は戦争体験から「いかなる肉体的困難も、精神力によって克服できるという信念」を得たと述べている。戦争ではなく平和の祭典で勝つという元兵士の根性論を、当時の日本社会は歓迎した。こうした根性論や精神論は、労働者の献身を求めて「経済で勝つ」ことを目指す企業文化とも相性が良かったであろう。

池田政権の低姿勢とオリンピックの高揚とが同居するなか、社会運動は一九五〇年代に比べて明確な目標を見定めることが難しくなっていた。たとえば、一九六〇年代に入ると、原水爆禁止日本協議会（原水協）がソ連の核実験の評価をめぐって深刻な内部対立を抱えるようになった。その結果、一九六三年に原水協は分裂する。また、東京都の新島に設置された防衛庁のミサイル発射試験場への反対運動（新島闘争）が起こったが、運動が巨大なうねりになることはなかった。

『中央公論』の方針転換

六〇年安保闘争後、人びとのエネルギーは方向を変えつつあった。変わったのは、自民党政権の政治姿勢や社会運動だけではない。論壇にも大きな変化が訪れつつあった。ここでは一九五〇年代末に時計の針を戻し、戦前から論壇の中心にあった雑誌『中央公論』を見てみよう。

一九五〇年代後半、竹森清が編集長に就いてから、『中央公論』は独自の誌面で話題となっていた（竹森編集長時代は一九五七年一一月号〜六一年二月号）。若手執筆者を抜擢し、戦争体験を重視するという竹森の編集方針は、天皇制に関する一連の論考に結実した。その背景には、一九五八年末に当時の皇太子と正田美智子の婚約と、それをめぐる報道の過熱がある。『中央公論』は、一九五九年に天皇制に焦点を絞った論考を続けて掲載した。前章で触れた松下圭一「大衆天皇制論」（一九五九年四月号）と「続大衆天皇制論」（同年八月号）、井上清

「皇室と国民」（同年五月号）、佐藤忠男「ヒロヒト氏の微笑」（同年九月号）などがそれである。それ以前には天皇制は論壇の中心的な議題ではなかったが、一九五〇年代末になって戦後の民主主義を評価する際に避けて通れない問題として浮上していた。

しかし「風流夢譚事件」が潮目を変える。この事件は、深沢七郎《ふかざわしちろう》（一九一四～八七）の小説「風流夢譚」（『中央公論』一九六〇年一二月号）が引き起こした一連の騒動である。夢のなかの出来事として天皇一家が処刑される場面を描いたこの小説は、右翼を中心に強い批判を招き、宮内庁は法的措置が可能かの検討を法務省に依頼した。竹森編集長は一一月三〇日に宮内庁を訪れて謝罪し、年末に編集長を事実上更迭された。さらに、小説が皇室を侮辱していると怒った右翼青年が、一九六一年二月一日に中央公論社長・嶋中鵬二《しまなかほうじ》の自宅を襲い、家政婦が殺される。そして、『中央公論』一九六一年三月号は「お詫び」と「社告」を掲載した。

風流夢譚事件に触発された雑誌『思想の科学』は、天皇制特集号（一九六二年一月号）を企画した。しかし、発行元の中央公論社は、特集号の発売を中止し廃棄処分を行う。こうした一連の事件のなかで、『中央公論』は次第に方向転換を図っていく。

上山春平と林房雄

『中央公論』の方向転換を読者に広く印象付けたのは、哲学者の上山春平《うえやましゅんぺい》（一九二一～二〇一二）、文芸評論家の林房雄（一九〇三～一九七五）の論考である。両者の議論を確認しよう。

上山春平は、「大東亜戦争の思想史的意義」（一九六一年九月号）を発表した。そのなかで、上山は「平和と民主主義を愛する連合国」と「好戦的で全体主義的な枢軸国」という対比が、占領下ならまだしも、一九六〇年代に至るまで続いていることに疑義を呈する。そして「大東亜戦争」の「思想史的意義」をより広い視野で再考すべきだと主張した。

上山はまた、占領下で押しつけられた憲法よりは自主憲法のほうが望ましいと述べつつも、憲法第九条の戦争放棄規定を高く評価していた。上山がそう考える背景には、彼の戦争体験があった。上山は海軍に入隊後、人間魚雷「回天」の部隊に配属された経験を持つ。強烈な戦争体験から、上山は憲法について反発と擁護が同居する両義的な姿勢をとった。憲法が強制されたことには反発を覚えるが、その事実も含めて、戦後憲法を選ぶと述べた。

さらに上山は、戦後の日本人が戦争について複数の歴史観を持ってきたことを評価した。複数の歴史観とは、「大東亜戦争史観」、アメリカ流の連合国を善玉とする「太平洋戦争史観」、マルクス主義者の「帝国主義戦争史観」、中国共産党による「抗日戦争史観」などである。このようにさまざまな戦争解釈が並立している国は、世界にも類例がないと言うのだ。

他方で、林房雄は「大東亜戦争肯定論」（『中央公論』一九六三年九月号～六五年六月号）を発表した。林は天皇の戦争責任を指摘（一九六四年四月号）しながらも、近代日本の戦争は侵略戦争ではなくアジア解放のための百年戦争だったとして東京裁判を否定する。また「日本民族の誇りを失うな」とも述べる（六三年九月号）。連載終了後、大幅な加筆を施した単行本のなかで、林は次のように言う。

私がいいたいのは、日本が実行した「東亜百年戦争」は、この植民主義、征服主義から脱出するための努力であり、奮闘であったということだけである。後世の歴史家は日本民族の百年の奮闘を「偉大な行為」として必ず賞讃するであろう。日本人は「百年戦争」によく堪え得た誇りを、人類将来の歴史のために、心の中に秘めておいていいのである。

（『続・大東亜戦争肯定論』）

上山と林とに共通するのは、幕末からの約一〇〇年間の連続性のなかに、アジア・太平洋戦争を置いたことである。一九六〇年代後半には、明治一〇〇年祭をめぐって、論壇では「戦後二〇年」か、「明治一〇〇年」かという議論が起こるが、それ以前に、上山と林は明治からの連続性に目を向けていた。

「現実主義」の台頭

『中央公論』の方向転換のなかでも、最も鮮やかな新風を巻き起こしたのが、国際政治学者の高坂正堯（一九三四～九六）だった。高坂は上山や林よりも年少の戦後に精神形成をした世代である。彼は、ハーバード大学での在外研究から帰国した後、「現実主義者の平和論」を『中央公論』(一九六三年一月号)に発表して論壇に躍り出た。

池田勇人の経済優先路線により、憲法や安全保障問題が国政の争点になりにくい環境がつくられつつあったが、論壇ではむしろ、憲法や安全保障問題をめぐる議論は活性化していた。若い政治学者の議論のアリーナとして、毎月発行され、時事的な問題を扱う総合雑誌は格好の場だった。

当時の論壇では、国際政治学者の坂本義和(一九二七〜二〇一四)が理想主義的な安全保障論の担い手として知られていた。坂本の名を知らしめた論考に「中立日本の防衛構想」(『世界』一九五九年八月号)がある。論考のなかで坂本は、自衛隊を国連警察軍に編入し、米軍に代わって国連警察軍が日本に駐留するという案を提示した。憲法を改正せずに中立を可能にする「防衛論」として、坂本の議論は注目された。

坂本に代表される理想主義的な安全保障論に対して、高坂は「力の均衡」による「平和」を重視する。この観点から、日米安保条約は東アジアの勢力均衡に貢献していると評価する。そして、次のように問題提起した。

理想主義者たちは、国際社会における道義の役割を強調するのあまり、今なお国際社会を支配している権力政治への理解に欠けるところがありはしないだろうか。力によって支えられない理想は幻影に過ぎないということは、今なお変わらぬ真実ではないだろうか。（「現実主義者の平和論」）

理想主義の議論に対して、現実主義の議論は、力の均衡をいかに達成するかという戦略的要素が強く、理論的・合理的に見えやすい。それゆえに、現実主義のインパクトは大きかった。

高坂正堯

話題を呼んだ「現実主義者の平和論」に続いて、高坂は「宰相吉田茂論」（『中央公論』一九六四年二月号）を発表した。高坂はここで、憲法の平和主義と日米安全保障条約に代表されるアメリカへの依存を両立させたとして、吉田茂を評価する。それまでの論壇は理想主義が中心であり、戦後日本のねじれを生んだ元凶として吉田茂を否定的に捉える論が主流だった。

講和をめぐる議論では、憲法第九条を字義通り受け止める非武装中立論と、憲法そのものを変えようとする改憲論が対立していた。だが、吉田茂はそのどちらをも選択しなかった。これを評して、高坂は「論理的にはあいまいな立場を断固として貫くことによって、経済中心主義というユニークな生き方を根付かせた」と述べ、吉田茂の姿勢を

「商人的国際政治観」と呼んだ。憲法の平和主義と日米安保の併存には曖昧さが残るが、日本はそれによって平和を享受し、繁栄に向かうのであればよいではないか。それが自分たちの「得」になるではないか。現実主義の代表者とされる高坂は、この時点では第九条に一定の理解を示し、多くの人びとの心情の一側面を、うまく言い当てていた。

高坂正堯の登場と同じ時期、池田勇人の側近で大蔵官僚から政治家になった宮澤喜一（一九一九～二〇〇七）が「安保効用論」を展開していた。宮澤は、日本の平和と安全が守られてきたこと、非生産的な軍事支出を最小限にとどめて経済発展に集中できたこと、この二点から「安保の効用は実証済み」だと述べた。また、宮澤は日米外交の現場で、アメリカ政府高官から再軍備を求められた際、憲法第九条によってそれを拒絶できたとし、「憲法第九条はまさに恰好な自衛の武器」だと述べている（『社会党との対話――ニュー・ライトの考え方』一九六五年）。

続いて登場した「現実主義」者が、永井陽之助（一九二四～二〇〇八）である。戦時中は仙台二高でドイツロマン主義・神秘主義の影響を受け、台湾から復員後に東大法学部に進んだ永井は、青春期に戦争を経験した「戦中派」世代の政治学者である。永井は、留学中のアメリカでキューバ危機の緊迫感を経験した後に帰国し、『中央公論』を足掛かりに論壇で言論活動を始めた。理想主義に理解を示していた高坂に対して、永井は日本の防衛力の必要性を明言する冷徹な現実主義者として登場し、論壇に衝撃を与えた。

永井の主張は、日本は主体的に東アジアの集団安全保障に貢献すべきだというものだった。永井は、「正直にいって、日本は、現在なお、半主権国家であり、国際社会における意思決定の完全な主体(独立国)とはなっていない」と述べる。さらに、日本の防衛観を利己的な孤立主義だと批判した。

戦後われわれ日本人が、いかに国際的責任感と、平和への連帯意識を喪失し、一種の孤立主義に陥っているかの証拠である。国連中心の日本が、海外派兵の義務を拒否して、権利のみ主張する態度にもそれがあらわれているが、防衛とは、自国のためだけでは決してないのだ。隣人のためなのである。アメリカのためであり、ソ連、中国のためであり、南北朝鮮、台湾、あるいは東南アジア諸国民のためでもある。

(「米国の戦争観と毛沢東の挑戦」『中央公論』一九六五年六月号)

集団安全保障体制の意義を説く永井の主張は、多くの人びとの関心を集めた。一九六〇年代半ば以降、高坂に続いて永井陽之助が登場して、いわゆる現実主義が論壇の一角を占めていく。両者は丸山眞男に代わる「ドライな科学的政治学」と評され、「戦後は本当に終わった」と評されもした(林健太郎「「戦後」の意味」『自由』一九六六年八月号)。

戦後民主主義は、一九五〇年代以降、平和と民主主義を掲げる社会運動を重視し、政権批判を続けた。しかし、六〇年安保闘争以後、理想主義的な姿勢への幻滅が一定程度広まり、政治エリートによる安全保障政策を肯定的に評価する論客が『中央公論』を中心に登場してくる。政治をもっぱら専門家の仕事だと捉える思考が説得力を持ち始めるなか、論壇での戦後民主主義は大きな曲がり角を迎えつつあった。

「左の金切り声」

一九六〇年代半ばには、「大東亜戦争」の再評価、高坂や宮澤のような現実主義的な戦後理解、永井のような集団安全保障論が発表された。それらは、一九五〇年代の革新勢力が掲げた平和と民主主義とは異なる議論として、一定の影響力を持ち始めていた。他方で、占領期を振り返るという別の角度からの議論が起こった。

占領期に関する議論は、講和条約の発効前後に大きな盛り上がりがあり、それは改憲論をともなうものだった。占領期の総括と改憲論がワンセットで語られるという傾向は、一九六〇年代前半にも繰り返されることになる。

一九六〇年代前半の、占領期に関する議論の端緒として、作家の松本清張（一九〇九～九二）による『日本の黒い霧』（一九六〇年）を挙げることができる。松本清張は、占領下に起こった下山事件をはじめとする未解決事件の背景に、GHQによる工作の可能性を指摘して話題を集めた。松本の主張の是非は措くとしても、占領終結から約八年が経ち、ベストセラーになった『日本の黒い霧』により、占領期の日本社会を総括する機運が高まった。そのなかでは、戦後知識人の言論に対する違和感が吐露されることもあった。雑誌『展望』の編集長を長らくつとめた評論家の臼井吉見《うすいよしみ》（一九〇五～八七）は、座談会のなかで敗戦後の左派の言論について違和感があったと次のように回想している。

戦争中ひっきりなしに国民をしかったり、おどかしたり、おだてたりした右の金切り声がたまらなかったように、戦後の同じような、ただし向きを変えた左の金切り声もやりきれなかった。右と左とちがうといっても、金切り声であることに変りはなく、国民をおだてて利用する根性において変りがないような気がしてならなかった。

（「戦後知性の構図」『展望』一九六四年一〇月号）

占領期の総括は、憲法への関心の高まりと軌を一にしていた。一九六一年に自民党の憲法調査会が活発になるなど、六〇年代初頭には改憲を目指す動きが表面化しつつあった。また、一九六一年一〇月には高柳賢三を会長とする政府の憲法調査会が調査段階を終え、改正の可否についての議論に移っていた。

一九六四年七月三日、政府に最終報告書が提出されたが、結局のところ、護憲と改憲の意見を併記するにとどまった。一九五〇年代の改憲論に見られた憲法の全面的な見直しや、第九条改正による国防軍の創設という主張は、一九六〇年代には多くの支持を得られなかった。その背景には経済優先の池田路線から生まれた国民意識の変化があった。

憲法をめぐる議論が起こるなか、占領期の民主主義をめぐっても論争が起こる。その発端は経済学者の大熊信行《おおくまのぶゆき》による問題提起である。

日本の民主主義への問い

大熊は戦争に協力した過去があった。かつて大熊は「国防国家体制」を研究しながら、言論人の国策団体として知られる大日本言論報国会の理事を務めてもいた。そのため大熊は敗戦後に、公職追放処分を受ける。大熊の思想的来歴が興味深いのはその後である。大熊は敗戦後に国家観を転換させた。政治学者の松本三之介《まつもとさんのすけ》の言葉を借りれば、国家を「人間の暴力性とエゴイズムの集約的表現である権力メカニズム」として理解するようになる。(「大熊信行における国家の問題」)

大熊の思想は、主著が『国家悪』(一九五七年)と題されていたことに端的に表れている。国家の存在を凝視してその「悪」の側面を摘出した大熊だったが、国家を否定しがちな戦後論壇の主流に対しては違和感を抱いていた。大熊には、戦後の論壇が国家主義と民主主義を反対概念として固定的に捉えているように見えた。

戦後の根幹にある民主主義の原理は、実際には国家の枠組みから逃れることができない。

しかし一九六〇年代以降、国家を蔑《ないがし》ろにして民主主義を謳う欺瞞《ぎまん》が目立つようになったと大熊は見る。大熊は、その根幹に占領政策があるとした。

大熊は、占領期の民主主義について、「日本民族について」（『世界』一九六四年一月号）と題された論考で、従来の認識に修正を迫る問題提起を行う。彼の主張は次の二点に集約できる。

一つは、戦争が終わった時期についてである。玉音放送が流れた一九四五年八月一五日ではなく、アメリカの占領が終わる一九五二年四月二九日にこそ終わったと考えるべきである。二つは、日本の民主主義がいつ始まったのかである。日本の民主主義がアメリカの占領下に始まったという理解を退け、日本の民主主義は明治維新に始まり、軍事占領下にいったん途絶え、一九五二年の講和条約によって再出発するとした。

大熊信行

大熊はそのうえで、占領下の日本に民主主義はあったのかと問う。「はじめに」でも記したがあらためて引用したい。

> 軍事占領下に政治上の民主主義が存在したという考えかた。これは一言にして虚妄である。にもかかわらず、民主主義が樹立され、そしてそれが育ったかのよ

うに見えるとすれば、育ったもの自体が、そのなかに虚妄を宿しているのである。
（「日本民族について」『世界』一九六四年一月号）

大熊の議論は論壇を刺激した。日本の民主主義の起源を明治にまで遡る理解は敗戦直後にも存在したが、占領下に民主主義はなかったという理解は「戦後」に対する根本的な異議申し立てだったからだ。これを受けて、『世界』（一九六四年八月号）は特集「占領時代　戦後史の出発を顧みる」を組み、占領期の再検討を試みる。

ここで大熊を批判したのが、大正デモクラシー研究で知られた歴史家の信夫清三郎《しのぶせいざぶろう》（一九〇九〜九二）だった。信夫は説く。かりに大熊の議論に従って、講和条約によって戦争が終結したのだとしても、それは西側諸国との戦争が終わったことを意味するに過ぎない。むしろ、ソ連や中国との戦争は終わっていないという新たな問題が浮上するはずだ。その問題を指摘せずに、戦争の終わりが講和条約であると主張するならば、それは日中戦争を忘却するとともに、単独講和を肯定することになると（「日本現代史と占領時代」）。信夫の論考は、日米関係に焦点を絞りがちな戦後民主主義の議論を東アジアへと開くものでもあった。

丸山眞男の反応

丸山眞男も、大熊信行の議論に反応する。同年の『現代政治の思想と行動』の増補版あとがきで、次のように記している。

最近の論議で私に気になるのは、意識的歪曲からと無智からとを問わず、戦後歴史過程の複雑な屈折や、個々の人びとの多岐な歩み方を、粗雑な段階区分や「動向」の名でぬりつぶすたぐいの「戦後思想」論からして、いつの間にか、戦後についての、十分な吟味を欠いたイメージが沈澱し、新たな「戦後神話」が生れていることである。政界・財界・官界から論壇に至るまで、のどもと過ぎて熱さを忘れた人々、もしくは忘れることに利益をもつ人々によって放送されるこうした神話（たとえば戦後民主主義を「占領民主主義」の名において一括して「虚妄」とする言説）は、戦争と戦争直後の精神的空気を直接に経験しない世代の増加とともに、存外無批判的に受容される可能性がある。〔中略〕私自身の選択についていうならば、大日本帝国の「実在」よりも戦後民主主義の「虚妄」の方に賭ける。

（『増補版　現代政治の思想と行動』）

丸山の最後の一行の文、「虚妄」と言われた戦後日本の民主主義について「賭ける」と

丸山眞男（1914〜96）政治学者．東大教授．東京帝大卒後，助手として東大に残り助教授に．1944年陸軍二等兵として招集．戦後は『世界』に発表した「超国家主義の論理と心理」で注目され，戦後日本を代表する知識人に

いう言葉は、以後の論壇で知られることになる。では、当時の丸山は民主主義をいかに理解していたのか。丸山は同書の別の箇所で、六〇年安保闘争を振り返りながら、自らの民主主義の理解を述べている。

民主主義は議会制民主主義につきるものではない。議会制民主主義は一定の歴史的状況における民主主義の制度的表現である。しかしおよそ民主主義を完全に体現した制度というものは嘗《かつ》ても将来もないのであって、人はたかだかヨリ多い、あるいはヨリ少ない民主主義を語りうるにすぎない。その意味で「永久革命」とはまさに民主主義にこそふさわしい名辞である。

（「現代における態度決定」の追記・附記『増補版　現代政治の思想と行動』）

丸山は、戦後民主主義を特定の政治体制や制度に限定するのではなく、多様な人びとによる不断の営為を含むものだと理解している。戦後を生きた人びとの「多岐な歩み方」に重点を置く丸山の姿勢は、大上段から占領期を斬る大熊の姿勢とは相容れないものだった。ただし、戦後民主主義に賭けるという言葉は、単著のあとがきに書かれたものであり、同時代の影響は読書人などに限定的だった。

戦後民主主義という言葉が社会に広く共有されるのには、哲学者の山田宗睦《やまだむねむつ》（一九二五

～）による『危険な思想家――戦後民主主義を否定する人びと』一九六五年）の発表を待たねばならない。

『危険な思想家』のヒットと批判

『危険な思想家』は、カッパ・ブックスというシリーズの一冊として上梓された。光文社のカッパ・ブックスは、一九五四年に誕生して以来、時事性と大衆性とを重視する編集方針でベストセラーを作り出していた。一九六一年に刊行された『英語に強くなる本』は、二ヵ月半で一〇〇万部を突破する驚異的な売り上げを記録している。占いや松本清張の長編推理小説でも、カッパ・ブックスは話題を呼んだ。そのカッパ・ブックスが、戦後民主主義に目をつけ、その批判者たちを『危険』視する本を一九六五年三月に発売したのである。

著者の山田宗睦は、雑誌『思想の科学』の編集長を務めたこともある哲学者・評論家である。裏表紙や折り込み部分には久野収、日高六郎、鶴見俊輔の推薦文を掲載した。久野は「山田宗睦君は、戦争を否定した戦後にいっさいを賭けている」と書き、日高と鶴見は日本の思想に変化が起こりつつある現状に警鐘を鳴らす著作であると『危険な思想家』を推薦した。三月中に一二回の増刷を重ね、光文社の狙い通りに社会の注目を集める。

同書の冒頭で、山田は次のように述べる。

山田宗睦『危険な思想家』(光文社, 1965年) 戦後民主主義肯定の立場から保守系文化人を批判的に描き当時ベストセラーとなった

三年後の一九六八年は、明治維新百周年にあたる。このチャンスをめざして、いろいろの戦後否定の声が一つに合わされようとしている。維新百年が勝つか、戦後二〇年が勝つか。それはじつに日本の将来がかかっている。わたしは戦後二十年のがわに賭ける。賭けて闘《たたか》いたいと思う。

「闘いたいと思う」という言葉通り山田の舌鋒《ぜっぽう》は鋭かった。戦後民主主義を否定する知識人を「危険な思想家」と呼び、名指しで告発した。

告発の対象となったのは、大熊信行、江藤淳、高坂正堯、竹山道雄、林房雄らだった。山田には、戦後日本に開花した平和、民主主義、進歩主義が、一九六〇年代に入って形骸化・陳腐化しているという危機意識があり、戦後民主主義を擁護する者と否定する者との対立軸を作って議論を活性化しようと試みたのである。

『危険な思想家』は、共感と多様な反発を招き寄せた。

山田に「危険」だと名指しされた江藤淳は、「戦後民主主義」を擁護する山田の態度を「信仰」だと述べ、他者にそれを迫ること自体がすでに民主主義に反していると述べる。

それはひとつの絶対主義である。それに賭《か》けるという「安全な思想家」は、「聖戦完遂」の旗印を「平和」と「民主主義」にとりかえただけで、実は依然としてかつての「聖戦」をたたかっているのである。彼らはあるいは「安全」であろう。しかし、このような国体護持の絶対主義思想家が国をあやまったことを、われわれはまだ忘れてはいない。

（「困る過去のタナ上げ　明治百年と戦後二十年〈5〉」『朝日新聞』夕刊、一九六五年四月一九日）

江藤は、戦中の聖戦完遂が戦後に平和と民主主義に変わっただけだと指摘し、両者が自由な言論の場がないという点で共通しているとした。

『危険な思想家』が話題になると、論壇では戦後民主主義を主題にした特集や座談会が相次いだ。そのなかで、山田に批判された大熊信行は、戦後日本は国家主義と民主主義の結びつきを喪失したという自説を繰り返したあと、戦後民主主義を次のように説明している。

世界の大中小の国々の人々がみんなもっている共通の国家意識を喪失して、それで民主主義一本で世界政治の舞台に立っていけると考えているのが、日本の「戦後民主主義」だということになる。

（蠟山政道・大熊信行・加藤周一・上山春平・宮崎音弥「座談会・戦後民主主義を検討する」『潮』一九六五年七月号）

人は好むと好まざるとにかかわらず国家のなかで生きている。にもかかわらず、戦後民主主義は国家を否定するあまり国家意識を喪失してしまった。国家意識がなければ、国家の悪を批判することさえできないのではないか。それが大熊の問題提起だった。国家を批判する意識はかなりの程度定着していたと言える。それを示すのが、次にみる教科書裁判である。

家永三郎の教科書裁判

一九六五年六月、歴史学者の家永三郎（一九一三〜二〇〇二）が、国を相手に「教科書検定制度は違憲」として損害賠償を求める裁判を起こした。

家永は一九四六年に国定教科書『くにのあゆみ』の編纂に関わった経験を持つ。また、高校三年生用の日本史教科書として一九四七年から使用された『新日本史』（三省堂）の執筆者としても知られていた。

一九六〇年に学習指導要領が改訂されたため、家永は『新日本史』の従来の記述を改めて一九六二年に検定に申請した。しかしこれが不合格となり、翌年に再申請したところ二〇〇ヵ所に及ぶ修正を条件に合格した。この修正が不当な要求にあたるとして、家永は訴訟を起こす。教科書検定は憲法第二一条で禁止された検閲にあたるため、違憲であるというのが家永の主張だった。家永は記者に対して次のように述べている。

私たちがばく大な犠牲を払って得た遺産、それも唯一のものが現在の憲法でしょう。これを無に還元するのはどうしてもしのびない。表現の自由、教育を受ける権利の侵害には抵抗してこれを守らなければ……。ところが訴訟技術上、なにか具体例が必要なので、やむなく損害賠償請求を提起したわけです。

（『毎日新聞』夕刊、一九六五年一二月八日）

家永が述べるように、裁判には憲法の精神が賭けられていた。家永の裁判は、全国で支援団体が組織されるなど、大きな注目を集めた。戦後長らく使用されてきた日本史教科書が、一九六〇年代に入って大幅な修正を余儀なくされたことが、戦後教育の危機だと受け止められたからである。この裁判は、教育の側面で戦後二〇年を振り返り、現在を批判する機運を高めるものであり、その意味では『危険な思想家』と同様の役割を果たした。

『危険な思想家』以後、戦後民主主義という言葉が論壇に定着したことは間違いない。戦後民主主義の擁護者は戦前と戦後の断絶を強調し、批判者は戦前からの連続性を指摘した。ただし、右肩上がりの経済成長を続ける社会のなかで、経済格差や男女格差の問題をまったく見落としていたという点で、両者は共通していた。

2　二極化する「平和」——佐藤栄作政権とべ平連

佐藤栄作の「平和」

一九六〇年代後半は、佐藤栄作（一九〇一～七五）が首相を務めた時代である。喉頭ガンにより東京オリンピック後に辞職した池田勇人は、次期総裁に佐藤栄作を指名し、一九六四年一一月に佐藤内閣が成立する。官房長官以外のすべての閣僚を池田内閣から引き継いだことが示すように、佐藤は、池田路線の継承をアピールした。

就任最初の記者会見では、「私が首相になると、憲法改正を提案するとみる人があるが、憲法改正は簡単な問題ではない。新憲法の精神は現在国民の血となり、肉となっている」と述べている（『朝日新聞』夕刊、一九六四年一一月一〇日）。所信表明演説でも、「平和に徹し自由を守り、自主外交を展開し、世界の福祉の向上に貢献することを、わが国の基本姿勢にしたいと思う」と述べ、「わが国は、世界唯一の原子爆弾被災国として、終始一貫、あらゆる国の核実験に反対し続けてきた」と胸を張った。

憲法を尊重し、平和意識に訴えかける姿勢は、戦前回帰的と言われた鳩山一郎や岸信介時代の自民党とは明らかに異なっていた。一九六五年八月には、首相として初めて沖縄を訪れ、沖縄が日本に復帰しないかぎり戦後は終わらないと発言して、沖縄返還に取り組む姿勢を見せた。そして一九六九年一一月、ニクソン米大統領から七二年に沖縄施政権を返還するとの約束を取り付ける。

さらに一九六七年四月には「武器輸出三原則」を発表し、国連決議で禁止された国や共産主義国、紛争国への武器の輸出は行わないと述べた。核兵器の問題では、非核三原則を表明した。一九六七年一二月に小笠原諸島の返還をめぐって国会答弁に立った佐藤は、「私どもは核の三原則、核を製造せず、核を持たない、持ち込みをゆるさない、これははっきり言っている」と述べ、翌年一月二七日の施政方針演説でもこれを確認している。

こうした平和重視の姿勢は、一九七〇年に開催された国連総会に参加した際にも強調される。佐藤は、国連憲章と日本の憲法とが共通の平和主義を掲げているとしたうえで、「平和」という言葉を繰り返した（『朝日新聞』一九七〇年一〇月二二日）。

ただし佐藤栄作がしばしば口にした平和は、一九五〇年代に社会党や総評などの革新陣営が掲げた平和とは、実は同じではない。

一九五〇年代の「平和」は、安保条約への反対と結びついていた。これに対して、一九六〇年代の自民党政権が使用した「平和」は、安保条約を論点にせずに、多数派の安定志向に訴えかけるものであり、憲法第九条と日米安保を並立させて軽武装経済優先を目指す「吉田ドクトリン」の別名だった。

佐藤政権は一九六〇年代後半の日本で、「昭和元禄」と呼ばれる繁栄ムードのうえに、「平和国家日本」という言葉を置こうと試み、それに成功したと言える。言い方を換えれば、戦後民主主義的な価値観から、反体制的な要素を「解毒」し、それを保守政権による国民統合のイデオロギーとして機能させることに成功した。

議会主義、民主主義、平和の三点セット

六〇年安保闘争後、『中央公論』を中心に現実主義を標榜《ひょうぼう》する政治学者が台頭し、並行して保守系の知識人たちが戦後民主主義批判を繰り広げていた。他方で、積極的に平和を掲げた佐藤政権下、平和という言葉はかつての力を失いつつあった。こうした言論状況にあっても、『世界』は、一九五〇年代と変わらぬ態度で理想主義的な編集姿勢を貫いていた。

この『世界』誌上で丸山眞男は、軍事力による力の均衡を前提とする現実主義の議論に警鐘を鳴らした（「憲法第九条をめぐる若干の考察」〔『世界』一九六五年六月号〕）。丸山はここで、憲法の前文を取り上げて「現実のパワーポリティックス、およびパワーポリティックスの上に立った国際関係が不動の所与として前提されて、そのなかで日本の地位が指定されて

いるのではない」と述べ、現実主義的な国際関係の理解は、憲法前文の精神に合致しないとした。

さらに『世界』は、より具体的な状況に即して、自民党の政治姿勢を批判していく。ここでは国交樹立のために締結された日韓基本条約に関する議論を見ておこう。

一九六五年六月、日韓基本条約が調印された。しかし、この条約は朝鮮半島の分断を固定化するものだとして、反対運動が起こる。日韓基本条約を審議する一一月六日の衆議院特別委員会と一二日の衆議院本会議では、ともに強行採決が行われた。『世界』はこれを問題視し、「戦後民主主義の危機と知識人の責任」（一九六六年一月号）という座談会を掲載する。参加者は、進歩的文化人とされた石田雄《たけし》、日高六郎、福田歓一《かんいち》、藤田省三の四名だった。彼らは強行採決の問題点を整理し、議会制民主主義の危機を論じた。

藤田省三（1927～2003）政治思想史家．東大卒．法政大学教授．師・丸山眞男の学問的系譜を受け継ぎ，天皇制や明治国家体制の批判的分析を行った．国家体制から日常文化まで幅広い現象を透徹した視点で分析した

興味深いことに、この座談会の席上では、戦後民主主義という言葉は使われていない。にもかかわらず、座談会のタイトルに「戦後民主主義」が付されている。それは、発言者たちと編集者にとって、戦後民主主義が問題を集約する語句としてふさわしいと判断されたからだろう。

座談会のなかで、政治思想史家の藤田省三は、六〇年安保闘争以来、議会主義が踏みにじられ、それに人びとが慣れつつあることに注意を促している。社会党による牛歩戦術などの議事妨害が一方的に非難される現状について「一定の議事妨害が、議会主義の精神を守るためのひとつの制度」だとも述べた。藤田は続ける。

いま、最小限必要なことは、やはり、日本の知識人のあいだで、なにが議会主義を守るものであり、なにが民主主義を守るものであり、なにが平和を守るものであるかということについて、一定のコモンセンスが定着する努力をすることだと思います。

（「戦後民主主義の危険と知識人の責任」『世界』一九六六年一月号）

一九五〇年代の平和と民主主義から一歩進んで、議会主義を問い直す議論が深められた。さらに、この座談会では戦後日本のナショナリズムが新たな植民地主義に転化する危険性も語られていた。

他方で、議会主義、民主主義、平和の危機、さらには東アジアに対して「帝国主義的」な日本への危惧、こうした問題を異なる視角から深めようとしているグループがあった。「べ平連」に集った人たちである。

ベ平連という新しい形

一九六五年二月七日、アメリカによる北ベトナムへの空爆が始まり、ベトナム戦争が本格化すると、アメリカの前線基地を持つ日本でも反戦運動が起こった。

一九六五年六月九日、労働組合や各種文化団体を中心に全国で「ベトナム侵略反対国民行動」が実施され、集会やデモが行われた。ほぼ同じ時期には、青年労働者や学生らが集う組織「反戦青年委員会」も結成された。総評は一九六六年一〇月二一日にベトナム反戦を掲げて大規模なストライキを行った。並行して、日本のマス・メディアによるベトナム報道も活性化していた。反戦運動に関わる人びとや報道関係者の一部には、自分たち日本人もベトナム戦争に関わっているという切実な問題意識があった。

ベトナム反戦運動は多様な展開を見せたが、ここではベ平連に注目したい。一九六五年四月末、「声なき声の会」、「わだつみ会」などの団体が合同でデモを行うことになり、作家の小田実《おだまこと》や開高健《かいこうたけし》、評論家の鶴見俊輔らが呼びかけ人となって「ベトナムに平和を！　市民文化団体連合」が結成された。のちに「文化団体」の語が外れ、「ベ平連」の略称で呼ばれた。

ベ平連は、従来の社会運動と異なる側面を持っていた。それは、以下の三点に整理できる。

第一に、「ふつうの市民」による運動にこだわったことである。既存の政党や団体を排除しないが、各人は団体の利害の代表者として参加するのではなく、個人として参加することをよしとした。

したがって、べ平連は革新政党の指導を受けず、規約や会員名簿を持たず、べ平連を名乗れば誰でもメンバーになれるという組織論を採り、労働現場や農村を基盤にするという発想はほとんどなかった。人びとの主体性を重視する行動規範には、従来の社会運動とは異なる解放感があった。それはべ平連の三原則に表れている。三原則は、「何でもいいから、好きなことをやれ」「他人のすることにとやかく文句を言うな」「行動を提案するなら、必ず自分が先にやれ」というものだった。

第二に、反戦運動としての積極性である。べ平連はアメリカ軍兵士の脱走援助活動を行った。戦争に巻き込まれることを避けるための運動から一歩進んで、戦争から離脱したい兵士を助けるというより積極的な運動へと踏み出した。さらにベトナム戦争によって利益を得る日本企業をも問題視した。

第三に、新しい運動の形態を模索したことである。デモだけでなく、反戦広告を出したりティーチ・インと呼ばれた討論集会の様子をテレビで生中継させたりと、べ平連は都市とメディアを活用した。都市とメディアに依存したとも言える。いずれにせよ新たな社会運動であるべ平連は社会に強いインパクトを与えた。

「ベトナムに平和を！市民連合」（ベ平連）が開催した討論集会のなかでも、最も大規模だったのは「ベトナムに平和を！日米市民会議」である。日米市民会議は、一九六六年八月一一日から四日間、サンケイ会館国際会議場で開催された。

日本側から参加したSF作家の小松左京《こまつさきょう》（一九三一～二〇一一）は、日米市民会議の印象記のなかで、ベトナム反戦運動に関わった動機を次のように記している。

空から降る火の雨に家をやかれ、肌を焼かれ、愛児を鉄片に貫かれ、丹誠こめた貧しい田をちりちりに枯らされて、硝煙の中をにげまどっているのは――私たち自身であり、私たちの肉親であり、私たちの恋人であった。あつい泥田の中をはいまわっている、私たちの両親であり、祖父母だった。私自身が、嘘でも誇張でもなく、北爆のはじまった頃から、十数年来見なかった空襲の夢を度々――はっきり記憶しているだけでも両三度――見るようになった。（「〝平均的人類〟の願い」『文藝』一九六六年一〇月号）

当時三五歳の小松は、自身の戦争体験に照らし合わせて、民衆が殺されるのは「無条件に不正である」という「絶対的な確信」を持つに至ったと述べる。戦争体験のない若者たちを惹きつけたベトナム反戦運動だが、その基盤には戦争体験世代の平和主義と国際的な連帯感があった。

では、「べ平連」に集った知識人たちは、戦後民主主義をいかに受け止めていたのだろうか。

戦後民主主義の批判的継承

鶴見俊輔は、戦後民主主義が平和の問題を十分に深められなかったと考えていた。たとえば沖縄、在日朝鮮人、原爆被災者、アジアなどの問題は「日本政府のとなえる民主主義のニセもの性をはっきりさせるとともに、私たちの戦後民主主義のニセもの性をあわせて照し出」すと述べている（鶴見俊輔「二十四年目の「八月十五日」」『毎日新聞』夕刊、一九六八年八月一四日）。

また評論家の武藤一羊《むとういちよう》（一九三一〜）は、「戦後民主主義の「平和と民主主義」原理の沈降をくいとめ、それを新しい次元で再生させる」という課題を挙げた。では、どのように「新しい次元で再生させる」のか。武藤は「平和と民主主義」の原理を「若い世代のラディカルな現状否定的思想と行動」と結合させる可能性に言及した（「「べ平連」運動の思想」『思想の科学』一九六七年一月号）。

鶴見俊輔の従弟であり人類学者の鶴見良行《よしゆき》は、憲法前文と第九条の理念に固執し続けるべきだと訴えていた。

鶴見良行は、従来の平和運動が焦点を失いつつあると感じていた。一九五〇年代に盛り上がった原水爆禁止運動が、一九六〇年代に入って分裂し、大衆の支持を失ったことを挙げ、その原因を次のように考察している。「平和であるという意識が、家庭の幸福願望と癒着し、そのマイホーム平和主義が原水爆禁止運動の大衆的基盤を奪ったのも、平和にしようという強烈な運動意識をもっていなかったから」だと。

その「運動意識」として、鶴見良行は憲法前文と第九条を「絶対的非武装主義」として捉えることを提唱する。それにより平和運動は、非暴力の反戦運動になると同時に、ナショナリズムに回収されないインターナショナルな運動となり、軍備による抑止論を超える運動になるだろうとした（「「八月一五日」の復権のために」『東京新聞』夕刊、一九六七年八月一五日）。

インターナショナルな運動、ということについて、鶴見良行は一九六九年に次のように述べている。

鶴見俊輔（1922～2015）評論家・哲学者．ハーバード大卒．父は政治家の鶴見祐輔．1942年捕虜交換船で帰国．戦後『思想の科学』を創刊し，日常生活や大衆文化を題材にした新たな思想研究を開拓した．平和運動・市民運動にも関与

鶴見良行（1926～94）東南アジア研究者・評論家．東大卒．従兄の鶴見俊輔が創刊した『思想の科学』．「べ平連」にも参加した．東南アジア研究を切り開き，『バナナと日本人』『ナマコの眼』などで人びとの暮らしと歴史を描いた

大国に対する小国の発言権、植民地人民の圧迫者に対する抵抗運動、ベトナム人のアメリカに対する解放運動――こういうものもまた民主主義であるととらえていく必要があるのではないか。そういう視点が日本の戦後民主主義には非常に弱かったんじゃないかと思うのです。いわば思想としての民主主義を国際的に解放していくことをぼくら自身が試みていいのではないかと考えるわけです。

（「戦後民主主義の現局面と憲法」『展望』一九六九年五月号）

鶴見の言葉の背景には、平和や基本的人権という日本国憲法の理念を、世界の民主主義的な運動と接続させたいという願いがあった。

「暮し」からの民主主義

同じ時期、日常生活に即した視点から戦後民主主義を批判していた人物がいる。編集者、花森安治《はなもりやすじ》（一九一一～七八）である。

花森は神戸に生まれ、幼少期からモダニズム文化に親しみ、東京帝大文学部を卒業後は広告デザインの仕事を始めた。一九四一年からは大政翼賛会宣伝部で働いた経験を持つ。戦後、大橋鎭子《おおはししずこ》（一九二〇～二〇一三）とともに一九四八年に季刊誌『美しい暮しの手帖』を創刊

（一九五三年から『暮しの手帖』に改称）、長らく編集長を務めていた。『暮しの手帖』は、一九六四年には八〇万部を超える人気雑誌となっていた。

『暮しの手帖』の名物企画に、一九五三年から始まった商品テストがある。日用品や生活家電を独自にテストし、生活者の視点から長所と短所を論評して、企業に改善を求める企画だ。花森は、権威を監視し、採点する機能がない社会は不健全な社会だと考え、商品批評によって大企業をチェックし続けようとした。それは、花森なりの民主主義の実践だった。

「暮し」という観点から戦後の生活史を見てきた花森にとって、民主主義を論じる論壇やマス・メディアは、場当たり的な議論に終始しているように見えた。花森は、保守・革新などとレッテルを貼って理解しようとする論壇的な思考様式よりも、「ひとつひとつ自分の目で判断する」ことのほうが民主主義につながる合理的精神だと主張した。

「一軒の家の味噌汁の作り方を変えることは、一つの内閣を倒すよりもむずかしい」――僕はこう考えています。内閣は投票で倒すことができるけれど、ある家庭の味噌汁の作り方は当人たちがまずいと感じていても、変な〔ママ〕いものなのです。ぼくらが料理にちからを入れているのも、そこなのです。

（「民主主義と味噌汁」『中央公論』一九六五年九月号）

味噌汁の作り方を変えるという困難な課題に地道に取り組むこと。生活に即した視点を手放さないこと。それもまた民主主義につながっていく。そう主張する花森は、専門化された憲法学や政治学とは異なる方法で民主主義を把握し、戦後民主主義を批判的に継承しようとしていた。

主婦たちの実践も見逃せない。ベ平連の発足とほぼ時を同じくする一九六五年五月、東京・世田谷で生活クラブの運動が誕生した。青年活動家と主婦たちが協力して、安心できる生産者から食料品を共同購入する活動を始めたのである。公害問題が表面化するなか安心できる食品を求める人びとが増えると、安定した経営基盤が必要となり、一九六八年に生活協同組合(生協)になった(『「生活者」とはだれか』)。

高度成長期の都市サラリーマン家庭の主婦たちは家事労働者だったが自立した経済的基盤を持たず、地域社会での人間関係も限定的だった。彼女たちは主に生活の安全・安心を求めて生活クラブに加入したが、集団での活動を通して公的問題と私的問題をつなぐ回路を自ら掘り進めた。主婦たちの運動は、花森の思想と通底する部分が多い。受動的に商品を買うのではなく、能動的によい商品を選択すること。そのために生産者を巻き込んで新たな生産―消費ルートを開拓すること。生活クラブは、日常生活のなかから消費経済という公共的問題に関わる主体性を立ち上げようとしていた。

『太陽の王子 ホルスの大冒険』

戦後民主主義の批判的継承。それは、若き表現者たちの課題でもあった。高畑勲《たかはたいさお》による初監督作『太陽の王子 ホルスの大冒険』（一九六八年七月公開）をみてみたい。

『太陽の王子 ホルスの大冒険』の準備は、高畑が三〇歳のときの一九六五年に始まった。当初はマイノリティであるアイヌの叙事詩を元にした企画だったが、会社側との交渉の過程で舞台を北欧に移した企画に変更される。物語の構造は単純である。主人公のホルスが叙事詩的英雄であることを冒頭で示したあと、父親を亡くして孤児となったホルスが、部外者として訪れた村で徐々に信頼を勝ち得て、恋の相手と出会い、最後には悪魔に勝つという物語である。

宮崎駿《はやお》（一九四一～）らを筆頭に、若いスタッフたちは、自分たちの理想主義を映画として結実させるべく奮闘した。アニメーションの主流が劇場アニメからテレビ・アニメへと移ろうとしていたこの時期に、スタッフたちが目指したのは、子どもはもちろんのこと、大人も楽しめる質の高い作品だった。しかし、製作費は当初予算の二倍に膨れ上がり、観客動員もふるわなかった。その結果、高畑は会社から目をつけられ東映動画での居場所を失う。

作品全体を統括した高畑勲は、この作品と一九六〇年代当時の社会とを重ねて理解していたと回想している。

それが顕著に表れているのは、「村」の位置づけである。高畑は一九六〇年代の日本を、

高畑勲（1935〜2018）アニメーション監督．東大卒．『太陽の王子 ホルスの大冒険』（1968）で監督デビュー．テレビアニメ界に転じ「アルプスの少女ハイジ」などの演出を手がける．1985年宮崎駿とともにスタジオジブリ設立

映画『太陽の王子 ホルスの大冒険』
1968年７月公開

一方では「猛烈ないきおいで全土に自然破壊・環境汚染・公害病・極端な過疎と過密などを引きおこし」、他方で「「村」や「下町」に象徴される共同体の営みは当然のごとくどんどん崩壊に追い込まれて」いると捉えていた。さらに、高畑はベトナム戦争を挙げ、「米国はアジアの一角でもっと露骨に「村を滅ぼし」ていました」と指摘する。

こういう時代の子として、そして戦後民主主義の洗礼をうけたものとして、私たちは悪魔の手から『村を守る』というとき、その『村』を前近代的な因習と隠微な支配と隷属の巣にすぎない、投げすててしまっても少しも惜しくないものに描くこと

はできませんでした。　　　　　　　　　　（『「ホルス」の映像表現』一九八三年）

高畑は戦後民主主義という理念を、村の人びとの主体性として表現した。従来の日本映画における典型的な村のイメージは、黒澤明の『七人の侍』の農民たちや、『隠し砦の三悪人』の百姓のように、まさしく「前近代的な因習と隠微な支配と隷属の巣」として描かれることがほとんどだった。

しかし、高畑は村について「村人たちが生き生きと生産にいそしみ、貧しくともなにごとにつけ助けあい、たのしみをわかち合って暮らしている、そういう共同体であってほしい、また現実に私たちもそういう共同体を築きあげなければならない、と考えていました」と述べる。

高畑の演出意図により、『ホルスの大冒険』における村の労働の場面は、特異な描写になった。漁や干魚づくりなどの集団労働、フイゴを使った鍛冶場、婚礼衣装の裁縫などの労働に、大人も子ども参加している。人びとはみな笑顔で、飛び上がるように潑剌《はつらつ》と動き回っている。民族文化を称揚する一種のプロパガンダ映画のようにさえ見えてしまうが、ここにこそ、高畑がこだわった戦後民主主義のイメージの革新があった。

革新自治体の存在感

ベトナム反戦運動が高揚するなか、東京都は転機を迎えていた。一九六七年四月の東京都知事選で、社会党と共産党が推薦する経済学者・美濃部亮吉《みのべりょうきち》（一九〇四〜八四）が勝利し、東京が「革新自治体」となった。革新自治体とは、社会党か共産党、あるいはその両者が支持する首長を持つ自治体を指す。この美濃部都政は、一九七九年四月まで続く。

そもそも、一九六〇年代前半は、高度成長下の社会変動が自民党の支持基盤を弱体化させるという危惧が存在した。自民党の石田博英《いしだひろひで》は、論考「保守政党のビジョン」（『中央公論』一九六三年一月号）のなかで、増加し続ける都市への人口流入によって自民党の支持基盤である農村が弱体化し、それが社会党の議席増加につながるかもしれないと警鐘を鳴らしたことはよく知られる。そのうえで、石田は自民党が都市の「雇用者」からの支持を取り付ける必要性を説いた。

また、政治学者の篠原一は、社会党が大都市の知事選挙に書記長クラスの候補者を出せば当選の可能性があるとし、それによって議会制民主主義の体質改善が期待できるという見通しを述べた（「戦後民主主義と議会制」『世界』一九六三年八月号）。

石田と篠原の見通しは、部分的に的中する。それが先述した美濃部都政の誕生である。一九六三年四月に社会党の飛鳥田一雄《あすかたいちお》が横浜市長選で勝利していたが、東京都知事選で自民党

夕刊
讀賣新聞
THE YOMIURI SHIMBUN
大野特使 米へ出発
都知事に美濃部氏
東京、初の革新首長誕生
松下氏を破る
終始ゆるがぬリード
佐藤政権に衝撃
都政の大転換あり得まい
喜びの万歳
あきられた保守都政

美濃部亮吉の都知事当選，『読売新聞』夕刊，1967年４月16日　この時期，多くの革新自治体が誕生した

が敗れるのは異例のことだった。

従来の地方選挙では、自民党の候補者が首長に選ばれる傾向が強かった。地方政治は、新憲法のもとで自治を原則としていたが、伝統的な保守勢力が与党を支持するという構図は一九六〇年代まで温存されていた。そのため横浜に続いて、東京でも革新派が勝利したことは、政権に衝撃を与えた。なお、一九七一年四月には大阪府知事選で、社・共が推薦した憲法学者・黒田《くろだ》了一《りょういち》が勝利する。

一九六七年四月の都知事選で、美濃部が勝利した要因としては、公害を生んだ急速な開発への不信や、都市住民による福祉向上の欲求や増大する無党派層の存在などが挙げられる。それらを憲法の理念に結びつけ、住民側の視点を押し出し、「ストップ・ザ・サトウ」というスローガンで政権との対決姿勢を掲げた美濃部の政治姿勢は、戦後民主主義の価値観を代表するものだったと言える。

美濃部亮吉に都知事選への立候補を勧めた大内兵衛は、憲法問題研究会の呼びかけ人の一人だった。また、大阪都知事になった黒田了一は、憲法問題研究会の関西支部の一員だった。革新自治体成立の底には、護憲を掲げた一九五〇年代の社会運動の脈流があった。

憲法を掲げた東京

都知事選では、美濃部の後援会に大内兵衛、市川房枝、中野好夫、松本清張らが名を連ね、無党派層にも広くアピールした。美濃部都政発足後は、岩波書店の雑誌『世界』の編集者だった安江良介《やすえりょうすけ》（のちに岩波書店社長）が特別秘書として参加する。

こうした人的つながりに支えられた美濃部は、憲法問題を積極的に取り上げた。一九六七年五月三日の憲法記念日には、都民へのメッセージを発表し「私たち国民は、この憲法を堅持しえただけでなく、さらに基本原理である平和と民主主義を一層発展させうる条件を築きあげてきたことを誇りと考える」と述べる（『朝日新聞』一九六七年五月三日）。

東京都が憲法記念日にメッセージを出すのは初めてのことだった。五月三日に社会党・総評系の憲法擁護国民連合が憲法二〇周年記念国民集会を開催すると、美濃部は出席しなかったが、「都民とともに地方自治を守りたい」というメッセージが代読された（『朝日新聞』五月四日）。

翌年以降、美濃部は東京都主催の憲法記念行事を開催するなど、憲法の理念を掲げる活動を続けた。美濃部は、民主主義の定着という課題を口にし、地方自治を守るためには政府との対決も辞さないという姿勢を明確にし続けた。革新自治体の強い存在感は、戦後民主主義を擁護する穏健な運動の成果だった。

革新自治体が戦後民主主義に付け加えた要素もあった。それは、シビル・ミニマムという考え方である。従来の戦後民主主義は、自民党政権との対決姿勢と平和主義、日々の政治参加などを市民側から捉えてきた。シビル・ミニマムは、そこに行政側が守るべき生活環境基準を設定しようとする考え方だった。

この考え方は、現代都市を生きる市民の必要最小限の生活権として教育や医療、住宅、公園などの社会資本や社会保障を捉え直したところに特徴がある。東京都が一九六八年一二月に発表した「東京都中期計画」の副題には「いかにしてシビル・ミニマムに到達するか」という言葉があった。シビル・ミニマムは市民目線の行政を象徴する言葉として、以後、革新自治体を中心に自治体計画の策定に取り入れられていくことになる。

そもそも、シビル・ミニマムは自治体行政の専門家たちの間で使用される言葉だったが、それを広く社会に定着させたのは、政治学者の松下圭一だった。松下は、都政刷新市民委員会幹事として都政に提言を行っており、一九六五年の東京都議選の際には「たとえば騒音とか河川や空気のよごれとかについても、最低の共通基準をつくり、それを守らせることが、市民的良識なのです」と述べて、シビル・ミニマムという考え方の萌芽を語っている(『毎日新聞』夕刊、一九六五年七月二一日)。松下は東京都中期計画に刺激を受け、自治体改革を通して市民生活を直接民主主義的に自主管理する方策としてシビル・ミニマム概念の精緻化を目指した。その構想をまとめた『シビル・ミニマムの思想』は松下の主著となった。

一九六〇年代後半以降、革新自治体の存在感が増したことは間違いない。だが、佐藤政権の屋台骨を揺るがすまでには至らなかった。むしろこの時期は、国政レベルでみれば自民党の優位がより決定的になっていた。一九六九年一二月二七日に行われた総選挙の結果、自民党は選挙後の入党者を含めて三〇〇議席を獲得して圧勝し、沖縄返還交渉と七〇年の安保延長に国民の同意が得られたものと自信を深めた。他方、社会党の議席は九〇に止まり、選挙前の三分の一以上の五一議席を失う惨敗だった。

佐藤政権への支持が安定していた理由は次の二点である。

第一に、外交問題で一定の成果を積み上げていたこと。一九六五年の日韓基本条約締結以後も、小笠原諸島の返還(一九六八年)、沖縄の返還(一九七二年)など、目に見える結果を出し続けた。

第二に、経済成長下の安定志向である。農村から都市部への大規模な人口移動は、伝統的な地域共同体から隔離された都市労働者の厚い層を生んだ。それは革新自治体を生む土台となったが、国政選挙では自民党の優位は揺るがなかった。総体的にみれば、有権者は自民党支配による安定を選んだのである。

マイホーム主義への評価

有権者の安定志向は、当時の論壇でマイホーム主義という言葉で表現され、批判された。マイホーム主義とは私的所有によって基礎づけられた生活意識を指している。マイホーム、マイカー、マイレジャーなどを重視する私生活中心の意識形態であり、公権力に対峙する個人主義ではなく、私生活に埋没する個人主義として理解された。一九六〇年代になっても政権交代は起こらず泰平ムードが広がるなか、人びとは、政治に対する関心を失い、マス・メディアが提示する豊かな生活を追い求め、私的領域に埋没しつつある——という理解である。敗戦後に本多秋五や荒正人らによって称揚された「私」の姿は、大衆化を経ていまや批判の対象となっていた。

マイホーム主義という言葉には、人びとの政治的無関心を危惧する知識人の苛立ちが込められていた。一種の大衆批判、マス・メディア批判である。当時の論壇で、マイホーム主義が批判されたのは、「私」に閉じこもるのではなく社会や政治へと自発的に参加することをよしとする知識人たちの規範意識があった。

マイホーム主義への苛立ちは、時に一種の蔑視をともなうことさえあった。松下圭一は、「マイホーム主義の太ったおしゃれな豚」という言い方をしている（「大衆社会と管理社会」

『現代の理論』一九六九年九月号)。マイホーム主義は、松下が求めた「参加する市民」の対極に位置づけられていた。

他方で、マイホーム主義に可能性を見出す議論も存在した。社会学者の北川隆吉は「私」を優先する意識は、「権利意識」の土壌になり得るのであり、「そこには戦後民主主義がある」と記した(「戦後民主主義とマイ・ホーム主義」『現代の眼』一九六九年二月号)。

同様の視点は、仏文学者の多田道太郎(一九二四〜二〇〇七)にもある。多田は、次のような挿話を紹介する。ある会社の課長が若い社員に残業を頼むと、若い社員は「じつは結婚一周年で、今夜デートしなければならないんです」と答える。課長はあっけにとられて「そんなことが、ほんとに大事なことと思っているのか」と問う。しかし、若い社員のほうもあっけにとられ、課長の言うことがわからない。

> 一年前に結婚した、あの人と結ばれたということが、国家あるいは社会、それの雛形である会社が持つ重みに匹敵する——そんなに見栄を切らなくて、ごく自然にそう思っている。その感覚は少なくとも戦前には絶無であった。この感覚がマイホーム主義のいわば原点である。
> (「マイホームの栄光と悲惨」『婦人公論』一九六九年一一月号)

家族生活の充実を生き甲斐に掲げるという態度は、戦後ながらく憚られてきた。多田は、

「公」に対して「私」を重視する戦後的な感覚に、戦後民主主義の光を見ている。「家庭」という場所を、「私」の感覚を練り上げる根拠地として再評価しようとするのである。もっとも、戦後民主主義が、家族を持たない者や持てない者の幸福の問題を見落としがちだったことは、否定できない。また、「公」と「私」を峻別する姿勢は、「公」は男性のものであり「私」は女性のものだというジェンダー規範を前提にしていた。

この時代の「私」の感覚を詩的に表現したのが、井上陽水（一九四八～）だった。一九七二年に発表された井上陽水の楽曲「傘がない」は次のように歌う。

テレビでは我が国の将来の問題を
誰かが深刻な顔をして
しゃべってる
だけども問題は今日の雨
傘がない
行かなくちゃ　君に逢いに行かなくちゃ

多田が言うように、「公」と「私」との対置のなかで、後者を選ぶ感覚を誰も否定することはできない。しかし、そこには一種の後ろめたさも残る。井上陽水の暗く切ないメロディーは、「私」を選ぶことへの迷いを歌っていたようにも聴くことができる。

3　戦後民主主義の〝鬼子〟――全共闘運動と全権威の否定

全共闘運動の問いかけ

一九六〇年代後半は、学生運動が大きな盛り上がりを見せた。学生運動を担った世代、戦後のベビーブーム時に生まれた「団塊の世代」の戦後民主主義観に焦点を絞ろう。団塊の世代が最初に高校を卒業する一九六五年以降、大学はいままで以上に多くの学生を抱えるようになっていた。学生数の多さは、学生運動隆盛の基盤となる。

結論から言えば、この時代の大学生や高校生たちは、戦後民主主義を厳しく否定する傾向にあった。自分たちが否定の対象とするものに対して、戦後民主主義というレッテルを貼ったというほうが正確だろうか。

六〇年安保闘争後、全学連は分裂し、それぞれのセクト、集団が全学連を自称するようになっていた。それらの一つの連合体である三派全学連は、一九六七年一〇月八日、佐藤首相のベトナム訪問を阻止するために羽田に集結し、機動隊と激しく衝突した。羽田闘争は、学生たちがヘルメットをかぶり角材を手にして「武装」した最初の運動だった。

ベトナム反戦運動と並行して、一九六〇年代半ばからは、授業料の値上げを行う大学執行部への反対運動が、各大学で盛んになっていた。一九六八年五月に日本大学で二二億円もの使途不明金が発覚すると、これを問題視した学生たちによって日本大学全学共闘会議（全共闘）が結成された。全共闘とは、セクトや学部を超えた学生運動の連合体を指す。日大全共闘結成を機に、全国各地の大学では一般的な学生たちも巻き込んで、学生運動が盛り上がる。一九六八年七月には、東大全共闘が結成された。医学部インターン生の身分保障問題をめぐって、医学部教授会が学生を処分したことに対する反発が契機だった。東大全共闘の議長には、大学院生だった山本義隆（一九四一～）が就任する。以後、一九六九年までのあいだに、全国の多くの大学で全共闘を名乗る学生組織が生まれた。

全共闘運動では「自己否定」という言葉がしばしば使用された。「自己否定」とは、たとえば自らの内部にある大学という制度を否定し、沖縄への差別意識を否定し、ベトナム「侵略」に間接的に関わる自分を否定するというような意味である。否定を契機としてまずは自身を、そして社会を変革しようとした。

全共闘運動が昂揚する過程で、学生たちはビラや演説だけでなく、雑誌や書籍を通して発言し影響力を増していた。学生たちの主張は多岐に及ぶが、その根底には支配体制への根本的な批判があった。

「ポツダム民主主義」

学生たちは、既存の支配体制の象徴として「ポツダム」という言葉を頻繁に使用した。「ポツダム自治会」や「ポツダム民主主義」という用例からは、ポツダム宣言受諾によってもたらされた制度・価値観を指して「ポツダム」と呼んでいたことがわかる。つまり「ポツダム」と「戦後」はほとんど同義だった。

とりわけ、学生たちが批判の対象にしたのは、議会制民主主義という意思決定システムだった。大学自治会にせよ国会にせよ、民主主義的な意思決定システムは、自分が選んだ代議員による多数決に頼らざるを得ない。それは代議制民主主義の前提だが、学生たちはそこに欺瞞を見出した。

戦後の教育は、「話し合い」と「多数決」による意思決定を民主主義の基盤として称揚してきた。しかし、彼らにしてみれば、教授会という密室で決定を下す大学や、ベトナム戦争に加担し、沖縄を軍事基地として切り捨てる日本を作ったのは、平和と民主主義を掲げてきた大人たちに他ならない。だとすれば、戦後の民主主義の総体が否定の対象になるのは当然だった。学生たちの運動の根底には議会制民主主義がもたらした日本の現状に対する強い拒否感があった。

戦後民主主義を否定する学生たちに対し、丸山眞男は違和感を吐露している。全共闘運動に関わる学生たちにとって、「東大教授」の丸山眞男は否定の対象であり、研究室を荒らした学生たちに丸山は激怒したと言われる。一九六九年、入院中の丸山眞男は、大学や論壇での戦後民主主義批判を念頭に置いて、手元の雑記帳のなかに次のように記した。

> それにしても、「戦後民主主義」という場合に、戦後の憲法（及び憲法に準ずる自由権を保障した諸法律）体系をいうのか、また現実の政治体制（およそ議会政《ママ》民主主義の現実から遠い保守永久政権下の「議会政治」）をいうのか、それとも、社会主義運動や労働運動をふくめた、民主主義を名とする運動の現実（したがって革新政党の現実）をいうのか、それとも、最後に、世界的にはじめて公然と否定する政治勢力が消滅したデモクラシイの理念をいうのか、その位は弁別して議論してほしいものだ。
>
> （「春曙帖」『自己内対話』一九九八年）

丸山の指摘はその通りだが、若者たちとのすれ違いもまた明瞭だろう。「弁別」せずに使われたからこそ、論壇のテーマになり、学生たちの否定の対象にもなったのである。

多数決の拒否と「直接民主主義」

全共闘世代とその同調者たちが、しばしば「直接民主主義」という言葉を肯定的に使用した理由についても、同じように理解できる。

すでにみたように、この時代、直接民主主義という言葉は議会制民主主義へのアンチ・テーゼとして使われた。また、丸山が言うように、議会制民主主義と戦後民主主義はほとんど区別されることなく同じ意味で使われることが多かった。言葉が融通無碍《ゆうずうむげ》に使用されていたことは確かである。

ただし、直接民主主義を掲げる声は、一定の説得力を持っていた。主権在民の民主主義体制であるはずの一九六〇年代の日本が、自分たちの意思に反してベトナム戦争に加担してしまうのだとすれば、それは議会制民主主義に問題がある。社会党も共産党も議会内の一勢力に過ぎない。議会制民主主義が空洞化しているならば、それ以外の方策で自分たちの主張を現実化せねばならない——。そうした考えの帰結として、直接民主主義に注目が集まったのである。

学生たちの主張は、一九六〇年代末の社会である程度の支持を得ていた。『毎日新聞』のコラムは、多数者の意思を少数者に押しつけてきたことが戦後民主主義の欠点だとし、「この欠点が、いまや、学生を中心に是正されはじめている。ここに、戦後民主主義が復権する希望がうまれた」と記す（『毎日新聞』夕刊、一九六九年一〇月一八日）。

一九六〇年代の新左翼運動は、既存の議会を拒絶した。全共闘運動から生じた議論は、直接民主主義と間接民主主義（議会制民主主義）の関係を探る方向には進まなかった。

こうして、デモ、集会、団体交渉、地方自治体におけるリコール運動、税金の不払いなどの不服従運動、国会とは異なる議会としての「国民集会」の開催案などが、直接民主主義として注目されることになる。また、全共闘運動のなかには、物理的な暴力やコミューンの可能性を追求しようとする動きもあったが、そうした期待感の背景にも、直接民主主義への注目があった。

べ平連の中心メンバーだった小田実は、全共闘運動が持っていた直接民主主義の志向を次のように説明している。

若者たちは、闘争のなかで、「戦後民主主義」の破産を主張している。それは、議会＝民主主義のイメージに安易にもたれかかってピラミッドをつくり上げて来た民主主義への告発であるにちがいない。私もその主張に同調し、それはたしかに「破産」に値し、また、こちらから積極的に「破産」させなければならないものだとつけ加えよう。〔中略〕私がそうした主張に同意するのは、彼らの主張が、多くの夾雑物《きょうざつぶつ》をふくみながら、自分たちがめざす民主主義がデモ行進＝民主主義の民主主義であることを明瞭に示しているからである。（「デモ行進とピラミッド」『展望』一九六九年七月号）

小田は、議会ばかりに重きを置く民主主義をピラミッド構造に見立ててその権力性を批判しつつ、デモ行進に代表される直接民主主義の要素が学生たちの運動のなかにあると評価し

小田 実（1932～2007）作家・評論家．東大卒．大阪空襲の体験をもとに評論活動・市民運動を行う．旅行記『何でも見てやろう』（1961）がベストセラーになり，評論家として活躍．65年には鶴見俊輔らと「ベ平連」結成

ていた。自身が関わるベ平連との類似を感じていたのだろう。小田はさらに「私にとっては、民主主義は一つの政治イデオロギーというよりは、私の生き方の原理であり、論理、倫理だったし、今もそうありつづけている」とも述べた。

他方で、一九五八年の警職法反対運動の際に「忘れられた抵抗権」という問題提起を行った松下圭一は、一九六〇年代末に戦後民主主義の定着を見ている。

革新市長の叢生《そうせい》やベ平連にしめされるような市民運動の台頭、あるいは反戦青年委員会の誕生や学生運動の急進化は、この戦後民主主義の社会的基盤の成熟ないしラジカル化として位置づけなければならないだろう。

（「直接民主主義の論理と社会分権」『朝日ジャーナル』一九六九年六月八日号）

一九六〇年代末の論壇では、学生たちの急進的な運動は戦後民主主義を補完するものとして、年長世代の知識人から一定程度の評価を得ていた。しかし、そこにはもちろん齟齬《そご》もあった。学生たちのなかには、戦後民主主義を資本主義の枠内で豊かさと平等とを目指す支配体制だと捉える理解もあったからだ。いわゆる福祉国家体制への根本的な批判を志向していた学生活動家たちにとっては、松下圭一が示したような物わかりのよい姿勢もまた「ナンセンス」に映っただろう。

「赤頭巾ちゃん気をつけて」と教育ママ

戦後民主主義は、支配体制を維持するシステムに過ぎない——。そのような問題意識が、当時の学生たちに共有されていたことは間違いがない。学生たちにとっては、支配体制を維持しているシステムが、戦後民主主義だった。ここに、戦後の革新運動を支えた世代と全共闘世代との認識のギャップがあった。

戦後の革新運動を支えた世代にとって、戦後民主主義とは目指すべき理想であり、現実を批判する根拠にもなり得るものだった。他方、全共闘世代は戦後民主主義こそが、打破すべき現実をもたらしたと理解していた。

芥川賞を受賞した庄司薫（一九三七～）の小説「赤頭巾ちゃん気をつけて」（『中央公論』一九六九年五月号）を見てみよう。この作品には、当時の大学生が戦後民主主義という言葉を口にする描写がある。

主人公は、進学校である都立日比谷高校の三年生「薫」である。作中の時間は一九六八年

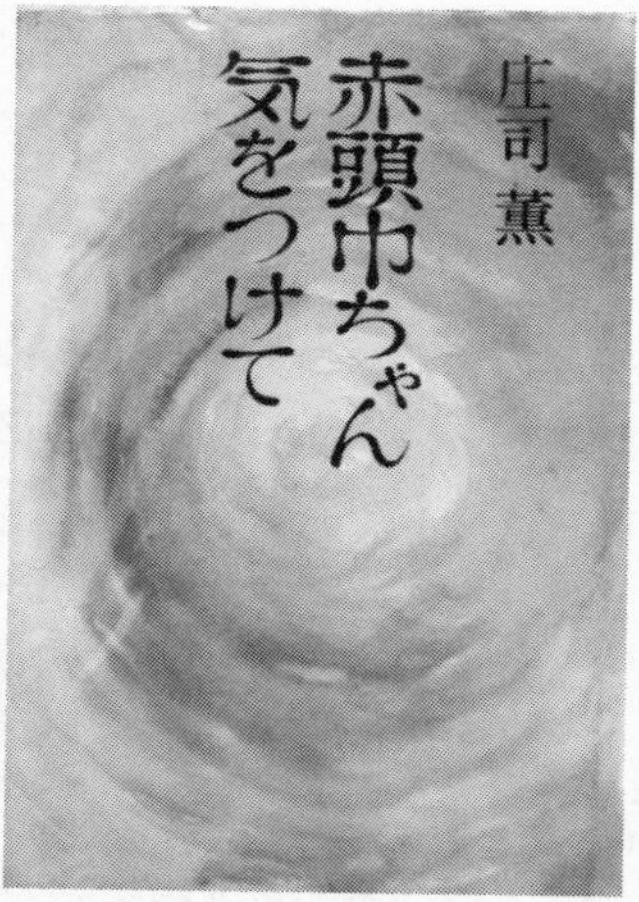

庄司 薫『赤頭巾ちゃん気をつけて』（中央公論社，1969年）

だ。学生運動によって東大入試の中止が発表された後、薫が自分の将来をあれこれと考える青春小説である。

この作品では、薫の一人語りによって全共闘運動の時代の高校生の日常が描かれている。注目したいのは、薫とその兄が、自分たちの母親の評価をめぐって語り合う場面だ。

彼らの母親の口癖は、「自分のことは自分でしなさい」と「ひとに迷惑かけちゃだめよ」である。東大生である兄は、母親について「実は戦後民主主義のもっとも頑固な信奉者」、「戦後民主主義教育における典型的な「教育ママ」」だと述べる。兄によれば、母親に見られる戦後民主主義的な態度は、「みんなを幸福にするにはどうすればよいか」という問題を欠落させている。兄の意見に対して、薫は、「よくわからない」と判断を保留する。とりあえずは「ひとに迷惑かけちゃだめよ」という考え方を採用するしかないと考えるのだ。

大学生である兄は、自分の息子の成功しか考えない教育ママに、戦後民主主義が持つマイホーム主義的エゴイズムの臭いを嗅《か》ぎ取っている。そこには、母親のおかげで東大生の自分がいるという含意もある。それゆえに兄はやや自嘲気味なのだ。

高度成長期には、都市のサラリーマン労働者と専業主婦が増えた時期として知られる。核家族のなかで家事と育児に専念する主婦の役割が固定化した。家電製品の普及による家事負担の低減は、主婦に余暇とエネルギーを与えたが、それにより、主婦たちは一方では市民運動に関わるようになり、他方では育児に生き甲斐を見出していった。「子どもに自分よりもよい教育を受けさせたい」、「より高い社会的地位につかせたい」という代償的な階層上昇の願望が重なって「教育ママ」と呼ばれる母親たちが生まれた。

庄司薫は、教育ママのエゴイズムに戦後民主主義的なものを嗅ぎ取りながら、それを批判する側の自嘲的な態度を書き込んでいる。それはある程度、時代の感性を捉えるものだった。なぜなら、一九六九年当時の知識人や若者たちは、これまでにも述べてきたように、戦後民主主義の問題点を洗い出そうとしていたからだ。

抜け落ちた対象——沖縄・在日朝鮮人・部落

一九六九年八月一五日、東京・九段会館で「八・一五記念国民集会」が開かれた。「八・一五記念国民集会」は一九六五年に始まる。一九四五年八月一五日の意味を根底から問い直し、戦後の矛盾と向き合うことにあった。第一回には丸山眞男が登壇し、その後も作家の島尾敏雄や野坂昭如、中国研究者の竹内好が参加するなど注目を集めた集会だった。

一九六九年の第五回「八・一五記念国民集会」は、午前九時から午後九時までの長丁場だったが、なかでも最も注目を集めたのが、登壇者が並んで議論するパネル・ディスカッション「私と戦後民主主義」である。

登壇者は、大江健三郎のほか沖縄問題が専門の歴史学者・新崎盛暉《あらさきもりてる》（一九三六～二〇一八）、植民地朝鮮に生まれ、炭鉱労働者たちとの生活のなかで思想を練り上げた詩人の森崎和江《もりさきかずえ》（一九二七～）、部落解放同盟に所属する作家の土方鉄《ひじかたてつ》（一九二七～二〇〇五）、さらには、長崎反戦青年委員会の鈴木達夫、日大全共闘の館野利治ら九名である。

パネル・ディスカッションは、四時間半におよんだ。議論は戦後民主主義の欠落部分として沖縄・在日朝鮮人・部落の問題を取り上げ、戦後民主主義の矛盾に焦点を当てた。新崎盛暉は、一九五二年四月二八日のサンフランシスコ講和条約第三条に注目し、この第三条によって沖縄が日本から分離されて軍事支配に置かれたことを強調した。沖縄を切り離した上に存在する平和憲法とは何なのかと問題提起を行った。

土方鉄は、部落問題が残っていること自体が、日本の民主主義が「ウソ」であることを示していると述べた。さらに鈴木達夫は、戦後の憲法は支配者階級の巧妙な支配が表れたと述べ、「戦前に比較すれば、いまはまだましなんだという形で、戦後憲法なり戦後民主主義なんていうものを評価してしまっては、やっぱりぼくたち間違っちゃう」と主張した。

これらを受けて日大全共闘の館野利治は、沖縄・在日朝鮮人・部落の人びとを排除して戦後の平和と民主主義が成立してきたならばそれは卑劣であり、「戦後民主主義そのものを、私たちが壊していく過程というのが必要」だとした。

森崎和江は、対話という言葉に代表されるように、理性を重視してきた戦後民主主義が、言葉を発しない労働者の苦悩を取り上げることはできなかったと自省した。さらに、森崎は女性の問題が戦後民主主義には欠落しているとも指摘した。（「8・15記念パネル討論「私と戦後民主主義」」『朝日ジャーナル』一九六九年八月三一日号）

この時代の戦後民主主義批判の特徴は、戦後の欠落部分を指摘したことだ。戦後民主主義は、普遍性を求めるがゆえに、一定の限界を持っていた。一国の内部や多数派のなかに閉じ籠もることでまがりなりにも定着した戦後民主主義は、内部にさまざまな「欺瞞」を抱えていた。それを明確に指摘したのが、全共闘運動の思想史的意義だった。

その意義を最も推し進めたのは、華僑青年闘争委員会（華青闘）だった。華青闘は、一九七〇年七月七日に開催された新左翼の集会で、戦後日本人がいかに植民地支配と「侵略戦争」に無自覚だったか、問いかけを行った。それは、新左翼運動そのものへの批判であり、戦後民主主義への批判でもあった。

戦争体験の断絶と三島由紀夫の死

全共闘世代による戦後民主主義の否定は、平和と民主主義への反発としても表面化した。

それを示す出来事が、「わだつみ像」の破壊事件である。

一九六九年五月二〇日、立命館大学に置かれていたわだつみ像が全共闘系の学生によって引き倒され、引きずり回されるという事件が起こった。戦没学徒の遺稿集『きけわだつみのこえ』(一九四九年)の発刊を記念して制作されたわだつみ像は、一九五三年に立命館大学に設置され、平和と民主主義のシンボルとして人びとに認識されてきた。

しかし、全共闘運動に関わった学生たちにすれば、戦没学徒は「戦争に反対できなかった人びと」であり、いまあらゆる権力と闘っている自分たちが共感する対象ではないと考えた。そのシンボルであるわだつみ像が、闘争相手である大学に設置されている。そうであれば、わだつみ像を破壊することが「空白の戦後、あるいは指導者、知識人たちに向けて放った反乱の狼火《のろし》」としての、象徴的な意味を有するだろう。学生たちはそのように考えていた(「死者たちの復権——わだつみ像破壊者の思想」『朝日ジャーナル』一九七〇年二月八日号)。

この時期、暴力という問題に注目した評論家は多い。その一人に全共闘運動に一定の共感を寄せていた文学研究者の野口武彦(一九三七〜)がいる。野口は、戦後の平和思想は暴力の問題に眼を閉ざしてきたのではないかと言う。

暴力の問題——国家的暴力とそれが不可避的に生み出す反・暴力(非暴力ではなく)——が、かつてわが国に存在しなかったのではなく、ただ隠蔽《いんぺい》されていたにすぎないこと、そしておそらく一九七〇年代は「平和」とか「民主主義」とかのオブラートなしに、その苛烈な味にふれなくてはならなくなるだろうことから、眼をそらすことはできないのである。（「『平和の時代』の終焉」『思想の科学』一九七〇年八月号）

野口の予感はある意味では的中したと言える。一九七〇年代初頭には、思想的な左右を問わず政治と暴力に関わる出来事が相次いだからである。

一九七〇年一一月二五日、作家の三島由紀夫（一九二五～七〇）が、市ヶ谷の自衛隊駐屯地で割腹自殺を遂げた。三島は自衛隊の存在を認めるために憲法改正を訴え、自衛隊のクーデターを呼びかけた。

三島の行動には、戦後民主主義の否定という要素が色濃く存在した。三島は、一九六八年に発表した「文化防衛論」（『中央公論』一九六八年七月号）のなかで、戦後民主主義に対し、天皇と結びつく伝統的価値観を守らねばならないと主張していた。

三島はさらに、一九七〇年の夏に次のように述べている。

二五年前に私が憎んだものは、多少形を変えはしたが、今もあいかわらずしぶとく生き永らえている。生き永らえているどころか、おどろくべき繁殖力で日本中に完全に浸透してしまった。それは戦後民主主義とそこから生ずる偽善というおそるべきバチルス

〔細菌〕である。

こんな偽善と詐術《さじゅつ》は、アメリカの占領と共に終わるだろう、と考えていた私はずいぶん甘かった。おどろくべきことには、日本人は自ら進んで、それを自分の体質とすることを選んだのである。政治も、社会も、文化ですら。

（「果たし得ていない約束」『サンケイ新聞』夕刊、一九七〇年七月七日）

三島の自決は大きく報じられたものの、時代錯誤の行動として冷笑された。しかし、一部の学生や活動家は、三島の行為を思想に命を賭けたものと評価し、暴力をともなう直接行動への切迫感を高めた。

その後、一部の学生活動家たちはより激しい暴力へと傾斜していく。一九七二年二月に起こった連合赤軍によるあさま山荘事件や、同年五月の日本赤軍によるテルアビブ空港での銃乱射事件、さらにはセクト間での内ゲバなどがその代表例だ。思想史的な問題提起は残るにせよ、若者たちが目指した戦後民主主義の否定は、もはや社会の共感を失っていた。

戦後民主主義の可能性は、激しい学生運動の高揚を経て次第に中庸化していく。戦後民主主義を支えてきた個人主義の価値観は、戦争を拒んで私生活を重視する生活保守主義とも相性がよい。そうした傾向は、鶴見俊輔の「サザエさん」論にも表れている。

サザエさんの戦後民主主義

鶴見俊輔は、一九七三年に、漫画『サザエさん』のなかに戦後民主主義を読み込む論考を発表した。

漫画家・長谷川町子の『サザエさん』は、一九四六年四月に福岡の地方紙で連載が始まり、四九年一二月から『夕刊朝日新聞』に移動、五一年四月からは『朝日新聞』朝刊で連載された。『朝日新聞』での連載は一九七四年二月まで約二三年間続き、六九年からはテレビアニメとしても親しまれている。

サザエさんが属する「磯野家」では、父親であっても男性であっても、間違いや勘違いをすれば誰かが躊躇《ちゅうちょ》なくそれを指摘する。間違いを指摘する側も、される側も、互いに朗らかに笑って間違いを認め合う。長期連載を通して、何度も繰り返されたパターンだ。

さらに、サザエさんは、「家庭内の出来事を処理する基準をそのまま拡大して社会を見ることを遠慮せずに」進めていく。サザエさんの姿勢は、政治家や官僚の考え方とも、学生運動の考え方とも異なっている。鶴見はサザエさんには戦後民主主義があると言う。

家庭内での助けあいと対等の倫理をひろく社会に適用することを求めるという立場について、「サザエさん」は戦後をつらぬいている。大学でも、総合雑誌でも、戦後民主主義は評判がわるいが、「サザエさん」をとりあげて読み始めると、戦後民主主義が色あせずにここにあることを私は感じる。政界や論壇の戦後民主主義の代表者の議論のように色あせて見えないのは、それが生活のスタイルをとおしてうったえる戦後民主主義の理想であるからだ。
（『漫画の戦後思想』文藝春秋、一九七三年）

日常のなかにある庶民の思想に注目し続けた鶴見らしい議論だが、注目すべきは、鶴見が指摘する戦後民主主義のイメージだろう。

毎朝、誰が読んでも大きな違和感を持たない四コマ漫画は、毒にも薬にもならないものだとみなされ、従来は評論の対象にならなかった。鶴見の議論は説得的だが、それは戦後民主主義と微温的な家庭を結びつけるという意味で、先述した「赤頭巾ちゃん気をつけて」と大きな違いはなかった。異なるのは、鶴見はそれを肯定的に捉え、庄司薫はそれを批判的に見ていたという点である。

一九六〇年代末から七〇年代初頭にかけて、平和問題は政治エリートによって囲い込まれて外交・安全保障問題として孤立・純化し、平和を力の均衡の所産として捉える現実主義的な態度がますます影響力を持つようになった。こうした潮流と、佐藤政権の平和アピールとが手を取り合い、「平和国家日本」という自己イメージが形成されていく。戦後民主主義の行き着いた先に広がっていた風景とは、そのようなものだったのである。

第4章　基盤崩壊の予兆――一九七三〜九二年

1　経済大国化する日本――劣勢に立つ直接民主主義

保守系オピニオン誌の勃興

一九六〇年代以降、戦後民主主義は徐々に批判にさらされ、一九七〇年代にはその輝きを失い始める。一九六〇年代の批判は、占領期の評価や平和主義に関係する議論が中心だったが、七〇年代以降は、人びとに浸透した価値観を戦後民主主義と呼んで問題視する議論が生まれた。

前章で見たように、全共闘世代の若者たちは体制化した戦後民主主義を厳しく否定し、知識人たちもまたその欠落部分を指摘していた。学生運動が下火になるなか、一九七〇年代に戦後民主主義批判を進めたのは、保守的知識人である。彼らは、教育の「悪平等」や「左翼偏向」を戦後民主主義と同一視して批判する。以後長らく保守論壇で繰り返される論調の雛《ひな》形《がた》を作ったと言える。

そうした例は枚挙に暇がないが、一例として政治学者の川上源太郎（一九三九～二〇一三）の発言を挙げておきたい。川上は、「戦後に、みんなが集まって話し会えばいい答えが出て来るというような風潮が生まれて、それにともなって〝いい人ごっこ〟の遊びのような政治が出現したのじゃないか。いい人ごっこの遊びの中で、個人のエゴイズム、集団や地域のエゴイズムが自覚されないまま、日本中を跋扈してきたのじゃないか」と言う（『日本に政治はあるか』一九七四年）。民主主義というよりは、その前提となる日本の習慣や思想風土にまで話を広げてそれらを否定的に語るという論調をみてとることができる。

一九七〇年代以降の言論状況を下支えした一つに、保守系オピニオン誌の存在がある。なかでも、いち早く創刊されたのが、文藝春秋によるオピニオン誌『諸君』（一九六九年七月号）である。

一九六六年一二月に文藝春秋の三代目社長に就任した池島信平（一九〇九～七三）は、新しい雑誌の創刊を考えていた。池島の腹案は、一九六八年に発足した保守系文化団体・日本文化会議の機関誌を文藝春秋で発行するというものだった。しかし、特定の団体の機関誌を出すことに社員の強い反対意見が出たため、独自の雑誌を企画する。それが『諸君』である（一九七〇年一月号から「！」がつき、『諸君！』となる）。

創刊号は、小林秀雄、福田恆存、会田雄次、清水幾太郎、江藤淳など、保守的知識人を並べて戦後日本社会を問い直す姿勢を提示したが、『諸君！』の売り上げは振るわなかった。発行部数を増やすのは一九八〇年代である。

創刊の辞で池島は「この雑誌には日本人として恥ずかしくないこと、そして世界のどの国にも正しく通用することをどしどし盛り込んでいきたい」と述べている。実際には多様な記事が掲載されたが、目立ったのは、『朝日新聞』や『世界』による戦後民主主義的な価値観を「欺瞞」として批判する記事であり、以後の言論環境に大きな影響を与えていく。

一九七〇年代は保守系のオピニオン誌の創刊が相次いだ。一九七三年一〇月にサンケイ新聞社は『正論』を季刊誌として創刊（七四年五月号から月刊）。さらにPHP研究所が『Ｖｏｉｃｅ』（一九七七年一二月号）を創刊した。

福田恆存のテレビ番組

論壇のなかで主張されてきた憲法の「押しつけ」論は、一九七〇年代に広く社会に拡散した。そこでテレビが果たした役割は小さくない。

保守系の文学者として知られた福田恆存は、一九七七年七月から一年間、フジテレビで『世相を斬る』という対談番組のホスト役を務めた。毎回一人のゲストを招き、日本の社会問題について自由に話し合うという番組で、毎週日曜日の午前一一時から放映された。

一九七七年七月二四日に放映された京大教授の勝田吉太郎《かつたよしたろう》との対談のなかで、福田恆存は戦後日本の平和に疑義を呈している。

この平和は求めてかち得た平和かというと、そうではない、強いられた平和ですね。まず憲法で強制された。次は核兵器の発達で、戦争したら大変だ、米ソ両国が核兵器使ったら、人類の滅亡だということは、仕方なしの平和にすぎない。

（「幻想の平和」『福田恆存対談・座談集　第四巻』二〇一二年）

戦後日本は危機から目をそらし続けた結果、目をそらしていること自体に気がつかないという「精神の腐敗」が進行したと福田は述べる。新しい意見ではない。だが、テレビ番組のホスト役が日曜の朝に「強いられた平和」「仕方なしの平和」を堂々と口にできるメディア環境が、一九七〇年末には存在していた。

福田はまた、一九七七年九月一八日に放映された同じ番組のなかで、政治学者で反共論の担い手だった志水速雄《しみずはやお》と対談しているが、そこで福田は戦後日本の民主主義が結果の平等を求め過ぎているとして、次のように述べた。

お互いに猜疑心《さいぎ》を持って、あいつは俺よりも得してやしないかとか、そういうことばっかり考えるようになってきて、人の足をひっぱることが民主主義ということになってしまう。そうなると民主主義というのは政府権力に対するチェック機構であるより、国民がお互いに自分より力のあるものを引きずりおろして、自分が下積みにならないようにするための相互チェック機構になってしまったのではないでしょうか。
（「誤訳の民主主義」『福田恆存対談・座談集　第四巻』二〇一二年）

ここでは、大衆が持つ平準化欲求が現代日本の民主主義とイコールで語られている。大衆批判がそのまま戦後民主主義批判になるという保守的知識人の類型もまた、テレビを通して一定程度広まっていたのではないか。

他方で、保守系知識人とは異なる角度から戦後日本の平和主義を批判した者がいた。評論家の津村喬《つむらたかし》（一九四八～二〇二〇）である。津村は一九六〇年代後半の新左翼運動のなかで評論活動を始め、差別論やアジアに対する戦争責任論の領野を切り開く活動を展開していた。津村の議論は、非武装中立論を主張する社会党に代表される護憲勢力の平和論を根底から問い直すものだった。

戦争放棄ということは、論議するまでもない、自明の「よいこと」なのであろうか。戦後思想はおおむね、そういう立場をとってきた。しかし私はそうは考えない。そういう立場をとることが、かえって国民から軍事への関心を遠去け《ママ》、政府・自民党と、現に存在している軍部当局の勝手放題のことを許すことになる。

（「平和と戦争の再定義」『思想の科学』一九七九年八月号）

憲法の理念からすると自衛隊や米軍基地はあってはならない。しかし、日本は核の傘の下で安定しているという現実がある。この矛盾を直視しない護憲派の議論は結果的に軍事の問題を日常の外に置くことにつながりかねない。現に自衛隊があり、日米安保条約があるなかで、「平和を守れ」と言ったところで、それはアジアを切り捨てる現状維持に終わるだけではないか、というのが津村の意見だった。

一九七〇年代後半、憲法の価値に基づく平和主義はやはり左右から批判されていた。保守的知識人が平和を切り捨て、新左翼系の評論家が戦後平和論の矛盾を突くという構図は、ある意味では「見慣れた風景」になりつつあった。

「グループ一九八四年」

同時期には、戦後民主主義批判の新展開も見られた。それを表していたのが、「グループ一九八四年」という匿名集団が発表した論文「日本の自殺」（『文藝春秋』一九七五年二月号）である。

「グループ一九八四年」とは、一九七四年に日本共産党批判を『文藝春秋』（六月号）に発表して話題になった匿名の専門家集団である。日本の将来に対する危機意識を共有するグループであり、グループの名称はオーウェルのディストピア小説『一九八四年』に由来する。

この匿名集団の中心的人物は社会工学を専門とする香山健一《こうやまけんいち》（一九三三～九七）だったと言われる。香山はかつて全学連の委員長を務め、ブント（共産主義者同盟）の結成にも関わったが、六〇年安保闘争後に保守の立場に転向していた。

「日本の自殺」は、日本とローマ帝国を比較して類似点を指摘するという論考だったが、その大胆な仮説が反響を呼ぶ。ローマ帝国の「自殺」の要因は、ローマ市民が繁栄のなかで、「パンとサーカス」を求めるだけの存在になったとし、戦後日本も「活力なき『福祉国家』へと堕落し、エゴと悪平等主義の泥沼に沈んでいくという恐るべきメカニズム」のなかにいると警鐘を鳴らしていた。

さらに、「グループ一九八四年」の批判の矛先は、戦後民主主義に向けられる。彼らが批判する戦後民主主義とは、政治制度ではなく、戦後日本の人びとに共有された価値観だった。「日本の自殺」のなかで、戦後民主主義は「自らの権利ばかりを主張するが、建設的な対案を出さない」、「エリートを画一的に否定する傾向があり、大衆迎合的である」と指摘されている。「グループ一九八四年」にとって、戦後民主主義は「日本社会を内部から自壊させる強力なイデオロギー」だった。

一方では安定成長時代の豊かさがあり、他方では戦争体験の軽視、あるいは戦争記憶の風化が進むなか、保守的知識人のあいだで戦後民主主義批判が大衆批判の要素を強めていったのである。

それは、「グループ一九八四年」の一貫した主張だった。彼らの別の論考「腐敗の研究」（『文藝春秋』一九七六年七月号）を見てみよう。

論考はまず、戦後日本の平和主義が「商人的平和主義」であったとする。それは憲法第九条を掲げながら日米安保条約による安全保障体制を築き、経済成長へと邁進《まいしん》できたという見方である。それ自体は、一九六〇年代の高坂正堯の例があるように、決して珍しくない。だが彼らは、そこから一歩踏み込んで、戦後の価値体系をやり玉に挙げる。彼らは戦後の価値体系が表れたものとして市民運動に注目し、「エゴをむき出しにした住民運動と負担なしに高福祉を要求する無責任な市民運動」だと非難したのである。

福祉政策の見直し

一九七三年は「福祉元年」と呼ばれる。厚生年金・国民年金の物価スライド制が導入され、七〇歳以上の老人医療費の公費負担が始まるなど各種社会保障が実現した年だった。一九六〇年代の革新自治体が掲げた目標を、与党が一定程度取り込んだ結果だった。

一九七三年はまた、オイル・ショックの年でもあった。インフレが起こり、倒産する企業が増えて、翌一九七四年には日本経済がマイナス成長を記録。高度経済成長にピリオドが打たれた。

しかし、日本は「減量経営」によって危機をいち早く乗り越え、欧米の先進国に比べれば高い成長率を回復した。女性労働者を雇用の「調整弁」として扱う男性中心の企業風土も、日本経済には都合が良かった。日本の「成功」は、一九七〇年代末になると、エズラ・ヴォーゲルによる『ジャパンアズナンバーワン――アメリカへの教訓』（原著・訳書ともに一九七九年）に代表されるように、海外からも評価された。

オイル・ショックからの回復によって、一九七〇年代後半には、日本が経済大国であるという意識が次第に定着していく。しかし、戦後長らく先進国が掲げてきた手厚い福祉という理想に翳《かげ》りが見られるようになった。欧米だけでなく、日本でも福祉政策の見直しが訴えられ始めた。「グループ一九八四年」が福祉という言葉を批判的に使ったのはその表れである。さらに、一九七九年八月には、経済審議会が大平正芳首相への答申のなかで、西欧諸国に見られるような公共福祉の肥大化を避け、国民の高い勤労意欲や家庭の相互扶助を基礎とした「日本型福祉社会」という目標を掲げた。

当時、新たなタイプの知識人が脚光を浴び始めていた。それを代表するのが、政治学者の佐藤誠三郎《せいざぶろう》、社会学者の公文俊平《くもんしゅんぺい》、経済学者の村上泰亮《やすすけ》の三名である。彼らは連名で「脱『保革』時代の到来」（『中央公論』一九七七年二月号）を発表し、「保守」と「革新」の対立では現代を捉えられないと論じて注目された。

その後、このグループは『文明としてのイエ社会』（一九七九年）を上梓する。集団主義と競争主義を共存させる日本的な経営文化や教育文化の再評価を通して、日本の伝統的価値観を擁護するものだった。彼らの主張は政治・経済エリートたちに受け入れられた。彼らは、香山健一らとともに、大平正芳内閣の政策研究会や中曽根康弘内閣の委員会に参画していくことになる。

他方で、一九七〇年代後半には、進歩的知識人たちの影響力が相対的に衰えつつあった。象徴的だったのは憲法問題研究会の解散である。一九五八年以来『世界』を中心に活動を続けてきた憲法問題研究会は、一九七六年四月にひっそりと解散した。憲法が世論の焦点になる時代が過去のものとなり、憲法問題研究会の役目も終わったと判断されたのだ。

「民主主義の統治能力」

一九七〇年代後半に進んだのは、福祉政策の見直しだけではなかった。民主主義のあり方を問い直す議論が国際的な場で提起されてもいた。

一九七三年、日本、アメリカ、欧州の国際問題研究家や財界人を集め、資源や通貨、安全保障などを広く議論する日米欧委員会（日米欧三極委員会）が結成された。日本の委員長には、渡辺武《たけし》（前・アジア開発銀行総裁）が選ばれている。

一九七五年には日米欧委員会の京都総会が開かれ、共同調査「民主主義の統治能力」の最終報告が行われた。報告の前提には、民主主義は「統治」の方法だという理解があった。現在の先進国では民主主義が「過剰」であり、それが国家に危機をもたらしているというのが報告の共通理解だった。

アメリカについて報告した国際政治学者のサミュエル・ハンティントンは、一九六〇年代以来の「過剰民主主義」が、若者の反乱を招き、マス・メディアによる政府批判を誘発したとし、それゆえに政府の政治決定能力が失われつつあると警鐘を鳴らした。そのうえで、節度と均衡が民主主義を生き延びさせると主張していた。

日本についての報告を担当したのは、政治学者の綿貫譲治《わたぬきじょうじ》（一九三一～二〇一五）だった。綿貫は、悲観的な欧米に比べるとやや楽観的な見通しを述べていた。戦前からの集団主義が残り、有能な官僚機構を持つ日本はいまのところ民主主義の危機を免れているが、一九八〇年代には欧米と同様の局面を迎えるかもしれないと報告している。この最終報告書は、日米欧委員会編『民主主義の統治能力』（一九七六年）として刊行された。

日米欧委員会の報告は、政治家や官僚にも強い影響力を持っていた。委員会の総会には、政府高官やそのブレーンが出席していたからである。三木武夫前首相は一九七七年六月に訪米し、「日本における民主主義の将来」と題した講演を行ったが、講演のなかで三木は「民主主義は今やガバナビリティー（統治能力）を問われている」と述べ、日米欧委員会の報告を踏襲している（『読売新聞』夕刊、一九七七年六月一二日）。

一九七〇年代後半、影響力を持つ知識人や政治家のあいだでは、一九六〇年代以来の直接民主主義の側面を「是正」し、民主主義を「参加」ではなく「統治」の手段として理解しようとする機運が高まっていた。それは、戦後民主主義の曲がり角を意味していた。

スト権ストへの反発

では、一九七〇年代の人びとの意識はどうだったのか。社会学者の見田宗介《みたむねすけ》（一九三七～）による分析を見てみよう。

一九七三年と七八年に実施されたNHKによる「日本人の意識」調査を分析した見田は、現状に不満があると回答した青年の割合が低下し、現状に満足していると回答した青年が全体の八五％に及んでいることから、七〇年代末の青年層が持つ世界イメージを次のように要約する。すなわち、「自分たち自身がとくべつに何かの行動をしなくとも、この現実の世界というものは、かれらに満足し得る環境を用意してくれるだろうし、現にそのようにしてくれているというイメージ」だと（「現代青年の意識の変貌」『日本人の意識――NHK世論調査』一九八〇年）。

高度経済成長を経た一九七〇年代の日本社会で、特定政党への帰属意識は全体的に低下し、若者の政治参加への意識も低下していた。このような傾向は、安定を求める心性がじわじわと広まったことの帰結だった。それを戦後民主主義と結びつけて、否定的に捉えたのが、先述した「グループ一九八四年」だった。

一九七〇年代の社会意識を端的に表している事例をもう一つ見てみよう。それは、ストライキへの反応である。

一九七五年一一月二六日、国鉄労働組合（国労）などからなる公共企業体等労働組合協議会（公労協）が「スト権スト」を決行した。「スト権スト」とは、「スト権奪還スト」の略称で、占領下に制定された政令二〇一号によって禁止されていた公務員のストライキ権を求めたストライキを指す。

スト権ストにより、国鉄は旅客列車と貨物列車のほとんどを運休し、社会の混乱を招く。首都圏の私鉄では、朝の通勤時の乗車率が三〇〇％に達し、車窓が割れる電車が続出。国民の不満はストを長期化させる組合へと向かった。一二月三日、八日間にわたるストライキは終了する。

スト権ストでの労働組合の孤立は、ストライキという労働運動を否定的に受け止める社会の到来を示唆していた。すでに民間企業の労働組合は一九五〇年代から六〇年代にかけて弱体化していたが、国労や日教組や自治体職員の労働組合（自治労）など公共部門に関わる労働組合は七〇年代に入っても存在感を示していた。しかし、多くの人びとは、労働組合活動に時間と労力を取られるのを厭《いと》い始め、公共部門の労働組合にも冷淡になりつつあった。労働と消費の関係は、もっぱら対立的なものとして捉えられるようになっていたのである。

スト権ストが受けた社会の反発は、労働組合運動の長期的な低落現象を象徴するものだった。戦後の平和運動と労働運動を牽引してきた総評の影響力は、一九七〇年代以降に次第に低下した。労働組合運動の主導権は、官公庁を中心とした総評から、民間企業の労組へと移っていく。

民間労組を中心とした労働界統一の動きは、一九七六年の政策推進労組会議、八二年の全民労協、八七年の連合発足と着実に進んだ。一九八六年一一月に国鉄改革関連法案が成立すると、総評の主役であった国労は分裂し、一九八九年一一月に総評は解体する。

構造的欠陥――田中角栄とロッキード事件

一九七六年七月、元首相の田中角栄（一九一八～九三）らが、収賄と外国為替及び外国貿易管理法（外為法）違反の疑いで相次いで逮捕された。全日空が導入する旅客機選定に関わり、アメリカの航空機メーカー・ロッキード社からの巨額の収賄が明るみに出たのである。

田中角栄は、自身に学歴がなく、親族に政治家や有力者もいないなか一九七二年に首相に就任し、「今太閤」と呼ばれるほどの人気と支持を集めた。首相就任後、決断と実行を掲げた田中角栄の政治は、『日本列島改造論』に代表されるように、高速道路と新幹線の整備という大型公共事業を推進した。田中の手法は、五五年体制のもとに定着した利益誘導型政治の集大成だった。

だが、第四次中東戦争の影響による一九七三年のオイル・ショックの後、「日本列島改造」が失敗に終わると、カネの力で支持を広げるという田中の金権政治がマス・メディアで批判の対象となった。支持率が急落した田中内閣は一九七四年一二月に退陣、三木武夫新内閣が発足する。その後も政界に影響力を持っていた田中に、ロッキード社からの収賄容疑が浮上した。

元総理大臣の逮捕は日本社会に大きな衝撃を与えた。読売新聞は「戦後の民主主義体制がいかに民主的に運用されていないかを暴露した典型的なケース」と断じている（「社説」『読売新聞』一九七六年八月一五日）。

逮捕後すぐに保釈金を支払った田中は、一九七六年一二月の衆議院総選挙に無所属で立候補し、約一六万票を獲得してトップで当選する。

久野収（1910～99）哲学者・評論家．京都帝大卒．反ファシズム運動に関わり，1937年治安維持法違反で投獄，２年間の獄中生活を送る．戦後は学問とジャーナリズムを横断して平和論を牽引．市民運動でも指導的役割を果たした

これら一連の出来事のなかに、戦後民主主義の決算を見たのが、哲学者の久野収と、政治学者の高畠通敏《たかばたけみちとし》である。

久野収はロッキード事件が発覚したとき、戦後に起こった政治家による数多くの汚職事件を想起したという。そして、「戦後民主主義はその出発から、たえずこの種の犯罪と汚職事件につきまとわれつづけたので

高畠通敏（1933～2004）政治学者．東大卒．思想の科学研究会に参加し，60年安保闘争で「声なき声の会」事務局長，「ベ平連」創設に関与．草の根の民主主義運動に深く関与．市民主体の実践的な政治学の確立を掲げ，論壇でも活躍

あり、そこにこそ戦後民主主義の重大な構造的欠陥がひそんでいた」と述べる。では、戦後民主主義の「構造的欠陥」とは何か。久野によれば、それは日本の大企業の徹底した集団エゴイズムである。

日本の大企業は、終身雇用と年功序列を通じて社員を抱え込み、社員はその家庭までを企業に抱え込まれてしまう。企業と社員とが一心同体となるなかで、企業も社員も、公共の利益ではなく、ただ自分たちの利益のみに執心する。久野に言わせれば、それは戦争中の日本を動かしていた原理と同じである。

大企業の内部に残存する古い体質が、戦後民主主義を推進してきたのだとすれば、戦後民主主義とは何だったのか。久野はそのように問いかける。「日本の国民は、事件としての戦争からこそ訣別《けつべつ》したが、戦争を指導し、戦争を実行した原理によって、戦後民主主義を組織し、運営し、これだけ輝かしい業績をあげたのだ」と言う（「諸君らはズルく構えていた」『月刊エコノミスト』一九七六年八月号）。

他方で高畠通敏は、田中角栄が再選される構造の根本には、利益誘導政治があると指摘した。利益誘導政治のなかで、有権者は票を投じる見返りとして政治家に私的な利益を期待する。外国企業から五億円もの大金を渡される田中角栄は、それだけの実力者であり、それゆえに自分たちの地域に利益をもたらしてくれる者として支持されたとする。

しかし、中央権力に対して自分たちの利害を調整してもらうために、有権者と政治家が票を取引するのだとすれば、民主主義とはいったい何なのか。高畠は、戦後民主主義が一九六〇年代以降、自らの利益を獲得するための「技術」へと矮小化《わいしょうか》されたのだと主張した（『戦後思想の潮流』一九七八年）。

利益獲得の「技術」へと矮小化された戦後民主主義の現在地。高畠は、この問題意識を、成田空港の建設への反対運動（三里塚闘争）に対する社会の反応にも当てはめている。

一九六六年、千葉県三里塚に成田空港を建設する計画が発表されると、地元農民らによる反対運動が起こった。破格の補償金により反対派の農民らは切り崩されていったが、最初は社会党や共産党が関わり、新左翼の学生たちも次第に関与を深めるなかで、反対運動は盛り上がり、建設計画は遅延し続けた。

三里塚闘争への批判として

一九七七年一月には首相の福田赳夫が年内開港を目指すと表明し、反対する少数派の運動は激しさを増した。三里塚の反対運動のシンボルになっていた巨大な鉄塔をめぐって、撤去する機動隊と守ろうとする反対運動側とが衝突。こうした状況で開港延期が発表され、一九七八年三月の開港の目標が再設定された。しかし、一九七八年三月二六日に学生たちが空港の管制室に突入し、機器を破壊した。『朝日新聞』は社説のなかで「反対闘争に暴力化の傾向が強まっているのは、きわめて遺憾」とし「万全な警備計画」を求めた（『朝日新聞』一九七八年三月二七日）。

国会では、四月六日に「新東京国際空港問題に関する決議」が提出され、衆議院で全会一致で採択された。決議文は、「過激派集団の空港諸施設に対する破壊行動は、明らかに法治国家への挑戦であり、平和と民主主義の名において許し得ざる暴挙である」と述べていた。

過激派、成田管制室を破壊
開港日程に重大支障
きょう閣僚会議 延期も含め対応策
マンホー

成田空港管制室に学生が乱入し開港が延期に
（『朝日新聞』1978年3月27日）

そもそも、「平和と民主主義」という言葉は、一九五〇年代の社会運動がスローガンにしていたものだ。同じ言葉が一九七八年には、少数の反対運動の暴力を非難する言葉として使われたのである。一九六〇年代後半の佐藤内閣時に進んだ平和と民主主義の体制化が、ここに完結したと言える。

三里塚闘争に注目した高畠は次のように述べた。戦後民主主義は、「国益」と「既成事実」に反対することはできても覆すことはできない。戦後民主主義は、多数派の利益のためには少数者や外部の人間が犠牲になることも辞さないという集団エゴイズムを生んでしまったのかもしれないと（「成田・戦後民主主義の終焉」『エコノミスト』一九七八年六月二〇日号）。それが、戦後の革新運動やベ平連に関わってきた高畠の苦い現状認識だった。

代理人運動の活路

他方で、一九七〇年年代末には、市民運動で注目すべき新たな展開があった。前章で触れた生活クラブ生協が、地方議会に議員を送り出す代理人運動を始めたのである。代理人運動は、地方選挙で革新候補を支持することからさらに一歩進んで、市民が自分たちのなかから候補者を出すという選挙運動だった。

この運動は、一九七九年の東京都練馬区議選挙から始まり、一九九五年四月までに九都道府県で一〇九人の議員が生まれた（『女性と協同組合の社会学』）。議員はすべて女性である。彼女たちは、国政ではなく地方議会に注目した。それが日常生活と密接に関わる政治の場所であり、手の届く範囲で政治参加が可能だったからだ。「政治から生活へ」ではなく「生活から政治へ」と呼ばれる所以である。

彼女たちはまた、代表ではなく代理人という言葉にこだわった。代表という言葉は従来の議会政治を連想させたからだ。有権者と代表という言葉では、従来の形骸化した民主主義を想起してしまう。代理人という言葉を使うことで、民主主義の本来のあり方に立ち返ろうとした。なお、代理人は基本的に三期一二年までとされており、そこには「政治のプロはいらない」という思想が表れている。

社会学者で生活者論が専門の天野正子《あまのまさこ》は、代理人運動を「間接民主制に直接民主制の要素をとりこみ、市民自治の確立をめざそうとする一つの壮大な実験」だったと評価する（『「生活者」とはだれか』）。政治家や知識人は保守的で権威主義的な民主主義理解を提示していたが、人びとのあいだでは戦後民主主義の精神が新たな展開を見せていた。

中山千夏と菅直人

一九七〇年代の市民運動からは国会議員も生まれている。なかでも注目されたのは、中山千夏（一九四八〜）と菅直人（一九四六〜）だった。

俳優・歌手・司会業などをこなすタレントとして知られた中山は、一九八〇年の衆参ダブル選挙の参院選全国区に立候補した。中山は「市民運動の中から議員を誕生させる必要があるので、立候補します」と述べていた（『読売新聞』一九八〇年五月一三日）。環境問題や女性問題を訴え、「政治のシロウト」の目線で既存政党を批判して支持を広げ、当選する。中山はまだ三一歳だった。

中山が代表を務めていた政治団体・革新自由連合（革自連）は、一九七七年に文化人やタレントが結集して発足した団体である。特定の綱領は持たなかったが「憲法の精神を尊重し民主主義を追求する」などの原則を掲げていた。発足時には、久野収や高畠道敏、山田宗睦ら市民派の知識人が革自連に名を連ねていた。革自連は、一九七七年の参院選全国区でタレントの横山ノックを公認候補として立候補させるなど、知名度を利用した選挙活動で話題を呼んだ。

菅直人の当選も政治に新風を呼び込むと注目された。菅直人は、市川房枝の選挙活動を支えたり、リサイクル運動や薬害問題に取り組んだりと市民運動家としてある程度知られていたが、国政選挙では落選が続いていた。しかし、一九八〇年の衆参ダブル選挙では衆院選に市民民主連合から立候補して当選。三四歳の若手議員となった。

三〇代前半の二人の当選は、日常生活と政治との距離を問い直すクリーンな政治への期待感に支えられたものだった。中山と菅は、安全保障や外交論というよりは、生活の安全・安心や環境問題、女性問題などに自分たちの政策の焦点を絞り、市民目線の政治を目指した。二人は戦後民主主義という言葉を掲げたわけではないが、戦後民主主義の新展開を代表する人物だったと言える。

江藤淳の占領政策批判

論壇に目を転じると、一九八〇年前後は、保守的知識人による占領期への関心が高まっていた。一九五〇年代初頭のサンフランシスコ講和条約をめぐる議論や、六〇年代半ばの戦後民主主義をめぐる議論の際には、占領を振り返る機運が高まり、保守的知識人や政治家たちが改憲を主張したが、一九八〇年前後にも同様の現象が起こっていたのである。

文芸評論家の江藤淳は、一九七九年一〇月から約九ヵ月にわたって国際交流基金派遣研究員として、ワシントンのウッドロー・ウィルソン研究所に赴任し、アメリカ国立公文書館などで日本占領史の一次資料を調査した。

研究の成果は「一九四六年憲法　その拘束」と題して『諸君！』(一九八〇年八月号)に発表された。この論考のなかで、日本国憲法の成立過程と占領軍による検閲制度を調査し、アメリカが記した憲法に、日本人の精神性が拘束されていることを示そうとした。軍事占領下の日本では検閲制度があったため、アメリカ人によって憲法が書かれたという事実について自由に議論できなかった。戦後の日本人は、検閲制度によって憲法の出自を「忘れさせられた」と江藤は主張していた。

さらに江藤はその後、占領軍の検閲研究を続けながら、戦後民主主義を占領下に押しつけられたものとして批判し、憲法第九条と自衛隊という「ねじれ」を生んだ吉田茂を批判する(「吉田政治の再検討」『自由』一九八三年九月号)。

これ以降、江藤は常に現代日本の退廃と衰弱とを憂い、その退廃と衰弱の元凶として占領下の日本がアメリカから受けた拘束を持ち出すという類型を繰り返していくことになる。

2 日米同盟の安定、消費社会の到来——経済的繁栄下の平等

日米「同盟」と改憲論

一九八〇年の二月から三月にかけて、自衛隊は「環太平洋合同演習（リムパック）」に初めて参加した。「リムパック」とは、アメリカ、カナダ、オーストラリア、ニュージーランドによる軍事演習を指す。自衛隊の参加は、一九七八年に定められた「ガイドライン」に基づくものだった。一九七〇年代、自民党政権は、対米従属一辺倒の防衛政策を見直し、日本が太平洋の平和と安全に貢献できるような条件を整えていた。リムパックへの参加は、そうした試みの一つだった。

リムパックは戦後日本の平和主義を強く刺激する問題だったが、その三ヵ月後の一九八〇年六月、自民党は衆参ダブル選挙で圧勝する。選挙期間中の大平正芳首相の急死が、結果的に自民党の勝利を後押ししていた。

他方で、野党間では政策の足並みがなかなか揃わなかった。民社党は防衛問題ではタカ派色を強め、公明党は自衛隊と安保条約を容認するようになっていた。そのため最大野党であ

る社会党は野党間の連携維持のため、従来からの反安保の矛先を鈍らせていた。こうした状況は当然ながらタカ派や改憲論者に資するものだった。

この時期、論壇でタカ派の議論を展開したのが、清水幾太郎である。清水幾太郎は「戦後を疑う」(『中央公論』一九七八年六月号)を発表し、戦前の治安維持法を国際的な共産主義運動から日本を守るための「自然」な手段だったと評価した。清水の議論は、一九五〇年代に自らが擁護した戦後民主主義の価値観を否定するものとみなされた。清水は一九八〇年代に入ると「日本よ国家たれ」(『諸君!』一九八〇年七月号)を発表し、日本の核武装を提案する。

次に、改憲論を見ておこう。一九八〇年八月、自民党の奥野誠亮法相が、国会で自主憲法制定の必要性を主張。同年一〇月からは自民党の憲法調査会が活動を活性化させた。自民党憲法調査会は八二年七月に改憲試案をまとめて公表した。試案は、憲法第九条第二項を削除し、その代わりに自衛隊法の規定を採り入れるというものだった。自衛隊の位置づけを憲法に明記し、海外派兵を可能にするという改憲試案に対しては、警戒が広がった。『読売新聞』は「あいまいさはなくなるが、あまりに明快になることは、現行憲法が持っている平和憲法としての最低限の歯止めをなくすという危険性を伴う」と論評している(『読売新聞』一九八二年七月七日)。

防衛論議が起こり、改憲の機運が高まりつつあるなか、一九八一年五月には、鈴木善幸首相が日米首脳会談のために訪米した。会談後の共同声明では日米両国の「同盟」関係が確認された。日米関係を表現する際、従来は「同盟」という言葉は使われてこなかったため、同盟という用語がもたらす軍事的色彩について野党やマス・メディア、知識人は不信感を抱いた。それを受けて、鈴木首相は、同盟という言葉に軍事的意味はないと取り繕った。

転機としての中曽根政権

一九八二年一一月に中曽根康弘が首相に就いた。中曽根は若手議員のときから改憲派として知られていたが、就任直後の一二月九日には衆院本会議で「自主憲法制定という基本方針に基づいて、よりよき憲法を目指して研究し、調査していることは、政党として当然」としつつも「現内閣において、憲法問題を政治日程にのせる考えはない」と述べ、池田勇人以来の自民党総裁の姿勢を継承した。

中曽根は一九八三年一月に訪米してレーガンと首脳会談を行った。会談後、中曽根が『ワシントン・ポスト』紙に対して「日本を不沈空母のようにする」と述べたと報じられた。中曽根は発言が誤訳されたと語ったが、その後、これでよかったと容認した。いずれにせよ、中曽根のタカ派のイメージがいっそう強くなったことは否めない。

一九八三年六月のNHKによる世論調査では、中曽根内閣の政治姿勢について「憲法問題や防衛問題などで右寄りの姿勢が目立つ」という項目に、「そう思う」という答えが六一・九%を占めた。一九七九年のソ連のアフガニスタン侵攻以来、ヨーロッパで反核運動が盛り

同盟、軍事面含む

中曽根首相 訪米結果で表明

信頼関係築けた

不沈空母発言は否定

記者会見

「重荷を持って帰るのは事実」

授業料10・

公立高校

日米同盟は軍事面を含むとした中曽根康弘首相（『朝日新聞』夕刊，1983年1月20日）

上がり、八〇年代初頭には日本でも反核運動が高揚していた。こうした状況で、日本の軍備増強という「右傾化」が危惧され始めたのである。

しかし、興味深いことに一九八三年に実施されたNHKの世論調査では、自民党の政党支持率は前回調査の七八年から増加し、四一％だった（『現代日本人の意識構造［第九版］』二〇二〇年）。軍事面だけでの上昇とは言えないだろうが自民党は以前よりも支持を集めていたのである。

「大統領的首相」を目指す中曽根は、トップ・ダウン式の集権的な指示系統を整備すべく、動き出した。各省の事務次官に直接指示を出す「指令政治」を進め、官邸主導の政策立案を支えるための私的諮問委員会を多数設置した。

「平和問題研究会」「閣僚の靖国神社参拝問題に関する懇談会」など私的諮問委員会の数は

一四に及んだ。中曽根は私的諮問委員会を通して、三木武夫内閣から続く防衛費の対国民総生産（GNP）比1％枠の見直しや首相の靖国神社公式参拝の可能性を探った。一九八五年八月一五日には、首相として初めての靖国神社への公式参拝を決行し、八六年一二月には、防衛費GNP比1％枠の突破を決めた。

さらに中曽根政権は、第二次臨時行政調査会（臨調）の提言を受けて民間の活力を高めるため、民営化政策を進めた。国鉄、電電公社（日本電信電話公社）、専売公社が民営化され、労働組合は弱体化した。従来の福祉国家体制は「大きな政府」と呼ばれるように、国がコストを割いて国民の福利厚生を充実させようとした。それは戦後民主主義の構成要素である平等主義とも相性がよく、それゆえに批判の対象になった。市場原理をより重視する新自由主義的な政策は一九七〇年代後半から唱えられていたが、中曽根政権はそれを目に見えるかたちで実行した。中曽根政権による諸改革は、国家運営に関わる経済思想の面でも戦後史に画期をなすものだった。

中曽根はメディアの影響力を重視する首相でもあった。特に、テレビ中継に注意を払った。見栄えがよいようにと、立ったままで記者会見を行うスタイルを確立し、テレビを通して国民に呼びかけることもあった。

メディア重視の姿勢は、公共放送への「監視」としても表れた。中曽根は定期的にNHKの理事を呼び出した。ニュースの書き起こし文書を手にしながら、NHKの報道姿勢に苦言を呈したという。その際には、『読売新聞』の社説を手にしてその論調を褒め、「各新聞社の首脳にも、これを回覧して読ませたいくらいだ。NHKも、おおいにこれを参考にしたまえ」と語ったという(『中曽根康弘』)。

読売新聞社には、中曽根の盟友とでも言うべき渡邉恒雄(一九二六〜)がいた。『読売新聞』は、すでに一九七七年に朝刊発行部数が七七〇万部を超え、『朝日新聞』を抜いて日本最大部数を誇っていた。政治記者として豊富な経験を持つ渡邉は一九七九年に論説委員長に就任した後、憲法改正の必要性を痛感したと回想する(『渡邉恒雄回顧録』)。渡邉はそのあと、一九八五年には主筆に、九一年に代表取締役・社長・主筆に就任し、九二年に読売新聞社内に憲法問題研究会を発足させる。以後、渡邉の影響力もあり、『読売新聞』は従来以上に憲法改正の主張を鮮明にしていく。

社会党の方針転換

サンフランシスコ講和問題以来、憲法第九条を字義通り受け止める非武装中立論は、戦後民主主義のなかの平和主義を直接的に表現してきた。議会政治の場で非武装中立論を掲げていたのは、あらためて申すまでもなく社会党である。しかし、社会党は一九七〇年代以降、政党支持率を落としてきた。NHKの調査によれば、一九七三年の社会党支持率は二〇%だったが、八三年には一三%にまで落ち込んでいた(『現代日本人の意識構造[第九版]』)。

党勢が衰える社会党は、一九八三年九月に石橋政嗣《まさし》（一九二四〜二〇一九）を委員長に選出し、路線転換を図る。防衛問題の論客として一九六〇年代から知られた石橋は、八〇年には『非武装中立論』を上梓して話題になっていた。石橋はこの主張を掲げて中曽根内閣と対決する。

一九八三年九月一九日の衆議院予算委員会で質問に立った石橋は、非武装中立とは「非同盟中立全方位外交」だと述べて自説を展開した後、中曽根の防衛問題への基本姿勢を問うた。これに対して中曽根は、自衛隊プラス日米安保条約という防衛の基本枠組みで応えている。

われわれは最小限の防衛費で安全を保持する道は何か、いまの憲法のもとで許される安全確実な方法は何か模索して、それによって安保条約というものを締結いたしまして、そしてアメリカのかなりの強大な軍事力と提携しつつ日本列島の防衛を維持してきて、それでこれだけ繁栄しているわけであります。私は、この自衛隊プラス日米安保条約という方式は非常に成功しているケースである、このように考えておるわけであります。

（『衆議院予算委員会議事録』一九八三年九月一九日）

この答弁は、吉田茂以来の自民党政権が繰り返し踏襲してきた理解だった。一九八〇年代になっても、なお非武装中立の理想主義と、自衛隊プラス日米安保の現実主義との平行線は交わることなく続いていた。

しかし、社会党はその後現実路線へと舵を切る。一九八四年二月に開催された第四八回党大会では、長年の「自衛隊違憲論」を修正。自衛隊は違憲だが、法的には存在しているという認識を、党の公式見解として採用する。

社会党の自衛隊法的存在論は、宮沢俊義の後任として東大法学部で憲法学の教鞭をとっていた小林直樹の批判的自衛隊理解を取り入れたものだった。自衛隊の縮小・解体を目指すという姿勢は堅持したが、自衛隊の存在を事実上認めたに等しい。それは防衛問題に関する国内政治の対立軸が一つ消えたことを意味する。

方針転換をもってしても、社会党の低落に歯止めはかからなかった。一九八六年の総選挙では、自民党は三〇〇議席を得る大勝だったが、社会党は二〇以上の議席を失う惨敗。石橋委員長が退任し、土井たか子が新委員長に就いた。女性が日本の議会政党で党首となるのは初めてのことだった。

ただし社会党の方針転換は、日本の防衛問題や非武装中立論を再考する機運の表れでもあった。一九八四年は非武装中立論が最後の盛り上がりを見せた時期だったからだ。

「非武装中立論」の主張

民衆史で知られる歴史家の色川大吉《いろかわだいきち》（一九二五〜）は、一九八四年に「平和憲法の世界史的意義」として非武装中立のプランを提案している。色川の提案を整理しよう。

自衛隊はその兵器を武器庫に集めて封印し、その鍵は自治体に託す。防災・災害復興・国土保全のための平和建設部隊に改組し、国連による救難事業や被災地救助活動に従事する。他方で、日本は非同盟全方位外交の方針に基づいて、世界中の国ぐにと友好関係を樹立し非武装中立地帯を拡大していく。色川は次のように語る。

　こうして世界に先駆けて軍備を全廃し、交戦権を放棄した日本が、その高い技術力と経済力を生かして、東西、南北間の対立の和解と国際的な奉仕活動にめざましい貢献をするならば、日本列島を北から南まで核ミサイルの針ねずみにして防衛するより、はるかに高い安全性が保障されるであろう。

（「平和憲法の世界史的意義」『憲法論争——その経緯と焦点』一九八四年）

色川の提案は、憲法第九条を可能なかぎり字義通りに受け止め、その理想に現実を近づけていく非武装中立の主張だった。「空想的平和主義」だと批判されもしたが、提案に表現された理想主義と平和主義には、戦後民主主義の精神を、一九八〇年代でもなお掲げようとする色川の信念を見ることができる。

この時期、色川のように自民党政権の防衛問題に関する姿勢を批判した論者として、小説家で名コラムニストとして知られた山口瞳がいる。

戦中派の厭戦論

山口 瞳（1926～95）作家．寿屋（現サントリー）の宣伝部勤務を経て，サラリーマンの生活を綴った『江分利満氏の優雅な生活』（1963）で直木賞受賞．『週刊新潮』でのエッセイ「男性自身」は30年以上続き看板連載だった

山口は頑固な性格を隠さず、酒や競馬や旅などを独自のスタイルで書くエッセイに定評があった。山口は一八歳のときに陸軍二等兵として終戦を迎えた。その経験から、一九八〇年代初頭の防衛論や改憲論の高まりに違和感を持っていた。山口は、一九八四年に『週刊新潮』の名物連載だったコラム「男性自身」のなかでタカ派を批判する。

山口はまず、「いわゆるタカ派金科玉条とするものは、相手が殴りかかってきたときに、お前は、じっと無抵抗でいるのか、というあたりにある。然《しか》り。オー・イエス。私一個は無抵抗で殴られているだろう。あるいは、逃げられるかぎりは逃げるだろう」と述べる。そして、仮に他国の軍隊が、自分とその妻子を殺すために戸口まで来たとしたら、自分は書斎の棒で戦うだろう。相手の銃で殺されるに違いないが、自分はそれでいいと思うと述べる。

私は、日本という国は亡びてしまってもいいと思っている。皆殺しにされてもいいと

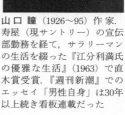

思っている。かつて、歴史上に、人を傷つけたり殺したりすることが厭《いや》で、そのために亡びてしまった国家があったといったことで充分ではないか。
（「私の根本思想」『週刊新潮』一九八四年一一月二九日号）

一九七〇年代から八〇年代のマス・メディアでは、色川大吉や山口瞳など青春期に戦争を体験した戦中派が、中堅の位置を占め、健筆を振るっていた。俳優で放浪芸の研究家でもあった小沢昭一（一九二九～二〇一二）や、野坂昭如などの文化人もまた、この時期に戦後日本の平和主義を擁護する発言を繰り返している。彼らは「昭和ヒトケタ世代」とも呼ばれ、幼少時の強烈な戦争体験が脳裏に焼き付いていた。

より年長の世代からも憲法第九条を擁護する発言があった。作家の大岡昇平（一九〇九～八八）は、海洋国家として世界に接する日本が「第九条というSF的な理想を掲げて永遠に貫くのはいいと思うよ、俺は」と述べた（「二つの同時代史 第二三回」『世界』一九八三年一〇月号）。

久米宏の「平和論」

では、アジア・太平洋戦争の敗戦後に育った戦後派世代は、一九八〇年代の日本社会に対して何を発言していたのだろうか。

久米宏（1944〜）ニュースキャスター．早大卒．1967年東京放送に入社．退社後は，テレビ朝日の報道番組「ニュースステーション」メインキャスターを担当．スピード感ある軽妙な語り口，健全な批判精神で人気を得る

テレビで活躍していた久米宏（一九四四〜）を見てみよう。久米は、TBSアナウンサーとして頭角を表し、フリーに転身後の一九八五年一〇月からは報道番組『ニュースステーション』（テレビ朝日）のキャスターを務めた。

久米が一九六〇年前後に通っていた都立大学附属高校は、生徒の主体性を尊重する校風だった。高校の廊下で「おまえはなんでデモに行かないんだ」と教師に言われたという。そうした環境で青春時代を過ごした久米は、『ニュースステーション』の番組開始直前のインタビューで、次のように述べている。

非常に大それた意見ですけど、おそらくしたいことというのは、日本が二度と戦争をしないことだと思いますね。すべての国が軍備に費やすお金を全部なしにしたら、どれだけ人間は幸せになれるか——〔中略〕

個人主義の社会をつくりたいというのも、結局、多分そこだと思うんですね。日本が再び戦争体質の国になっていくと。それを防ぐ道は、多分、みんなが思い思いに生きることしかないんじゃないか。

（『プレイボーイ　日本版』一九八五年一一月号）

『プレイボーイ』誌の版権を取得して一九七五年に創刊された雑誌である。創刊号は四五万八〇〇〇部という大部数だったが即座に売り切れたため、二二万部を増刷するという記録的売れ行きをみせた（『私説 集英社放浪記』）。アメリカのヌード・グラビアが売り物だったが、日本独自の企画として著名人のロング・インタビューにもページを割き、話題になっていた。その『プレイボーイ　日本版』が久米に注目したのである。とはいえ、報道番組のキャスターが、新番組の抱負として「日本が二度と戦争をしないこと」だと述べるのは奇異にみえる。しかし久米の発言は、当時のマス・メディアに残っていた戦後民主主義的価値観の表れだった。同時に、「みんなが思い思いに生きる」という個人主義が、「戦争体質の国」の歯止めになるのだと述べている点も、同時代の気分を巧みに捉えていた。一九八〇年代の日本社会は、右傾化が憂慮される時代であると同時に、高度消費社会と呼ばれる新たな時代を迎えていたからである。

市民運動への忌避感

消費社会の感性を、いちはやく捉えた一人が、一橋大学法学部の四年生だった田中康夫である。

田中の小説『なんとなく、クリスタル』は一九八〇年に文藝賞を受賞し、翌年に発行され

田中康夫（1956～）一橋大在学中の1980年に小説『なんとなく，クリスタル』でデビュー．現代風俗を切り取る小説・評論で一躍脚光を浴びる．2000年に長野県知事に当選したあとは，衆院議員，参院議員を歴任

た単行本はベストセラーになった。田中は一躍時代の寵児《ちょうじ》となり、一九八〇年代を代表する存在へと駆け上がっていった。

『なんとなく、クリスタル』は、学生モデルの主人公「由利」を主人公に、都会の若者のライフスタイルを描く。この作品には、文中の語句や事項を補足的に説明するためにNOTESと題された注が付されていた。注の数は、初出時には二七四個、単行本では四四二個もあった。これは日本人が日本語で書く小説としては異例の形式だった。本文に登場するレストラン、食品、ブランド品などの解説は、東京に生きる若者たちの消費生活のマニュアルとしての側面を持っていた。ただし、注が付されたのは場所やモノだけではなかった。社会の動向もまた、田中によって論評されている。

たとえば、ジョージ・オーウェルの『一九八四年』の注には、「作者が高校生の頃、〝一九八四年には日本共産党による独裁政治になっちゃうよ！〟と叫んでいた「転向保守」のみなさんが、〝グループ一九八四〟という〝同好会〟を作っていました」と解説されていた。

また、注の49番は杉並区の住宅地・永福町の解説だが、そこでは次のように記されている。

高井戸の清掃工場ができると、〝一見、革新ポーズで心情保守〟杉並区のみなさんは、公害闘争をするのかしら。若かりし日の安保闘争が、なつかしく思い出されたりなんかして……。

（『なんとなく、クリスタル』一九八一年）

ここでは、年長世代の市民運動が揶揄《やゆ》されている。「革新ポーズで心情保守」という皮肉の言葉は、一九七〇年代の戦後民主主義批判と同じ点を捉えている。

一九七〇年代以降、保守・革新を問わず、戦後民主主義の内部にあるエゴイズムや保守性を批判してきたことはすでにみた。そうした批判は、『なんとなく、クリスタル』では、揶揄にかたちを変えている。それは、一九八〇年当時の大学生の感性にも、静かに根を下ろしていたのではないだろうか。

「平等」な消費社会と「柔らかい個人主義」

一九八五年九月、日・米・独・仏・英の首相および金融担当大臣と中央銀行の総裁が、ニューヨークで会議を開催した（G5）。ドル高修正のためにアメリカの要請で開催されたこの会議で、五ヵ国が為替市場に介入を行うと合意する（プラザ合意）。

プラザ合意により、日本は一時的に円高不況に見舞われる。特に輸出企業の競争力が低下した。この円高不況に対応するため、政府は経済政策を見直し、日銀は超低金利政策を採用。

公定歩合は、プラザ合意前の五%から、一九八七年には二・五%にまで抑えられた。しかし、日本経済は予想外の早さで復調し景気は活性化した。ここに、好景気のなか公定歩合は低いという状態が生まれ、企業と投資家が余った金をさらなる投資に回すといういわゆる「バブル景気」が始まる。

一九七〇年代から続く日本経済の隆盛と国際的地位の上昇は、八〇年代に絶頂に達した。日本国内では、次のような主張が注目を集めた。

戦後日本社会の繁栄は、所得の格差を縮めることに成功した。横並びになった諸個人は、消費を通して他者との差異を自らつくり出していく。消費者が「他人と同じこと」を求めた大衆の時代は終わり、これからは「他人と違うこと」を求める小集団を相手にせねばならない——。

こうした主張の旗振り役は、電通や博報堂など、広告代理店のマーケッターたちだった。一九七〇年代に電通で国鉄のキャンペーン「ディスカバー・ジャパン」を手がけた藤岡和賀夫《ふじおかわかお》による『さよなら大衆』(一九八四年)や、博報堂生活総合研究所編『「分衆」の誕生』(一九八五年)などが唱えた消費社会論は、平等の幻想を社会に与え、ライフスタイルの均質化に成功する。当然ながら、完全な平等社会など存在しない。むしろ、バブル景気による地価や株価の高騰は新たに資産の格差を生み出しつつあった。しかし、一九八〇年代にはそれはほとんど意識されていなかった。

ただし、広告代理店やテレビ局が振りまいた豊かな社会という「幻想」には、それなりの説得力があった。当時は、影響力を持つ知識人たちもまた、日本の消費社会を肯定的に論じていたからである。ここでは、山崎正和（一九三四〜二〇二〇）と吉本隆明の二人の議論を確認しよう。

劇作家で評論家の山崎は、大平正芳の政策研究会に参加するなど政策に関わる提言を行う知識人として知られていた。山崎は一九八四年に『柔らかい個人主義の誕生――消費社会の美学』を発表する。同書は、アメリカの社会学者ダニエル・ベルの議論を踏まえたうえで、現代を生産優位社会から消費優位社会への転換期として捉えていた。山崎によれば、その転換をいちはやく経験しているのが日本だった。

大量生産から多品種少量生産の移行は「顔が見える大衆」による成熟した消費行動の表れである。そこには「能動的に自分の満足を操作しながら、しかも同時に、受動的にその満足に陶酔することを恐れない」という「消費する自我」がある。同時に、個人は複数の小規模集団に属して社交を楽しむ。山崎は日本の社交文化として酒宴・園遊・喫茶を挙げながら、そうした伝統のうえに「柔らかい個人主義」が芽生えたとする。そして、自己主張が過剰な西洋の「硬い個人主義」ではなく、他者との共感を重視する日本の「柔らかい個人主義」を評価したのである。

山崎は戦後民主主義という言葉を使用していないが、戦後思想が「前近代的」なものとして否定的に論じてきた受動性や社交性の再評価を通して、戦後民主主義の価値観に修正を迫ろうとした。そしてそれは一定の支持を得ることに成功した。山崎はその後、時代の潮流を摑《つか》む新たな保守思想家として論壇での地位を確固たるものにしていく。

平等な幸福という幻想

もう一人は、かつて全学連や全共闘世代に支持された吉本隆明である。吉本は一九八〇年代後半から九〇年代前半にかけて、高度消費社会論を書き継いでいた。それらは、『ハイ・イメージ論』三部作にまとめられている。

そのなかで吉本は次のように指摘する。テレビや車などの高価な商品は、かつては一部の富裕層だけが買うことができた。しかし、一九八〇年代後半になると、誰もがそうした商品を購入できるようになった。つまり、他人と同じレベルの消費という幸福が達成された社会である。日常的な幸せとは、政治イデオロギーによってではなく、一定の経済的な豊かさによってもたらされるのではないか――そうしたムードの広がりを吉本は肯定的に捉えたのだった（「《ハイ・イメージ論》消費論(3)」『海燕』一九九〇年七月号）。

誰もが消費行為を通して平等に幸福を実感できる社会という幻想が、マス・メディアを通してある程度社会に共有されていく。もっとも、フランスの思想家、ジャン・ボードリヤールが指摘するように、消費の平等はあくまで見かけ上のものであり、それは階級差を隠蔽するものだ。経済学者の小沢雅子は、『新・階層消費の時代』（一九八五年）で、一九七〇年代から八〇年代にかけて、土地や住宅などの「ストック」の格差が拡大していることを指摘している。その格差は親から子へと継承されてより拡大し、勤労所得（フロー）の格差もまた拡大するだろうと予測していた。

したがって、平等な幸福という戦後民主主義の目標を達成するものだったが、幻想を構成する論理自体は、主体的行為による幸福の獲得という戦後民主主義の目標を達成するものだった。

あらためて述べると、戦後民主主義という価値のシステムの根幹には、よりよい「政治的主体」になることを目指す個人と集団とが、協調して理想社会に近づいていこうとする姿勢がある。それに対して、一九八〇年代の平等と幸福という理想達成（の幻想）は、マス・メディアや広告代理店によって煽《あお》られた個人と集団がよりよい「消費的主体」になることによってもたらされたのである。

3　「一国平和主義」批判――冷戦崩壊と〝大国〟の役割

新天皇の登場――昭和から平成へ

一九八九年一月七日に昭和が終わり、翌八日から平成が始まった。

一月八日の『朝日新聞』の社説は、「新天皇への私たちの期待」と題し、次のように述べている。

いま、皇太子時代をふりかえると新天皇が幼少の時からみずからの使命を自覚され、「民主主義」「平和主義」など憲法の精神をしっかりと身につけてこられたことに、改めて感銘を受け、安心感を覚える。「陛下、これからもこれまでのペースで」というのが、私たちの率直な願いである。

（『朝日新聞』一九八九年一月八日）

この社説が述べるように、新天皇の皇太子時代の発言は日本国憲法を重視するものが目立った。いくつか例を挙げよう。

一九七二年一二月二二日、三九歳の誕生日を翌日に控えた皇太子は記者会見の席上で将来の象徴として皇室のあり方について「皇室は国民に対し、積極的に何かを求めるべきではない。憲法にある通り〝国民の総意に基づく〟というのが大事な点だ」と発言した（『毎日新聞』一九七二年一二月二三日）。

また、一九七五年八月二六日の記者会見では、沖縄海洋博の開会式のために初めて訪問した沖縄の印象に触れ、「沖縄がたどってきた道はけわしい道だと思います。平和、文化国家ということばを懐かしがるだけでなく、切実にそういうものを求めなければならない、といっそう深く感じた」と述べた（一九七五年八月二七日）。

『朝日新聞』の社説に戻ると、そこでは次のような言葉があった。

天皇の地位、権限を強化することによって「国民主権」を弱めようとする動きが、昨今日本の一部に見られぬではないが、そうした「民主主義の後退」は、新天皇のご意向にも反しよう。（同前）

天皇の代替わりに際して、日本国憲法の価値をあらためて認識する機運を高めようという意図は明らかである。『朝日新聞』の社説は、戦後民主主義的な価値観に親しんだマス・メディアが、新天皇に抱いた好感をよく表していた。

国旗・国歌と学校教育

天皇の代替わりから約一ヵ月後の一九八九年二月一〇日、文部省が新しい学習指導要領を発表した。一九九二年度から小・中・高で順次実施されるものだ。

新しい学習指導要領は、小、中、高校の特別活動で「国旗の掲揚や国歌斉唱を指導する」と定めていた。また、「入学式や卒業式など」で「国旗を掲揚するとともに、国歌を斉唱するよう指導するものとする」としていた。文部省は、これに従わない場合は指導要領違反で処分の対象になると説明した。これに対して、日教組は「国民の良心や思想、信教の自由に抵触する」と反発する。日の丸・君が代は戦争責任など歴史認識に関わるものであり、それを教育現場で事実上義務化することには根強い反対があった。また、新学習指導要領では、高校社会科を「地歴・公民」に分離するとしたが、これについて日教組は「戦後民主主義そのものの否定につながる」と反対した（『朝日新聞』一九八九年二月一一日）。

戦後民主主義はナショナリズム一般を否定してきたわけではない。だが、教育現場での国旗・国歌のあり方を国家主導で定めることについては、現場の教師たちのあいだでも強い拒否感があった。

なお、この時点では、日の丸・君が代は法的には国旗・国歌として定められていなかったが、一九九九年に法制化される。

イラクの侵攻と自衛隊派遣問題

一九九〇年八月、イラクの大統領サダム・フセインは、クウェートへの侵攻を開始し、国際世論は一斉にイラクを非難した。国連の安全保障理事会は経済制裁を決めただけでなく、一九九一年一月一五日までにイラク軍が撤退しない場合には、武力行使に踏み切ると決議したが、イラクは撤退の意思をみせなかった。このような状況下、日本では「国際貢献」のあり方をめぐって議論が起こる。

時計の針を戻せば、すでに一九八七年九月から、自衛隊のペルシャ湾派遣をめぐる議論が起こっていた。一九八〇年に勃発し、長期化していたイラン・イラク戦争下で、アメリカは日本に対してペルシャ湾の防衛に積極的に関わるように求めていたからだ。

一九八七年九月、アメリカの主張を受けて、外務省は特別作業班を設置し検討を始めた。検討の結果、ペルシャ湾およびホルムズ海峡を通過する日本の石油タンカーを護衛するために、海上保安庁の武装巡視船を派遣するという案が浮上する。中曽根首相も前向きな姿勢をみせたが、官房長官だった後藤田正晴（一九一四～二〇〇五）は強く反対する。戦争体験を持つ後藤田は「自衛隊の海外派兵の導火線になりかねない」「徹底的に反対する」と主張したという（『読売新聞』一九八七年一〇月二八日）。

このときに生じた中東の危機と自衛隊の海外派遣という問題が、イラクのクウェート侵攻によって再び浮上し、国論を二分する議論を生んでいく。

政治学者の北岡伸一（一九四八～）らは、世界の平和維持に協力するために、日本の役割を見直すべきだと提言した。当時自民党の幹事長だった小沢一郎（一九四二～）は国連中心主義を唱え、日本国憲法の枠内で国連軍への自衛隊の参加は可能だとしていた。

こうして、自衛隊の海外派兵案を盛り込んだ国連平和協力法案が一九九〇年一〇月に国会に提出される。しかし、野党は自衛隊の海外派兵案に強く反発し、自民党内からも違和感が表明された。当然、世論も警戒感を高めた。

『朝日新聞』は衆議院の全議員を対象にアンケート調査を行った（回答した議員は三九七人で

回収率は七七・七％）。その結果、社会党、公明党、共産党は国連平和協力法案に全員反対。法案を提出した自民党議員は反対が一一％、回答なしが二五・四％だった。

『朝日新聞』は同時期に世論調査を実施している。その結果、国連平和協力法案に賛成するという回答が二一％だったのに対し、反対は五八％だった。自衛隊の海外派遣に関する質問では、「派遣できるようにする」が一五％、「派遣すべきでない」が七八％だった。さらに、海部首相を支持しないという回答が五〇％だった（『朝日新聞』一九九〇年一一月六日）。一九九〇年代初頭の日本社会には、自衛隊の海外派遣に対する強い抵抗感が定着していた。

「戦だけはこりごりだ」

国連平和協力法案に対して社会が見せた強い拒否感は、どこから生じたのだろうか。評論家の石川好《よしみ》の議論を見てみよう。

石川は、高校卒業後アメリカ・カリフォルニアに渡り、イチゴ農園で働いた経験を持ち、一九八〇年代末からは主に日米関係を中心に積極的な評論活動を行っていた。石川は、日本が自衛隊を派遣できないのは、アジアの国々がそれを望んでいないからだと言う。日本の軍事的な行動が、アジア諸国の視線に拘束されている理由は、アジアに対する戦後処理が本当の意味で終わっていないからだ、というのが石川の主張だった。

そのうえで石川は「個人的な願望」と前置きしつつ、次のように述べる。日本は、自衛隊の派遣どころかカネもモノも、それらは結局のところ戦争の継続につながるので、出すことはできない。そうなれば、アラブの石油に依存している我々の経済は、深刻な影響を受けるだろうが、それをあえて引き受けるべきだ。「なぜなら平和憲法があろうがなかろうが、戦《いくさ》だけはこりごりだと、ただその決意だけで我々は戦後を生きてきた。そのことだけは、貧しくなろうとも守ろうではないか」（「何もしない、という選択」『朝日新聞』一九九〇年九月一〇日）。

　ここで石川が言う「戦だけはこりごりだ」という言葉は、戦後民主主義を支える平和主義の根拠を端的に言い表している。この心情は、反戦と厭戦を併せ持つ。反戦感情には、積極的な意思表明が前提とされる。他方で、厭戦感情は社会運動のように可視化されにくい。しかし、自らの生活を守りたいという誰もが持つ強い思いを、「戦だけはこりごり」と表明してきたのが、戦後日本の平和主義であった。

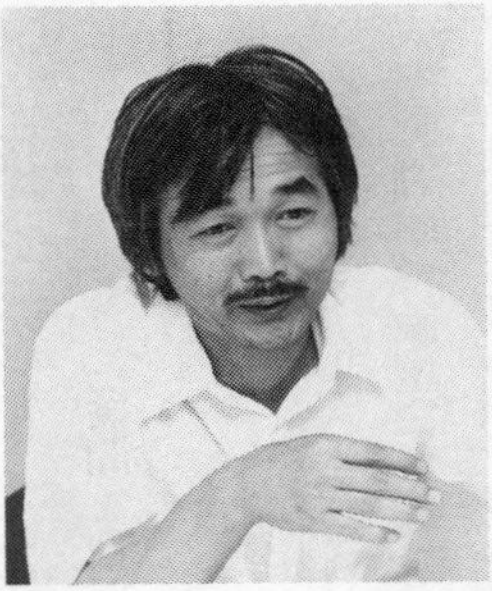

石川好（1947〜）作家．高校卒業後に渡米，兄とともにイチゴ農場で働く．体験に基づくアメリカ論で論壇に登場し，『ストロベリー・ロード』（1988）で大宅壮一ノンフィクション賞受賞．以後，多様な分野で評論活動を行う

　石川は、ベトナム戦争を傍観し、沖縄に軍事基地を押しつけ、アジアへの戦後処理をいまなお引きずる日本が、最後の一線として、「戦だけはこりごり」という心情を守るべきだと主張したのである。

　他方で、経済学者で評論家の西部邁《にしべすすむ》

（一九三九～二〇一八）は、国連平和協力法案に対し、自民党の政治家が日本国憲法を問題にしなかったことに疑問を抱いていた。自主憲法制定を掲げる自民党が、国連憲章と日本国憲法の矛盾を指摘すべきだというのが西部の主張だった（「護憲論のゴマカシ」『Ｖｏｉｃｅ』一九九一年一月号）。

西部は、六〇年安保にブントの一員として参加した経歴を持つが、一九八〇年代になって大衆批判論で論壇に登場した。一九九〇年には改憲論「日本国憲法・改正私案」（『文藝春秋』一九九〇年九月号）を発表するなど保守論壇を中心に影響力を持っていた。

結局、一九九〇年一一月九日に国連平和協力法案は廃案となる。廃案にあたっては、自民、社会、公明、民社の四党が、自衛隊とは別に、人道支援や災害救助によって国連の平和維持活動に協力する組織を作ることで合意した。しかし、中東での日本の国際貢献のあり方をめぐる議論は、それで終わったわけではなかった。

湾岸戦争とＰＫＯ協力法案

一九九一年一月一七日、多国籍軍がイラク空爆を開始して湾岸戦争が勃発すると、日本政府は新たに九〇億ドルの追加経済支援を決めた。しかし、アメリカからは「安保ただ乗り」という批判の言葉が投げかけられた。日本の外交官らもアメリカのメディアで反論を試みたが、「血は流さずに金だけを出す」という国際世論を覆すことはできなかった。二月二八日には、はやくも湾岸戦争の停戦が成立したが、合計一三〇億の経済支援にもかかわらず、クウェート政府がアメリカの新聞に出した感謝広告のなかに日本の名はなかったことが話題になった。

湾岸戦争が短期間で終結したこともあり、この時期にはベトナム戦争時のような大きな反対運動は起こらなかったが、いくつかの特筆すべき動きもあった。ここでは二つの事例を確認しておく。

第一に、民間機のチャーター運動である。政府は湾岸戦争によって生じる避難民を輸送するために、自衛隊機を使用する方針を明らかにした。これに対して、自衛隊機の使用を憂慮した人たちが、民間機をチャーターして避難民の輸送を行った。

第二に、文学者たちによる声明である。一九九一年二月九日に「『文学者』の討論集会」が開催され、柄谷行人《からたにこうじん》、中上健次、島田雅彦らによって二種類の声明が採択された。「私は、日本国家が戦争に加担することに反対します」という「声明1」には四二名が署名。憲法第九条に言及し「われわれは現行憲法の理念こそが最も普遍的、かつラディカルであると信じる」とした「声明2」には一六名が署名した。

同時期には吉本隆明が「憲法第九条を積極的に主張することだけが、現在の資本主義「国」と社会主義「国」を超えて、未来へ行けるただひとつのほそい通り道だ」と述べており、憲法への関心は高まっていた（「わたしにとって中東問題とは」）。それは、論壇・文壇の外にも波及していた。

声明に加わった評論家のいとうせいこうは、憲法の理念について次のように述べる。

これまでは外国人に、日本はハイテクがある、経済がすごいと言われると気恥ずかしくて黙っていた。でも今は、平和憲法がある国だよって大いばりできる。お前ら戦争放棄してないだろう。俺たちはすごい理念でやってるんだぜって言ってやる。

（「オレは〝平和憲法右翼〟になってやる！」『週刊プレイボーイ』一九九一年三月二六日号）

占領下では憲法の平和主義を世界に誇るという議論があったが、その再燃を思わせる言論状況が冷戦終結後には存在していた。なお、『週刊プレイボーイ』は女性グラビアと併せて独自の社会派の記事を掲載する媒体として知られた。憲法に再び照明をあてる議論は、論壇誌とは異なる読者にも届いていたと言えるだろう。

湾岸戦争終結後も、自衛隊をめぐる議論は続いた。『読売新聞』は一九九一年二月に日本の国際貢献のあり方をめぐって、世論調査を実施している。自衛隊派遣問題では「すべきでない」が四五％、派遣は「やむを得ない」が三九％、「当然だ」が一二％だった。反対と容認で世論が二分していた（『読売新聞』一九九一年三月一日）。また、憲法九条を改正して自衛隊を明記すべきだという意見も増加していた（『読売新聞』一九九一年五月二日）。『朝日新聞』と『読売新聞』とでは媒体が異なるため単純な比較はできないが、湾岸戦争を経てわずか二ヵ月で世論が変わろうとしていた。

一九九一年四月には、アメリカから湾岸戦争後の復興への協力を求められる。アメリカは、ペルシャ湾に放置された機雷除去のため日本に海上自衛隊の派遣を求めた。当初は慎重な姿勢をみせていた海部俊樹首相だったが、四月二四日に自衛隊の派遣を決定する。海外派遣は、自衛隊発足後初めてのことだった。

自衛隊と憲法九条についての世論調査

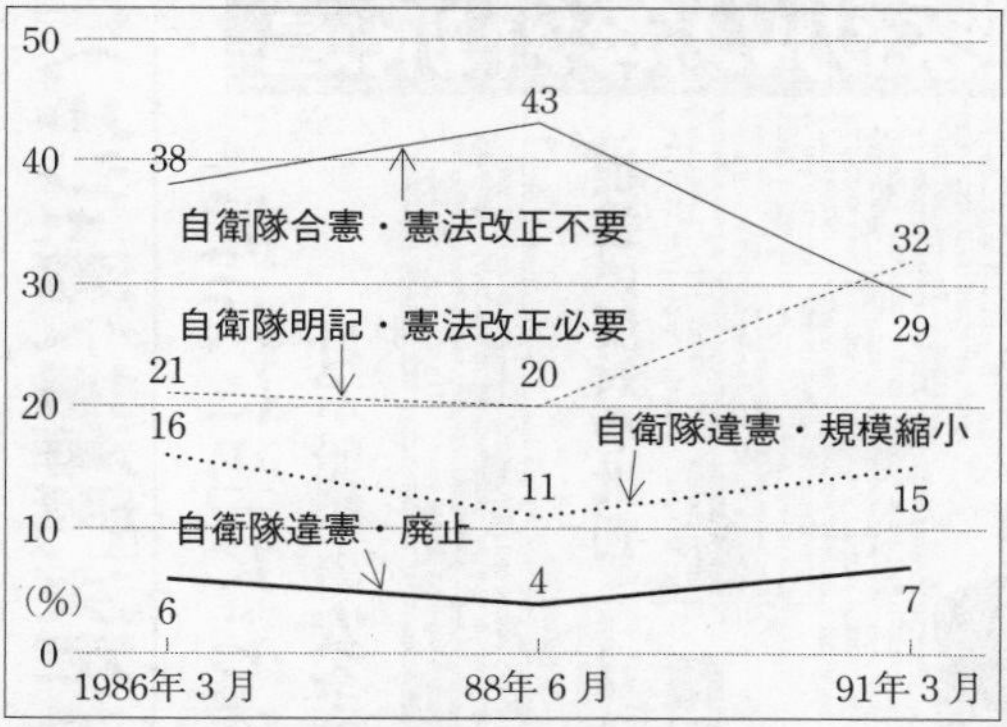

註記：グラフの年月は世論調査の実施時
出典：『読売新聞』1986年４月14日，夕刊88年７月11日，91年５月２日を基に筆者作成

自衛隊の海外派遣をめぐる議論は、これで終わりではなかった。一九九一年九月、国連平和維持活動への参加を可能にするＰＫＯ協力法案が国会に提出された。ＰＫＯとは、Peacekeeping Operations（国連平和維持活動）の略称である。

ＰＫＯ協力法案をめぐる国会では、社会党が反対の論陣を張った。社会党は、記名投票の際に投票箱までの移動に時間をかける「牛歩戦

自衛隊初の海外派遣

「ペルシャ湾へ掃海艇」決定

あす出発

「派兵に当たらず」

日本船舶の安全確保

政府声明

根強い反対や批判

政府声明の骨子

難民救済

自衛隊派遣

ゴ書記長

湾岸戦争後，自衛隊初の海外派遣が決まった（『朝日新聞』1991年４月25日）

術」を徹夜で行うなどのパフォーマンスで話題になる。『読売新聞』の社説は廃案を目指す社会党を「少数派の横暴」だと批判した（『読売新聞』一九九二年六月一二日）。

自民党は一九九二年六月一五日、公明党と民社党の協力を得て、苦難の末にＰＫＯ協力法を成立させた。これにより、九月には国連カンボジア暫定統治機構に陸上自衛隊が参加、翌年五月にはモザンビークに自衛隊が派遣された。

この時期は、国際情勢も激動の波にさらされていた。ＰＫＯ協力法案をめぐる議論が国会で続いていた一九九一年末、大きなニュースが入る。ソ連の解体である。一九八九年にベルリンの壁が崩壊してからわずか二年あまりでのソ連の解体は驚きだった。これにより戦後世界を規定した冷戦構造は崩れ去った。

社会党の凋落

社会党にとって、一九九〇年代初頭は滑落の時代だった。

もっとも、その直前の一九八〇年代末には社会党の存在感は増していた。一九八九年七月の参院選では、消費税問題やリクルート事件、宇野宗佑首相のスキャンダルを抱えて大敗し、過半数を割り込んだ自民党に対して、社会党は四六議席を獲得。うち一一人は女性だった。土井たか子委員長は与謝野晶子の詩を踏まえて「山が動いた」と述べた。七月二四日の『読売新聞』社説は「戦後最大の政治の変革」とまで表現している。

社会党はその後、民社党と公明党との連携を模索しながら、党の立ち位置を微修正していった。具体的に言うと、一九八九年一〇月二〇日の党中央委員会の書記長報告で、社会党の方針を示す際に「政治的、経済的には「西側の一員」」という表現を使用したのである（『読売新聞』一九八九年一〇月二〇日）。社会党は、一九九〇年二月の総選挙でも好調だった。自民党が安定多数を上回る二七五議席を確保したものの二〇議席を失ったのに対し、社会党は五三議席を増やして一三六議席を獲得。社会党の「一人勝ち」と言われた（『読売新聞』一九九〇年二月二〇日）。

ところが、一九九二年七月の参院選では、社会党はわずか二二議席にとどまった。四六議席を得た一九八九年の参院選と比べてほぼ半減である。一九九二年八月に行われた『読売新聞』の世論調査では、社会党の敗因として「牛歩戦術や議員辞職願などの国会対策」を挙げた答えが四四％だった。ＰＫＯ法案を断固拒否した社会党の姿勢に、有権者は疑問を感じていた。

自衛隊の海外派遣が行われ、ＰＫＯ協力法案が成立した一九九一年から九二年にかけては、二つの意味で戦後民主主義が問われた時期だったと言える。

第一に平和主義の変質、第二に社会党の凋落である。六〇年安保闘争時には、多数決を拒否する議会内外での運動が大きなうねりになったが、もはやそうした運動は牛歩戦術への批判が示すように有権者の支持を得られなかった。六〇年安保闘争から三〇年以上経ち、民主主義が議会のみに矮小化されるなか、戦後民主主義的な価値観は過去のものになろうとしていた。

第5章

限界から忘却へ——一九九二〜二〇二〇年

1　文化としての浸透——サブカルチャーと教育

改憲論に転じた高坂正堯

一九九〇年代、論壇は地殻変動を起こしていた。戦後民主主義的な価値観が次々に批判されるようになったからである。その変化を体現した一人が高坂正堯だった。

第3章で見たように、一九六〇年代に論壇に躍り出た高坂は、日本国憲法をある程度は評価する消極的な護憲派だった。高坂はその後も論壇の主役の一人であり続けた。一九八〇年代末からは、テレビ朝日の報道番組「サンデープロジェクト」のレギュラー・コメンテータを務めるなど、その発言は強い影響力を持っていた。

その高坂が、一九九四年に「憲法は改正されなくてはならない」として従来の自説を改めた。高坂は次のように記している。

今では、いかに難しくても、またいつの日になっても、憲法は改正されなくてはならない、と考えている。

なぜなら、憲法、とくに第九条は日本人に深く考えさせるのではなく、思考を停止させるという性格が強まってきたからである。憲法第九条を守れば、あるいは自衛隊を強化したり、海外に派遣したりしなければ、平和は保たれうるかのように考えるところがある。そして、平和の維持のために軍事力が必要な場合もあるという、人間の基本的ジレンマに直面することを避けている。

（「いま憲法九条改正は必要か」文藝春秋編『日本の論点　一九九四』）

高坂が改憲論者に転じたきっかけは、前章で触れた湾岸戦争だった。湾岸戦争勃発後、日本は経済支援以外の方法で国際社会の平和に貢献すべきだと高坂は考えるようになった。しかし、集団的自衛権の問題から、自衛隊の派遣は見送られた。日本は集団的自衛権を有するが、憲法上その行使は許されていないとする法制局の解釈は、高坂にとっては「詭弁《きべん》」でしかなかった。

「現実主義者」の高坂が、消極的護憲から積極的改憲へと舵を切る——。それは、一九九〇年代の日本の論壇の地殻変動を端的に表す出来事だった。

自民党の下野と小選挙区制

一九五〇年代以降、自民党は小選挙区制の導入を目指してきた。一九五〇年代の鳩山一郎内閣、七〇年代の田中角栄内閣が小選挙区制の導入を模索したが、自民党に有利な区分けによって議席増を狙っているとして野党が激しく反対した。野党の反対の背景には、改憲に必要な議席を与えてはならないという強い意志があった。一九九一年には海部内閣でも小選挙区制の議論が起こったが、自民党内からの反対があり、実現しなかった。

しかしながら、その後も小選挙区制の議論は消えなかった。リクルート事件以来、政治腐敗が社会問題になるなか、小選挙区制は政治改革の目玉として期待されていたからだ。自民党は一九九三年の方針として単純小選挙区制の導入を挙げ、対する社会党は小選挙区比例代表並立制を掲げた。議論が進むなかで、自民党内にも並立制を支持する声が起こったが、最終的には宮澤首相の決定によって、一九九三年四月に単純小選挙区制の法案が国会に提出される。

選挙制度改革をめぐる議論が紛糾するなか、一九九三年六月には、社民・公明・民社の三党が宮澤喜一内閣への不信任案を提出。これに自民党内から羽田孜（一九三五～二〇一七）のグループが同調したため、不信任案は可決された。宮澤内閣は解散総選挙に踏み切ることとなる。

その後、羽田は小沢らとともに自民党を離党し、新生党を結成する。その他にも自民党を離党した議員たちが新党さきがけを結成するなど、新党結成が相次いだ。これらの新党は、既成政党を批判し既得権益の打破を訴えて、無党派層を中心とする有権者の支持を取り付けた。結果、一九九三年七月に行われた総選挙では、これらの新党が議席を伸ばすのである。他方、自民党は現状維持にとどまったが過半数には届かず、社会党は六〇以上の議席を失って五五年体制下では最小となる七〇議席にまで落ち込んだ。

この選挙結果を受け、一九九三年八月、非自民非共産の八党派による大連立内閣が誕生。首相には元は自民党の政治家だった日本新党(一九九二年結成)の細川護煕(一九三八〜)が就いた。細川政権下では、選挙制度改革が進み、小選挙区比例代表並立制への移行が決まるなど、一定の政治改革が進められた。

三八年間続いた自民党政権の流れはついに途絶えた。それは、与党自民党に社会党が対峙する五五年体制の終焉を意味した。一九八九年一月の昭和天皇の死去からの約四年のあいだに起こった湾岸戦争、自衛隊の海外派遣、そして五五年体制の終焉は、戦後日本の枠組みの崩壊を象徴する出来事だった。

一九九〇年代初頭の政治制度改革をめぐる議論について、もう少し確認しておきたい。一九九〇年代に入って、有権者の政治不信は深刻さを増していた。総選挙の投票率を見てみよう。一九九〇年は七三・三一%だった投票率は、九三年には六七・二六%に、九六年には五九・六五％にまで落ち込んだ。投票率の急激な低下傾向は、参議院選挙にも当てはまる。一九八九年には六五・〇二％だった投票率は、九二年には五〇・七二％、九五年には四四・五二％にまで落ち込んでいる。

この時期には政局の話題には事欠かなかったが、それらは政治の迷走だと捉えられ、投票率は低下し、「支持政党なし」という有権者を増やすことになった。長期単独政権による政治腐敗や利益誘導政治への不満は、政治制度改革やさらにその根本にある憲法改正を求める声へとつながっていく（『憲法と世論』二〇一七年）。

「普通の国」への主張、大衆迎合への批判

次に小沢一郎による『日本改造計画』（一九九三年）を見てみよう。ベストセラーになった同書のなかで、小沢は多数決原理を強化するための小選挙区制を提唱した。中選挙区制は、何にでも反対する野党に一定の議席を与えるが、そうした野党の存在が馴れ合いの政治という日本型民主主義を生んだと小沢は主張する。より民意が反映される小選挙区制により、迅速な政策決定が可能となる。また政権交代可能な二大政党制も可能になる。それこそが本当の民主主義だというのが小沢の持論だった。小沢はまた、自衛隊を国連待機軍とするか、国連待機軍を創設するかして、平和と安全のための「対価」を支払うことで「普通の国」となるべきだとした。それにより、受動的な専守防衛から、能動的な平和創出

へと舵を切ることが可能になる――。小沢の議論は戦後日本のシステムを根本的に変革しようとするものであり、江藤淳や吉本隆明らの知識人たちも小沢に期待を寄せた。

この時期、小沢とは異なる視点で戦後日本の民主主義を批判した論客が西部邁だった。西部は、戦後日本の民主主義は豊かさを求める欲望追求型のデモクラシーであり、福祉国家を推進した自民党も社会党も、ともに社会民主主義の政党だったとする。戦後日本の「小児病的」な大衆に迎合する政治は真の民主主義ではないとする西部の言論は、「グループ一九八四年」の議論の九〇年代版だと言える（『リベラルマインド』一九九三年）。

小沢や西部の議論に代表されるような戦後批判が一定の支持を獲得し始めていた一九九〇年代初頭には、戦後民主主義の価値観を知るうえで重要なアニメーション映画が公開されていた。その作品は、宮崎駿が監督した『紅の豚』（一九九二年）である。

宮崎駿『紅の豚』の影響力

宮崎駿は、学習院大学在学中に戦後民主主義の支持者だった哲学者・久野収の授業を受講していた。六〇年安保闘争が終わってから、社会運動に関心を抱くようになり、デモや集会に参加し始める。その後、東映動画で高畑勲たちと出会い、組合運動にも参加した。独立後はテレビ・アニメの演出家として活躍するようになる。

映画『紅の豚』は、もともとは機内上映を想定した短編映画として企画され、一九九〇年

宮崎 駿（1941～）アニメーション監督．学習院大卒．1963年東映動画入社．85年スタジオジブリ設立．独自の思想を卓越した技術で表現し，2003年には『千と千尋の神隠し』で米アカデミー賞長編アニメーション賞受賞

宮崎駿監督『紅の豚』（1992年７月公開）

に動き出した。しかし、宮崎の作業が進まない。宮崎は湾岸戦争やユーゴスラヴィアの紛争など、冷戦後の世界情勢の変化と向き合うなかで、当初のプランを練り直す。広がった宮崎の構想を具現化するため、短編から劇場公開作へと企画を変更し、『紅の豚』として完成させる。

『紅の豚』は、一九九二年七月一八日に公開され、三〇四万九八〇六人もの観客を動員。配給収入は二七億一三〇〇万円で、自身が持つ『魔女の宅急便』（一九八九年）の記録を更新した。

　舞台は、第一次世界大戦後、世界恐慌を経てファシズムが勢力を増すイタリア。主人公は「ポルコ」と呼ばれるブタの姿をした賞金稼ぎの飛行機乗りである。彼は、世界大戦でパイロットとして従軍していたが、ある戦闘で戦友たちを失い、一人だけ生き残った経験を持つ。その後、彼は「国家とか民族とか、くだらないスポンサーを背負って飛ぶ」ことを拒否する。そのためには、国民や民族の一員であることをやめなければならない。こうして、彼は「人間」をやめてブタになったのだ。

銀行に賞金を預けに行くと、銀行員に愛国債権の購入を勧められるが、「そういうことは人間同士でやんな」とはねつける。ポルコが機関銃で狙うのは敵機のエンジンであり、人命を奪わない戦い方をする。

『紅の豚』に対して厳しい批判を行ったのが、評論家の佐藤健志《けんじ》(一九六六〜)だった。佐藤は、一九九〇年代の論壇で戦後民主主義批判を展開していた人物であり、政治学者・佐藤誠三郎の長男だった。一九九三年の総選挙の際には、「戦後民主主義の理念から脱却しうるかどうか」の選挙だと発言していた(『産経新聞』一九九三年七月一六日)。

佐藤は主人公ポルコに、世界に背を向けて遊戯に耽《ふけ》る姿を読み込み、それを戦後民主主義的だと批判する。佐藤によれば、主人公は「まともな人間関係も持てず、女たちに支えられて「遊び」に熱中する幼児的な男」であり、宮崎駿は「中年オタク」に過ぎないと断じた。佐藤はさらに踏み込んで、戦後民主主義について次のように述べる。

戦後民主主義は、政府の必要性を否定しようとするあまり、人間関係における対立ま

でも否定してしまった。戦後民主主義とは、大人になることを拒否した、本質的にモラトリアム的な理念なのだ。〔中略〕

戦後民主主義が人間や社会に関して「正論」を主張できるのは、いくら成長したところで一人前の社会人になってしまう恐れのない「子ども」（それも少年ではなく、少女！）を相手にしたときだけなのである。だからこそ日本の文化は、いつの間にか社会性の欠如した子供向けの作品ばかりになってしまったのだ。

（「「中年オタク」の思想を排す」『諸君！』一九九二年九月号）

佐藤の議論の可否は措くとして、従来ならば政治や文学や社会運動を舞台に議論されてきた戦後民主主義のあり方が、一九九〇年代以降にはサブカルチャー評論の場で行われるようになっていた。それは、一九八〇年代の消費社会論が指摘したような、「横並びの差異」の時代を示すとともに、サブカルチャーの影響力の拡大と論壇の世代交代の表れでもあった。

もっとも、一九九〇年代の初頭には、「教育と戦後民主主義」とでも言うべき、古くて新しい問題が浮上していた。それは、子どもたちの主体性を重んじる戦後民主主義教育への批判として、人びとの関心を集めることになる。

戦後教育の本音と建て前

敗戦後の日本社会では、教師はたんに教科書の内容を教えるだけの労働者ではなく、生徒たちに新時代の理想を教える「清く正しい」人間であることが求められた。生徒たちも、新時代を担う人間として社会の期待を背負った。

しかし、教師と子どもの関係は戦後を通して変化した。節目となったのは一九七〇年代末から八〇年代初頭だろう。学生の校内暴力、受験戦争、いじめなどが社会問題化すると、これまでの教育は学生を抑圧する「管理教育」だと批判されるようになった。一九七九年には、学校に関する社会問題を鋭く捉えたテレビドラマ『3年B組金八先生』（TBS）の放映が始まり、第一シリーズの最終回では三九・九％の視聴率を記録するなど、多くの視聴者に支持された。

学校教育に対する社会の関心が高まるなか、一九八〇年代後半には、現場の教師たちの声が注目された。教師たちは、戦後教育のあり方に違和感を吐露し始めていた。その代表が、一九八〇年代から著作活動を通じて問題提起を続けてきた高校教師・諏訪哲二《すわてつじ》（一九四一〜）である。諏訪は、生徒の集団に自立性を持たせることを目標としてきた戦後教育を批判する。

個性を尊重しなければならない教育の場では、人間を「集団」としてまとめて扱ってはいけないという考え方が、戦後民主主義神話のなかでまったくの正論となっている。だが教師は、学校で仕事をするかぎり生徒を「集団」として扱わざるをえないし、管理せざるをえない。ただ、そういう事実を正視したがらないだけである。

（『反動的！学校、この民主主義パラダイス』一九九〇年）

ここで諏訪は、従来の教育のあり方を「戦後民主主義の神話」と呼び、教育現場との乖離を指摘する。戦後民主主義教育は、一方では理想を語りながら、他方ではクラス単位活動や文化祭などの場で学校側の都合に合わせて学生たちを集団化し、管理してきた、それが諏訪の主張だった。諏訪は、学校内に様ざまな生徒集団をつくり、自律性を持たせるべきだと提案する。ただし、本書がみてきたように、労働組合や平和団体などの集団性は戦後民主主義の一部をなす。生徒集団の自律性を掲げる諏訪の発想は戦後民主主義的なものだ。にもかかわらず、戦後教育の欠点のみを取り上げて戦後民主主義が原因だとする論法がとられている。戦後教育の批判は、戦後民主主義批判と結びつきながら、おおきなうねりになっていった。

諏訪の著作を出版したJICC出版局は、一九八〇年代末から、「別冊宝島」として学校教育の特集を成功させていた。現役中学教師に取材したノンフィクション『ザ・中学教師』（JICC出版局、一九八七年）がそれである。中学教師の実態を生々しく、時にコミカルに描いてロングセラーとなり一九九二年には映画化されている。

夜間学校の精神

同じ時期、山田洋次による映画『学校』(一九九三年)が公開された。東京の下町にある夜間学級を舞台に、さまざまな境遇の生徒たちと教師との交流を描いた作品だ。夜間学級(夜間中学)とは、日中に中学校に行くことができない子どもたちへの対応策として、公立中学が設置した学級である。一九五四年には全国で八七校を数えた。二〇二〇年の時点で全国に三四校存在し、学生の年齢も多様である。

映画『学校』は、「学びたい」という生徒たちのひたむきな姿勢とそれを受け止める教育者の姿を描いて、多くの共感を生んだ。映画公開後、映画評論家の佐藤忠男と山田洋次が対談している。この対談は、現場の教師からの批判とは異なり、戦後民主主義教育の理想を、あらためて確認しようという意図に貫かれていた。

対談のなかで佐藤は、山形県の山村で中学教師をしていた無着成恭《むちゃくせいきょう》がまとめた『山びこ学校』(一九五一年)に言及する。『山びこ学校』は無着が教え子たちの生活記録をまとめた文集である。生活上の多様な問題を、生徒と教師が一緒になって考え、よりよい社会を構想する教育実践として話題を呼んだ。

佐藤忠男は、教師が上手な作文だけを選抜して本に収録するのではなく、一クラス全員の作文を載せたことを高く評価した。

佐藤　稚拙だけれども、その子でなければ書けない文章が載っている。全体の力という考え方が大事にされた、できないヤツも存在理由があるという戦後民主主義の初心なんです。その初心はいまや学校教育の制度のなかでは失われていると思いますね。そしてそれをかろうじて保ったのが夜間中学だったと思いますよ。

山田　そうそう、すべての生徒がそれぞれの教育を受ける権利をもっているんだという、それが戦後の民主主義なんだなあ。

（山田洋次『学校』一九九三年）

山田洋次（1931～）映画監督．東大卒．1954年松竹大船撮影所に入社．庶民の悲喜劇を丁寧に描いた作風で注目され，69年より「男はつらいよ」シリーズ開始．渥美清を主役に据えた同シリーズは48作続き国民的人気を得た

佐藤は八人きょうだいの末っ子として新潟に生まれ、幼くして父を失い、高等小学校を出たあとは働きながら定時制高校に通った経験を持っていた。佐藤が述べたように、「すべての生徒がそれぞれの教育を受ける権利」という言葉は、戦後民主主義の「初心」を示している。

夜間中学とは異なるが、教育という点では定時制高校もまた、ある時期までは戦後民主主義のイメージを担っていた。定時制高校とは、より多くの高校進学希望者を受け入れるために一九四八年に発足した制度で、高校在籍者に占める定時制在籍者の割合は、ピーク時の一九五三年には二二・八％に及んだ（『学校の戦後史』二〇一五年）。

定時制高校と戦後民主主義のイメージの結びつきを表す映画に『キューポラのある街』（日活、一九六二年）がある。吉永小百合（一九四五〜）が演じた「ジュン」は、全日制高校への進学を希望しているが家庭の貧困から進学がかなわない。結局、彼女は働きながら定時制高校に通うことを決める。学びたいという希望を手放さない少女の姿が眩《まぶ》しい。吉永小百合は、『青い山脈』の原節子に代わって、戦後民主主義のイメージを体現するヒロインになった。

戦後民主主義という言葉は、一九九〇年代に「悪しき個人主義」などと指弾されたが、『学校』が表現した学ぶ人びとの姿も、戦後民主主義のイメージの一つだった。

イメージの空疎化・矮小化

戦後民主主義と教育との結びつきは、山田と佐藤より、さらに年少の世代にも受け継がれていた。社会学者の上野千鶴子（一九四八〜）と評論家の大塚英志は、対談で次のような言葉を交わしている。

上野　ちょっと聞いておきたいのですが、大塚さんの戦後民主主義というのは、具体的なイメージとしては何を指すんですか。私にとっての戦後民主主義は、たんに「グループ学習と多数決」でしかないから（笑）。

大塚　僕が自分の根拠として見いだすところの「戦後民主主義」は、まさに僕が育ってきた環境そのものをいいます。もっと限定していえば、戦後の義務教育を基盤にした教育制度や、知の大衆化をもたらしたメディア環境です。僕の家は本当に貧しかったし、両親に教育もありませんでしたから、その恩恵がなければものを言ったり書いたりする立場を獲得できなかったし、何かを論じる言葉自体も持てなかったという確信があります。

（「「戦後民主主義」と「松田聖子」」『諸君！』一九九四年一一月号）

大塚は、一九九〇年代に戦後民主主義に焦点を当てた評論活動を展開していた。大塚は、自身の来歴と照らし合わせて、戦後民主主義のイメージを語る。他方で、いわゆる団塊の世代の上野にとっては、「グループ学習と多数決」だった。両者は、学校教育との関係で戦後民主主義のイメージを語る点で共通している。

大塚英志（1958〜）マンガ編集者・マンガ原作者・大衆文化研究者．筑波大卒．マンガ編集者を経て，サブカルチャー評論を始める．1990年代には戦後民主主義の再評価を試み，時事評論も手がけて論壇で地歩を固めた

評論家の坪内祐三《つぼうちゆうぞう》（一九五八〜二〇二〇）

もまた、学校教育との関係で戦後民主主義を捉えている。坪内は、小学校時代の想い出として「お誕生日会」を挙げる。坪内が子どもの頃、「お誕生日会」に呼ばれる子と呼ばれない子のあいだの「差別」や、「お誕生日会」を開ける家と開けない家の「差別」をなくすため、教師によって「お誕生日会」が禁止されてしまった。お行儀のよい「お誕生日会」も、不平等だとしてそれを禁止する小学校の教師も、ともに戦後民主主義的だと坪内は述べる。そのうえで、坪内は次のように指摘する。

　私は、「戦後民主主義」という言葉の八割に偽善性を、つまり平等という名を笠にきた無責任なものを感じながら、残りの二割に、機会は全ての人にその人の性格や能力に応じて平等に開かれているという、明るく前向きなものを感じている。

（「「戦後民主主義」を探す」『諸君！』一九九五年三月号）

坪内は、戦後民主主義を一定程度評価したうえで、戦後民主主義という言葉が無限定に使われ過ぎて空疎な言葉になりつつあることに警鐘を鳴らした。

2　戦後五〇年を経た百家争鳴――遠くなる戦争の記憶と新論点

自衛隊「合憲」を明言
村山首相、社党政策を転換
「軍縮の推進」へ決意
日の丸 君が代 国民認識を尊重
衆院答弁

首相就任後，自衛隊「合憲」，日米安保を容認した村山富市社会党委員長（『朝日新聞』1994年７月21日）

村山政権下、社会党のジレンマ

五五年体制が終わった一九九三年以降も、政局の混乱は続いていた。

細川政権と羽田政権がともに短命で終わると、政権復帰を目指す自民党は社会党と「新党さきがけ」との連立政権を模索した。三党は合意に至り、一九九四年六月に「自社さ」による連立政権が誕生した。首相に就いたのは、社会党委員長の村山富市（一九二四～）だった。

村山の首相就任は、社会党の「終わりの始まり」でもあった。村山首相は、一九九四年七月二〇日の衆院本会議で「専守防衛に徹し自衛のための必要最低限度の実力組織である自衛隊は、憲法のみとめるものであると認識する」と答弁した。また、日米安保条約を「日米協力関係の政治的基盤であり、アジア・太平洋地域の平和と安定に不可欠」だと述べた。非武装中立論が政治のレベルで明確に敗れた瞬間だった。

一九五〇年代以降、憲法第九条・日米安保・自衛隊の問題を政治の対立軸にすべく奔走してきた社会党は、ながらく低迷していたとはいえ、保守政権に対するオルタナティブであり続けてきた。自衛隊については一九八四年に「法的存在」だとしたが、それでも違憲だと定義してきた。しかし、連立政権の一角を占め、首相を出したことで、社会党は外交・安全保障関係の政治姿勢を転換したのである。

社会党のジレンマは、沖縄問題に端的に表れた。一九九五年九月、沖縄で米兵による少女暴行事件が起こると、米軍基地の撤去を求める運動が未曽有の盛り上がりをみせた。沖縄県知事で沖縄戦の研究者でもあった大田昌秀（一九二五～二〇一七）は、沖縄県民の後押しを受け、米軍の借用期限が切れた土地の再契約を拒否する。

その背景には沖縄県民の積年の不満があった。沖縄には、在日米軍の七割を超える基地が置かれているからだ。一九七二年に復帰してから、一九九〇年代半ばまでに削減された沖縄の米軍基地は約一五％に過ぎなかったのに対して「本土」の米軍基地の削減率は約五九％だった。

本土は米軍基地を着実に減らしているのに、沖縄の米軍基地は減らない。米兵と米軍関係者による事件も、あとを絶たなかった。しかし、村山政権は、基地縮小を目指す沖縄に対して、土地の強制収用の手続きを命じたのである。

不戦決議の難航と村山談話

社会党が連立政権に入ったからこそ可能になったこともあった。「不戦決議」と「村山談話」である。

村山政権は戦後五〇年の節目に国会で「不戦決議」を行うべきだと主張していた。特定の歴史解釈を国会で決議することに疑問が呈され、連立を組む自民党とのあいだで決議文案の調整が難航する。一九九五年六月九日、衆院で「歴史を教訓に平和への決意を新たにする決議」として可決された。

本文には「我が国が過去に行ったこうした行為や他国民とくにアジアの諸国民に与えた苦痛を認識し、深い反省の念を表明する」とあった。ただし、最大野党の新進党が欠席し、賛成者は衆院議員五〇二人のうち、半数以下の二三〇人程度にとどまった。その結果、参院での決議は見送られた。

次に一九九五年八月一五日に発表された声明、いわゆる「村山談話」をみてみよう。

　わが国は、遠くない過去の一時期、国策を誤り、戦争への道を歩んで国民を存亡の危機に陥れ、植民地支配と侵略によって、多くの国々、とりわけアジア諸国の人々に対して多大の損害と苦痛を与えました。私は、未来に誤ち無からしめんとするが故に、疑うべくもないこの歴史の事実を謙虚に受け止め、ここにあらためて痛切な反省の意を表し、心からのお詫びの気持ちを表明いたします。また、この歴史がもたらした内外すべての犠牲者に深い哀悼の念を捧げます。

一九九三年八月に当時の細川護熙首相が所信表明演説で日本の植民地支配と「侵略」を認め、反省とおわびを表明していたが、「国策の誤り」を現役の首相が口にするのは初めてだった。また、村山談話は「独善的なナショナリズムを排し、責任ある国際社会の一員として国際協調を促進し、それを通じて、平和の理念と民主主義とを押し広めていかなければなりません」とも述べている。

「不戦決議」と「村山談話」、さらに被爆者援護法や水俣病対策、「女性のためのアジア平和国民基金」の発足などは社会党が一九五〇年代以来掲げ続けてきた平和主義の表れだったと言える。が、社会党が存在感を示した最後の出来事でもあった。

一九九六年一月、社会党は党名を社会民主党（社民党）に変更する。しかし、同年一〇月の総選挙で社民党が獲得した議席は一五議席に過ぎなかった。

第4章で述べたように、湾岸戦争以後、日本の国際協力のあり方をめぐって議論が起こっていたが、村山政権誕生の前後には、各団体が相次いで憲法改正に向けた提言を発表していた。

一九九四年四月、関西経済同友会が「日本国憲法を考える」を発表、六月には中曽根康弘が会長に就く世界平和研究所が「日本の総合戦略大綱」を発表する。七月には経済同友会が「新しい平和国家をめざして」を公表した。

なかでも注目されたのは、『読売新聞』による改憲試案だった。『読売新聞』は、一九九四年一一月三日の紙面で憲法改正試案を発表する。社会党が自衛隊を合憲と認めたことを踏まえ、憲法第九条を軸とした戦後日本の政治対立が解消されたとし、「戦争か平和か」という情緒的な次元を超えた憲法改正議論が可能になったとする。

『読売新聞』の改憲試案の特徴は、「自衛のための組織を持つことができる」として自衛隊の位置づけを明確にするという主張に加え、基本的人権の拡充を訴えた点にあった。プライバシーの保護や、環境権などの人権問題を改憲試案に明記したのである。

従来の改憲論は憲法第九条の評価をめぐる問題を指すことがほとんどだった。だが、一九九〇年代以降、基本的人権が改憲構想のなかで取り上げられるようになり、改憲論議は多様化していく。

一九九〇年代の憲法改正をめぐる論点の多様化は、戦後民主主義の論点の多様化と相似形にあった。戦後民主主義は、議会制民主主義や平和主義と結びつけられてきたが、一九九〇年代以降には教育問題や人の生き方・価値観をめぐる議論へと論点が広がっていたからだ。一九一七年生まれで当時八〇歳に近づいていた社会学者の日高六郎は、戦後民主主義再生のためには人権が手がかりになると述べている。日高は、「敗戦、そして日本国憲法の誕生。その体験と理念を生かしていこうという考え。それが戦後民主主義の核」だと述べたうえで、冷戦や経済成長、ソ連の崩壊が戦後民主主義に打撃を与えたとし、戦後民主主義の再生のための方策を次のように説いた。

人権をキーワードとして、階級・民族・国家中心ではなく、思想・表現の自由を尊重する市民的意識から出直すこと。とくに男女同権は重要です。政治的には、国境を超える民権の旗を高くかかげるべきです。（『毎日新聞』夕刊、一九九六年六月一七日）

『読売新聞』と日高六郎とでは戦後民主主義への評価が異なる。しかし、戦後民主主義の現在地を語る際に人権に注目するという点で、両者は共通していた。日高がより踏み込んで述べるように、憲法は両性の平等を掲げているが、戦後民主主義は男女平等の問題に十分には取り組んでこなかったからだ。

「敗戦後論」——日本国憲法の選び直しを

一九九五年には、文芸評論家の加藤典洋《のりひろ》が、「敗戦後論」(『群像』一九九五年一月号)を発表して議論を呼んだ。

加藤は、戦後史の起点に存在する「矛盾」を指摘する。「矛盾」とは、憲法第九条を含む日本国憲法が、アメリカの軍事力のもとで押しつけられたという事実を指す。それだけならば、戦後繰り返し指摘されてきたが、戦後憲法の理念を「否定できない」と感じるようになった加藤は、「憲法の改正規定を通じての国民投票による現憲法の選び直し」を提案する。さらに、アジア諸国に対する謝罪のためには、三〇〇万人の自国の戦死者への哀悼を通じて、「アジアの二千万の死者への謝罪にいたる道」を模索すべきだと記していた。

加藤典洋（1948～2019）評論家．東大卒．国立国会図書館勤務を経て評論活動へ．『アメリカの影』（1985）で注目され，戦後日本の平和主義を問い直す『敗戦後論』（97）で論争を巻き起こした．村上春樹作品の評論でも知られる

国民投票による憲法の「選び直し」と、アジア・太平洋戦争をあらためて引き受ける加藤の提案は、戦後民主主義的な発想から生まれていた。なぜならば、それは「選ぶ」という主体的行為を通して、憲法の理念とそれを支えた戦争体験を再活性化しようとする試みであり、それはかつて「八月一五日にかえれ」と述べた丸山眞男の呼びかけの延長上にあるからだ。「敗戦後論」をめぐ

る議論は、戦後民主主義をめぐる最後の本格的な議論だったと言える。
しかし、一九九〇年代には、戦後史とはほとんど関わりなく、同時代の社会問題を憂い、誰かを批判する際の常套句《じょうとうく》として戦後民主主義という言葉が使用される傾向が強まっていく。その傾向をよく示している例を二つ挙げておく。一つは、文芸評論家の江藤淳の言葉である。江藤は日本のリーダー像について語るなかで次のように述べている。

海部、細川、羽田さんたちを見ていると、戦後民主主義のファンダメンタリストといった感じがする。戦後の社会科教科書のチャートだけしか頭に入っていないような印象を受けます。

（「平成問答　北岡伸一・政治の肖像（上）江藤淳氏を迎えて」『読売新聞』夕刊、一九九六年六月一日）

対談での発言のため江藤の真意は読み取りづらいが、三人の首相経験者は当時新進党を結成し政権交代可能な二大政党の一つだとアピールしていた。江藤はそうした動きを、戦後民主主義という言葉を使って否定的に表現している。
もう一つは、経済学者・評論家の佐伯啓思《さえきけいし》（一九四九〜）の言葉である。佐伯は、日本社会に浸透した無責任構造の原因として戦後民主主義を挙げている。

戦後日本のデモクラシーは、責任倫理の恐ろしいまでの希薄さと裏腹な、ある意味では過激なまでの権利意識、平等意識を育て上げたこともまた否定できないであろう。あるいは、ほとんど自閉したかのように、自分一個の幸福にしか関心をもたない「ミーイズム」や、自分の閉鎖的世界にしか関心を示さない「おたく」を、水虫のように伝染させていったのもまた、戦後デモクラシーのもとでの個人主義なのであった。

（「「責任論」の陥穽」『発言者』一九九六年三月号）

佐伯は、ここで戦後デモクラシーという用語を使っているが、悪しき個人主義の原因として戦後民主主義を理解し、厳しく批判している。江藤と佐伯の議論は、ほとんどあらゆる問題を戦後民主主義という言葉に結びつけて一刀両断するという、この時代にしばしば見られた言論の定型をよく示している。

ボランティアと脱イデオロギー

一九九五年一月一七日に起こった阪神・淡路大震災では、ボランティア活動に参加する人が目立った。そのため、一九九五年は「日本のボランティア元年」とも呼ばれる。ボランティアとは、文字通り自発的な参加を前提にしているが、この言葉には非専従者という含みもある。久野収は一九六〇年に、市民運動を指して「職業人としての自覚にたつ」運動だと述べた（「市民主義の成立」）。久野の言葉に照らせば、活動家や慈善活動家ではなく、社会人や主婦や学生が可能な範囲で主体的に関与するボランティアは、戦後民主主義の価値観と重なるところがある。

阪神・淡路大震災後のボランティア活動には、『なんとなく、クリスタル』の作家、田中康夫が参加して話題になった。

田中は、地震発生直後の一月二一日に関西に入り、バイクの荷台に衣装箱を括《くく》り付けて被災者に水や物資を運び始めた。「新聞配達のように路地から路地へと移動」する毎日だったという。右翼団体が炊き出しを行う姿をみて、「出来ることを出来る範囲で行うのがボランティアなのだと思う。そして、阪神大震災とは、イデオロギーに関係なく人々がボランティアし得た、初めての契機となるのではないか」と記している（『神戸震災日記』）。

田中はまた、インタビューで次のように述べた。

湾岸戦争の時『カネだけでなく血も汗も流せ』と叫んだ政治家や評論家は今回何をしたのかなあ。同じ国に暮らす人がイデオロギーと無縁の天災で傷ついたのに。戦争と違い血を流す危険なんてがれきの後片付けで指を切るくらいでしょ。そう快な汗が流せますよ、と教えてあげたいね。

（「作家・田中康夫さん――「私」を支えてこそ真の復興」『毎日新聞』大阪夕刊、一九九五年七月一日）

田中は、ボランティアはイデオロギーと無縁だと強調する。困っている人びとを前にして、何か出来ることをしたいと考え、実践することは左右の価値観とは無縁だと言える。ただし、ボランティア活動の対象である「公益」とは何であり、その線引きがどのようになされるのか、あるいは中央省庁や自治体がボランティアを称揚するのはどういうことなのかを考えれば、厳密には「イデオロギーとは無縁」とは言い難い。にもかかわらず、「イデオロギーとは無縁」という言い方は一九九〇年代に好まれた。

脱イデオロギーとでもいうべき潮流は、既存政党への不信としても表れた。一九九五年四月九日の統一地方選挙で、東京都知事に元・放送作家で参議院議員だった青島幸男（一九三二〜二〇〇六）が、大阪府知事に芸人の横山ノック（一九三二〜二〇〇七）が選ばれた。主要政党が相乗りで推薦する候補を、タレント出身の無党派候補が揃って大差で退けたのである。

従来の社会運動とは異なるボランティア活動や、既存の政党政治を批判する候補者への期待感は、一九九〇年代前半の地殻変動を象徴するものだった。ソ連の崩壊や社会党の方針転換により、保革対立の構図は過去のものになりつつあったが、一九九五年はその変化がある意味ではわかりやすく表面化した年だった。その傾向は歴史認識問題にも当てはまる。

「自虐史観」との批判

一九九五年に村山政権がアジア諸国への「お詫び」を表明したのは、自らの戦争責任を直視してこなかった日本にとって画期的な出来事だったが、こうした姿勢を「自虐的」だとして批判する新たな保守勢力が、日本社会で伸長していく。

一九九五年七月、「イデオロギーにとらわれない自由な立場からの大胆な歴史の見直し」を掲げる「自由主義史観研究会」が設立された。設立を提唱したのは、教育学者で東大教授の藤岡信勝（一九四三〜）である。藤岡は長らく小中学校の教育に関わり、教室でのディベートの実践を呼びかけるなど新しい授業の創出に取り組んできた。しかし湾岸戦争を経て、戦後日本の平和教育が一国平和主義の「幻想」をつくり出したのではないかと疑念を抱くようになった。藤岡らは、「村山談話」に代表される政治家たちの姿勢を、「謝罪外交」と呼び、それを生んだ戦後日本の歴史理解のあり方を「自虐史観」と呼んで批判した。

藤岡の取り組みは戦後民主主義への異議申し立てとして、一定の支持を得る。藤岡を紹介する『読売新聞』の記事は、次のように述べる。

戦後民主主義教育は、国民と国家をことさら対立的にとらえ、自らの国を愛し、誇りをもたせることを「軍国主義」につながるものとして極力避けてきたきらいがある。こうした偏った理解を克服し、ごく自然な人間性を取り戻すべく、〔藤岡は〕たゆまざる奮闘を続けている。

（「私のいる風景 東京大学教授・藤岡信勝さん」『読売新聞』夕刊、一九九六年一二月七日）

一九九七年には、「自由主義史観研究会」が母体となり「新しい歴史教科書をつくる会」が発足した。この会は藤岡信勝や政治学者の坂本多加雄《たかお》（一九五〇～二〇〇二）、ドイツ文学者の西尾幹二《にしおかんじ》（一九三五～）といった保守派の論客のほか、当時評論活動を展開していた民俗学者の大月隆寛《おおつきたかひろ》（一九五九～）らも参加していた。この会は、現行の教科書を「自虐的」と批判し、従軍慰安婦に関する記述の削除を求め、自分たちの歴史観に沿う教科書を書こうとした。彼らの問題意識には、かつて家永三郎が試みた教科書検定批判と、イデオロギーを除けばよく似た部分があった。それは、教科書に関わる特定の歴史認識問題を社会に広く提示して、議論の土台を形成しようとする試みだった。

この会に参加した人物のなかでも、特に若者に対して大きな影響力を持っていたのが、マンガ家の小林よしのり（一九五三～）である。

小林よしのりの「脱正義論」

小林よしのりは、マンガによる「評論活動」を展開し、従来の論壇の読者とは異なる層から読者を集めていた。

論争や対立の過程を物語的に描いたうえで、自説をはっきりと提示する小林の手法は、読者からの支持を得る。小林はまた、読者投稿をマンガのなかに取り上げることで読者を巻き込み、著者と読者との結束感を固めた。それらの手法は、戦後日本のマンガが積み重ねてきた手法の一つの到達点でもあった。

小林の姿勢を理解するには、一九八〇年代後半から問題化した薬害エイズとの関わり方を見るのがわかりやすい。薬害エイズ問題を通して被害者たちとの関係を深めた小林は一九九四年、市民団体「HIV訴訟を支える会」の代表に就く。小林の官僚批判は、一九九〇年代に話題になった官僚腐敗報道とも結びつきながら、共感を呼んだ。

しかし、その後、小林は市民運動への違和感を募らせていく。「個の連帯」を目指す小林は、まず組織の論理が介入し始めたことに危惧の念を抱く。小林の違和感は「支える会」に関わったボランティアの学生たちにも向いた。一九九六年に原告団と国との和解後も既存の市民運動と連携して運動を続けようとする学生たちに対して、小林は「学生は日常に戻れ!」と呼びかける。その結果、小林と学生たちとのあいだに亀裂が生じ、小林は「支える会」を追われた。事の顛末《てんまつ》を描き、「正義」の運動にのめり込んでいく人集団を批判する

『新・ゴーマニズム宣言スペシャル　脱正義論』（一九九六年）はベストセラーになった。『脱正義論』を「個の連帯は幻想だった」と結んだ小林だったが、社会問題と自らとの関わり自体をマンガ化するという新たな「評論活動」を定着させたことは間違いない。そして小林は、次なる巨大な問題へと対象を移す。戦争である。一九九八年に発表された『新・ゴーマニズム宣言SPECIAL　戦争論』（以下『戦争論』）は、発売後一ヵ月で二〇万部を突破する話題書となった。

その冒頭、小林は次のように語り始める。

平和である／なんだかんだ言っても…／日本は平和である〔中略〕家族はバラバラ　離婚率も上昇　主婦売春　援助交際という名でごまかす少女売春　中学生はキレる流行にのってナイフで刺しまくり　若者はマユ剃って化粧してパックしてお顔のお手入れに余念のない昨今／平和だ…　あちこちがただれてくるよな平和さだ　だれもこの平和の正体を知らぬまま…」〔引用中の「／」は、マンガ内のコマの移動を示す〕。

小林の『戦争論』は、「ただれてくるよな平和」への小林なりの異議申し立てであり、そこに書かれていたのは、一九六〇年代に林房雄が発表した『大東亜戦争肯定論』の九〇年代版とでもいうべき「植民地解放戦争」史観だった。

さらに、小林はマンガのなかで、戦死した兵士たちを、個よりも公を重んじ、国の未来のために死んでいった者として描き、兵士たちへの畏怖《いふ》の念を表明する。そのうえで、「個人があるから公がある」という戦後民主主義の思考枠組みを脱し、「公があるから個人がある」という認識を打ち立てるべきだと説いた。小林は、アジア・太平洋戦争の再評価を通して、日本人としての「歴史感覚」を再構築しようと試みていた。

小林はマンガによる言論活動を通して、「個の連帯」の挫折から日本という「公」へと向かっていった。その軌跡は、戦後民主主義への幻滅から批判へ向かった一九九〇年代の論壇の一側面を代表していた。

3　戦争体験者の退場、象徴にすがる理想主義

小泉政権と米同時多発テロ

二〇〇一年四月二六日、小泉純一郎（一九四二〜）が首相に就任した。低支持率に苦しんだ森喜朗前内閣とは異なり、小泉は自民党に新風を巻き起こす人物として期待された。『朝日新聞』が小泉内閣発足時の二〇〇一年四月に行った世論調査では、小泉内閣への支持率は七八％で過去最高を記録している。

小泉は憲法問題でも歯に衣着せぬ言論で話題を呼ぶ。就任翌日の記者会見では次のように

述べた。

集団的自衛権の権利はあるが行使できないというのが今の解釈だ。これを変えるのは非常に難しい。憲法を改正した方が望ましいという考えを持っている。日本近海で日米が共同活動をしていて、米軍が攻撃を受けた場合、日本が何もしないということができるのか。今の解釈を尊重するが、あらゆる事態について研究する必要があるのではないか。

(「小泉首相改憲発言の会見要旨」『読売新聞』二〇〇一年四月二八日)

「今の解釈を尊重する」としながらも、集団的自衛権行使のために改憲が必要だという持論を明確にした。小泉は就任から半年を経ずして、集団的自衛権問題に関わる大きな外交・安全保障問題に直面する。

二〇〇一年九月一一日、イスラム過激テロ組織「アルカイダ」の構成員たちによる旅客機を使った同時多発テロがアメリカで起こる。小泉政権はただちにアメリカへの協力を表明。一〇月二九日にはテロ対策特別措置法を成立させ、一一月には自衛艦がインド洋に派遣された。アメリカの軍事的行為への協力が、異例の早さで決まったのである。

さらに二〇〇三年には、対テロ戦争を口実に、アメリカはフセインのイラクに対して戦争を仕掛けた。これにともない、日本では有事法制関連三法が成立。道路・空港・港湾などの交通インフラ、ガス・電気あるいは医療施設など生活インフラが、米軍への後方支援のために協力を義務づけられることになった。

歴史家の中村政則《まさのり》（一九三五〜二〇一五）は、有事法制関連三法について、「まさに戦争目的のために人的・物的資源の動員を認めた、国家総動員法の「再現」とも言える内容」と批判した（『戦後史』）。中村の危機感が示すように、小泉政権下の世論は、戦争と自衛隊への関心を高めていた。

日本国憲法への再注目

二〇〇〇年代初頭、憲法への再注目を呼びかけたのが、評論家の大塚英志である。大塚は、一九九〇年代以降の改憲論の高まりと、小泉純一郎や田中眞紀子や石原慎太郎などの政治家が「自分の言葉で語っている」という理由で支持される状況を踏まえて、ある活動を始めた。『中央公論』二〇〇一年一〇月号から、「憲法前文」を読者から募集するという企画を始めたのである。大塚は、日本国憲法の理念と向き合うことなく、「憲法は時代遅れだ」という雰囲気だけが社会に蔓延《まんえん》している状況に危機感を持っていた。「あなたはあなたの言葉で、あなたの政治的立場や、国のかたちについて語らなければいけない。そこに戻っていくことが、いま、いちばん必要です」と企画の意図を説明している。

大塚はまた、社会党議員の石橋政嗣が一九八〇年に刊行した『非武装中立論』を、二〇〇六年に復刊した。大塚は、「非武装中立」という構想が、戦後社会にかつて存在した選択肢であったことを強調し、憲法第九条の「理念」に「現実」をいかに近づけるかという「あたりまえの」思考を日本社会は失ったと述べる。

日本国憲法への注目を呼びかけたのは、大塚だけではなかった。医師の中村哲（一九四六～二〇一九）の場合を見てみよう。中村は、一九八〇年代からパキスタンとアフガニスタンで医療ボランティア活動に従事してきた。その経験を踏まえて、二〇〇一年一〇月一三日にテロ対策特別措置法案を審議する衆院特別委員会に参考人として参加、意見を述べている。中村は日本が軍事行為を支援すれば日本への信頼が損なわれるため自衛隊派遣は「有害無益」だと批判。パキスタンなどで想定される自衛隊の難民支援も、言葉の壁や治安状況から「役に立たない」と指摘した（『朝日新聞』夕刊、二〇〇一年一〇月一三日）

中村は憲法第九条を高く評価していた。紛争地域でボランティア活動をする際に、日本がどんな名目であっても外国を攻撃しない国であることは現地の人びとの信頼獲得を容易にし、結果的には人道的な復興支援や国際貢献の近道になる――それが中村の主張だった。

しかしながら、「対テロ戦争」としてのイラク戦争、そして自衛隊の派遣に対して、当時の日本社会は、一部の反対運動を除いて、戦争を自分たちの問題として受け止めることができなかった。

「戦後レジーム」からの脱却とは

日本がイラク戦争との関わりを深めるなか、憲法改正を目指す動きが自民党を中心に表面化していく。

二〇〇四年一月、自民党党大会は憲法改正を掲げた運動方針を採択、新憲法制定推進本部を発足させた。その後、自民党憲法調査会（会長保岡興治）は二〇〇四年一一月一七日、憲法改正草案大綱の素案を発表。素案は、現行憲法の全面改正を目指すもので、第九条については「自衛軍」の設置と集団的自衛権の行使を明記した。象徴天皇制は維持するが、天皇を「元首」と明確に位置づけ、女性天皇も認める内容だった。この素案は憲法論議の活性化がねらいの「たたき台」だったが、党内の強い反発を受ける。その結果、素案は一二月に撤回された。

自民党はより広く議論を進めるため、あらためて新憲法起草委員会（委員長は森喜朗）を設置する。自民党がこの時期に憲法論議にこだわったのは、二〇〇五年の結党五〇年大会に向けて、自主憲法制定という党是を確認する意味もあった。

新憲法起草委員会は、二〇〇五年一〇月末に条文を整えた新憲法草案を発表した。現行憲法下で主要政党が憲法改正の条文案をまとめたのは初めてのことだった。新憲法草案は、第九条については、一項の戦争放棄条項を残しながら、「自衛軍」の保持を明記。集団的自衛権の行使も認めた。また「国の環境保全の責務」を盛り込むなど、公明党と民主党の主張に

憲法改正の賛否を尋ねた世論調査（2001～08年）

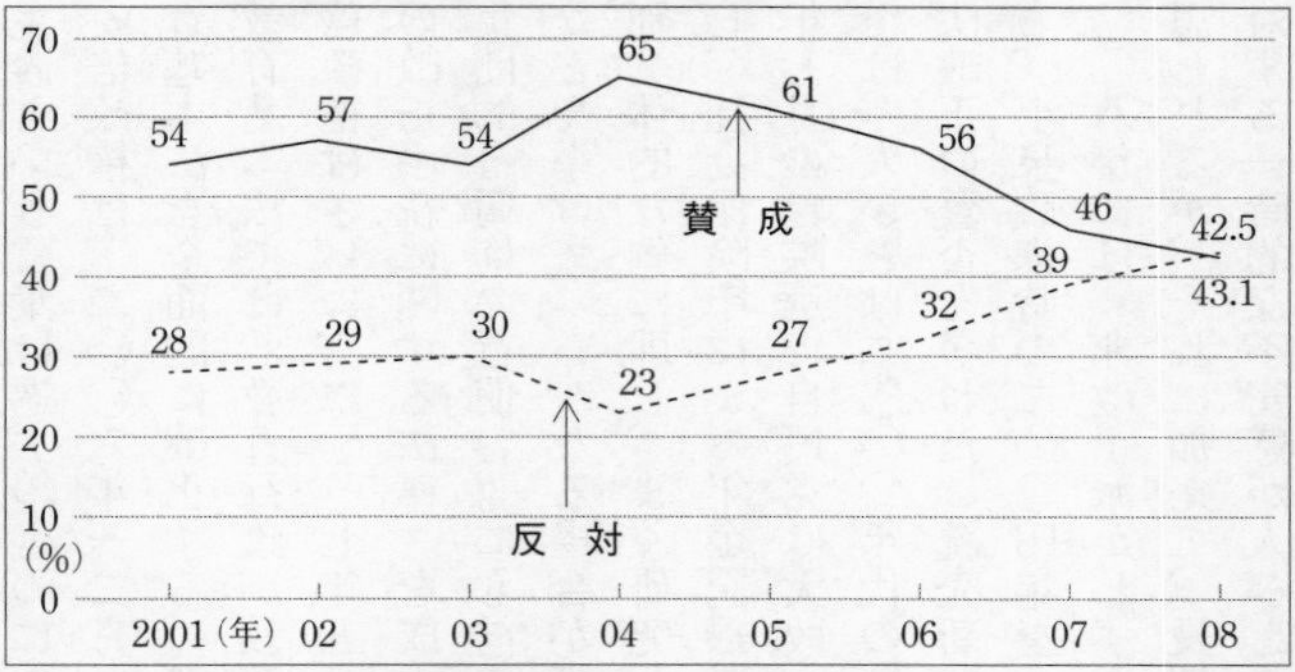

註記：グラフの年月は世論調査の実施時
出典：『読売新聞』2001年４月５日，02年４月５日，03年４月２日，04年４月２日，05年４月８日，06年４月４日，07年４月６日，08年４月８日を基に筆者作成

も配慮した。以上の活発な動きは、憲法改正に賛意を示す世論に支えられていた。

二〇〇六年九月、小泉首相が退陣し、第一次安倍内閣が成立する。安倍晋三（一九五四～）は、初めての戦後生まれの総理大臣だった。安倍首相は、「美しい国づくり内閣」を掲げるとともに「戦後レジームからの脱却」を進めると宣言、憲法改正に意欲を示した。安倍によると、戦後レジームとは、「憲法を頂点とした、行政システム、教育、経済、雇用、国と地方の関係、外交・安全保障などの基本的枠組み」である。

かつて戦後民主主義と呼ばれたものと大きな違いはない。戦後民主主義という言葉を使い、そこからの脱却をアピールすれば、「民主主義」や戦後の社会運動の蓄積を否定するものと受け取られかねない。戦後民主主義を戦後レジームと言い換える戦略は、一定程度成功したと言える。戦後民主主義という言葉は過去のものになりつつあった。

安倍政権は、二〇〇六年一二月には、「国を愛する心」「伝統の尊重」などを盛り込んで、教育基本法を全面的に改正する。戦後教育は国家が個人に介入することには抑制的だったが、新教育基本法では、教育行政が教育の内容にまで関わることが法律次第では可能になった。安倍政権はさらに、二〇〇七年五月に、改憲発議後の国民投票のルールを定めた「日本国憲法の改正手続に関する法律」を成立させた。

集団的自衛権の行使容認にも前向きだった。二〇〇六年九月の国会答弁で、国際情勢の変化などを挙げて「いかなる場合が憲法で禁止されている集団的自衛権の行使に該当するのか、個別具体的な例に即し、よく研究してまいる」と述べ、諮問機関を設けて検討に入った。しかし、社会保険庁による年金記録の欠落が明らかになるなど、政権への逆風が続き、二〇〇七年七月の参院選で自民党は大敗。参院第一党の座を民主党に明け渡すことになる。

では、人びとは二〇〇〇年代の自民党の改憲姿勢をどのように受け止めていたのだろうか。憲法改正の賛否を尋ねた『読売新聞』の世論調査からは、興味深い傾向を見て取ることができる。小泉政権時の二〇〇四年をピークにして改憲への賛成意見は減少を続けていたのだ。二〇〇八年には、非改正派がわずかに改正派を上回った。安倍政権の突然の退陣が影響したと思われるが、それに加えて、長期不況下で格差社会化が問題視されるなか、根本的な改憲に対する一時的な不安感が人びとのあいだに芽生えたのではないだろうか。

なお、その後の『読売新聞』の世論調査では、再び改正派が多数を占めるようになる。改正派は安定的に約五割を占め、非改正派は四割台を推移するという状況が二〇二〇年まで続く。改正派と非改正派のポイントに大きな差は生じていない。国民の意識は揺れ動きながらも、改正派がわずかに多数を占め続けるという結果が出ている。

格差社会論、排外主義の高揚

小泉政権から第一次安倍政権へと移行した二〇〇〇年代後半、論壇のテーマの一つに格差社会があった。

二〇〇六年七月、NHKが『ワーキングプア——働いても働いても豊かになれない』を放映し、あらゆる年代の人びとが直面する「貧困」の問題を取り上げた。さらに、『朝日新聞』は二〇〇七年一月一日から一二日まで、特集記事「ロストジェネレーション」を掲載した。『朝日新聞』は、一九七二年から八二年生まれの、当時二五歳から三五歳までの世代を「新たな価値観を求めて『さまよう世代』という意味を込め」て「ロストジェネレーション」と呼んだ。

これ以降、「ロストジェネレーション」という言葉は「ロスジェネ」とも略され、一九九〇年代の就職氷河期に大学を卒業後、非正規雇用の職を短期間で変えていかざるを得ず、それゆえ不安定な経済状況に置かれた人びとを指す言葉として定着した。

『朝日新聞』の特集記事の直前には、ライターの赤木智弘（一九七五～）による論考「丸山眞男をひっぱたきたい——三一歳、フリーター。希望は、戦争」（『論座』二〇〇七年一月号）が発表された。赤木はこの論考のなかで、「平和」な社会のなかで固定化された経済格差をリセットするには戦争しかないと述べ、「ロスジェネ」と呼ばれた世代の怒りと叫びを表現していると話題になっていた。

『論座』二〇〇七年四月号は、鶴見俊輔、福島みずほ、佐高信《さたかまこと》らを登場させて赤木論文に対する応答特集を組んでいる。ところが、応答者たちは赤木の問題提起を受け止め損ねていた。それは、赤木が使った「戦争」という言葉に関する拒否反応が原因だった。

当時八四歳だった鶴見俊輔は、赤木の世代なら若い頃に「情報技術」を学んでおけば、いまの苦労はなかっただろうと述べた。「どうして彼はその道を選ばなかったのか。これは知恵と決断の問題です。それが私の第一の感想」と返答した。社民党の福島みずほ（一九五五〜）は、戦争になれば赤木のような若いフリーターが戦場に行くのだと指摘し、「ひっぱたかれるのは、丸山眞男などではなく、あなた自身であり、奪われるのはあなたの命であり、あなたの人生です」と諭した。赤木の議論とのすれ違いは明らかだろう。

ここに浮上したのは、年長世代の格差問題への鈍感さだけではなかった。固定化された格差を問題提起した赤木に対し、『論座』執筆者たちは平和主義で応答することしかできなかった。敗戦直後の貧困状況を知っているはずの鶴見俊輔にしても、エリート主義的な返答をしていた。両者のすれ違いは、たんなる世代差ではなく、戦後民主主義の価値観が、基本的には右肩上がりの経済成長を土台にしていたことを明らかにするものだった。

二〇〇〇年代以降の日本は、もう一つの重大な社会問題を抱えていた。民族差別と排外主義である。

一九九〇年代後半以降、インターネットという新しい自由な言論の場が定着するなかで、他民族への憎悪の渦が、次第に大きくなっていく。匿名掲示板やブログでは、民族差別や排外主義的言説を日常的に目にするようになった。それはグローバル化の進展のなかで、より外国が近くになったことにもよるだろう。

二〇〇二年に開催されたサッカー日韓ワールドカップの際には、若者が何のためらいもなく「ニッポン」を連呼する姿に、「ナショナリズム」の発露を見出して危惧する意見もあったが、社会の水面下で進行する排外主義には、ほとんど注意が払われていなかった。

状況が変わったのは、二〇〇〇年代半ば以降である。二〇〇五年にはマンガ『嫌韓流』が刊行され、インターネット上の民族差別や排外主義が、一般社会でも徐々に可視化されるなか、二〇〇六年には「在日特権を許さない市民の会」が設立される。この集団は、朝鮮学校周辺や在日コリアンの居住地域でデモを行い、聞くに堪えない言葉で在日コリアンを罵《ののし》るようになった。

「積極的平和主義」という転換点

第一次安倍政権以後、自民党政権は迷走する。二〇〇九年八月三〇日に行われた総選挙で、自民党は結党以来の惨敗を喫した。民主党は三〇八議席を獲得する圧勝だった。野党が衆院選で単独過半数を獲得し、政権交代を果たしたのは戦後初めての快挙である。こうして、九月には民主党の鳩山由紀夫内閣が成立する。

しかし、民主党政権も、長くは続かなかった。

まず、沖縄の米軍基地問題に躓《つまず》いた。自民党は沖縄の普天間基地の返還と代替施設への基地機能の移転計画を進めていたが、民主党政権の誕生によって計画は見直された。「最低でも県外」と沖縄県外への移設を目指したが、代替する場所が決まらず、県外移設は先送りされた。鳩山の場当たり的な発言は激しい非難にさらされ、鳩山は二〇一〇年六月に首相を辞任する。

政権を継いだ菅直人は、市民運動家から政治家になったという経歴を持つ。首相就任に際しては「草の根から権力の座」と言われた（『朝日新聞』二〇一〇年六月五日）。また、「日本初の社会民主主義政権」を目指すだろうとも期待された（『週刊朝日』二〇一〇年七月九日号）。菅は所信表明演説で、自身の政治理念を「国民が政治に参加する真の国民主権の実現」だとし、その原点として、松下圭一から学んだ「市民自治の思想」を挙げている。他方で外交・安全保障政策については、永井陽之助の薫陶を受けたとして「現実主義」を基調にすると述べた（『朝日新聞』二〇一〇年六月一二日）。

しかし、民主党は二〇一一年三月の東日本大震災の対応に追われ、一二年末の総選挙で大敗。再び自民党が与党となり、第二次安倍内閣が成立した。

第二次安倍内閣が掲げたのが「積極的平和主義」だった。安倍政権は、日本の安全保障に課された法的制約を取り除き、集団的自衛権の行使容認に踏み切ることで、「脅威」に対する抑止力を高めることを目指した。

アメリカ人の日本文化研究者でシカゴ大学名誉教授のノーマ・フィールドは、二〇一四年三月のインタビューで、戦後的なものを終わらせつつある安倍政権が一定の支持を得ていることを危惧しつつ、日本の若者世代について「戦後を知らないし、バブルの頃すら知らない世代です。自分たちに戦後民主主義と繁栄の恩恵がもたらされているとは感じられないのだと思います」と述べている（『朝日新聞』二〇一四年三月一日）。

ここでは、戦後民主主義が過去のものとして語られている。二〇〇〇年代には平等の幻想が崩れ、自衛隊の海外派遣への抵抗感も薄まりつつあるなか、戦後民主主義は急速に過去のものになりつつあった。

実際、この時期には、戦後民主主義の構成要素である平和主義は最後の曲がり角を迎えていた。二〇一四年七月に安倍政権は、集団的自衛権の行使は憲法に違反しないと閣議決定する。集団的自衛権の行使は、憲法第九条の制約のために不可能だという従来の政府見解を覆

集団的自衛権 限定容認

安保政策を転換

憲法解釈 新見解 閣議決定

政府は1日夕、首相官邸で臨時閣議を開き、憲法解釈上できないとされてきた集団的自衛権の行使を、限定容認する新たな政府見解を決定した。国連平和維持活動（PKO）などで自衛隊の活動分野を広げ、武力攻撃に至らないグレーゾーン事態への対処能力も高める。安倍首相は記者会見で、日本が再び戦争をする国になることはないと断言するとともに、中国の台頭など緊迫する東アジア情勢を踏まえ、抑止力の向上につながると強調した。新政府見解で、戦後日本の安全保障政策は大きな転換点を迎えた。

首相「戦闘参加はない」

首相は閣議決定後の1日夕、首相官邸での記者会見の冒頭、「いかなる事態でも国民の命と平和な暮らしは守り抜いていく。私にはその大きな責任がある」と語った。新政府見解で憲法解釈を変更したことについて「現実に起こりうる事態において何をなすべきかという議論だ。万全の備えをすることが日本に戦争を仕掛けようとするたくらみをくじく。これが抑止力だ」と述べ、中国の軍拡や北朝鮮の核・ミサイル開発などを踏まえ、戦争に巻き込まれないための抑止力強化に狙いがあることを強調した。

自衛隊発足から60年にあ

閣議決定された新たな政府見解のポイント

- 国民の生命・自由、幸福追求の権利が根底から覆される明白な危険がある場合、必要最小限度の実力を行使することは憲法上許容される
- 上記の武力の行使は、国際法上は、集団的自衛権が根拠となる場合がある
- 命令や手続きの迅速化を検討
- 連携して日本防衛に当たる米軍部隊の武器等を自衛隊が防護できるよう法整備
- 他国軍隊が「現に戦闘行為を行っている現場」以外では、自衛隊による後方支援が可能
- 駆けつけ警護は、派遣先の政府の同意などを条件に可能となるよう法整備

記者会見する安倍首相（1日午後6時4分、首相官邸で）＝清水敏明撮影

集団的自衛権　「自国と密接な関係にある外国に対する武力攻撃を、自国が直接攻撃されていないにもかかわらず、実力をもって阻止する権利」（1981年5月29日政府答弁書）と定義される。国連憲章51条は国家の「固有の権利」として行使を認めているが、日本では憲法上、「保有するが、行使できない」とされてきた。

集団的自衛権の行使は憲法違反ではないと新解釈を示した安倍晋三首相
（『読売新聞』2014年7月2日）

す決定だった。

閣議決定を前提に、二〇一五年四月には「日米防衛協力のための指針（ガイドライン）」を改定。日米協力の範囲は、「アジア太平洋地域及びこれを越えた地域」になり、自衛隊による米軍の後方支援の範囲が世界中に拡大し、米軍と自衛隊の「緊密な連携」が可能になった。

集団的自衛権行使容認に踏み切った安倍政権は、法制度の整備に取り掛かる。安保関連法案の柱は、現行の法律の改正案一〇件からなる「平和安全法制整備法案」と「国際平和支援法案」新設の二本だった。

議論の焦点になったのは、「存立危機事態」だった。「存立危機事態」とは、日本が集団的自衛権を行使する際の前提条件で、「日本と密接な関係にある他国に対する武力攻撃が発生し、これにより日本の存立が脅かされ、

国民の生命、自由および幸福追求の権利が根底から覆される明白な危険がある」事態を指す。法案では、政府がこの事態を認定したうえで、「他に適当な手段がない」「必要最小限度の実力行使」という要件を満たせば、自衛隊の出動が可能になるとされた。

国会では、何が「存立危機」にあたるのかをめぐって激しい論戦が起こったが、最終的には内閣が「総合的に存立危機を判断する」という答えだった。こうして二〇一五年七月一五日の衆議院安保法制特別委員会で法案が強硬採決され、九月一九日、「平和安全法制」関連法が成立した。

「平和安全法制」をめぐっては、非常に大規模な反対運動が起こった。七月の衆議院特別委員会での強行採決のあとには、約一〇万人が、国会前に集まったとされる。学生たちのグループSEALDs（自由と民主主義のための学生緊急行動）の存在が大きく報じられた。これは「前史」として「三・一一」以後の反原発デモがあった。反原発デモには、二〇一二年七月のピーク時には毎週二〇万人が集まっていた。二〇一〇年代前半は、社会運動が再び注目を集めていたのである。

東京・小平市の住民投票

三・一一以後の日本社会で戦後民主主義の要素を指摘できる事例は、原発や特定秘密保護法、「平和安全法制」に反対するデモだけではない。二〇一三年五月に東京都の小平市で実施された住民投票からは、戦後民主主義の現在地を理解するうえで重要な論点をつかむことができる。この住民投票は、都道小平3・2・8号府中所沢線の計画見直しを問うものだった。市民グループは、道路建設計画の見直しを求めて署名を集め、小平市に住民投票条例の制定を直接請求した。二〇一三年三月の市議会でこの住民投票条例案は可決された。しかし市長はその一ヵ月後、住民投票条例に対して「投票資格者の総数の二分の一に満たない時は、成立しないものとする」という改正案を提案。最低投票率を五〇%とし、これに満たない場合は、住民投票は不成立となるため、開票作業を行わないとした。二〇一三年五月に実施された住民投票の投票率は三五・一七%。住民投票は否決され、開票もされなかった。

中沢新一や國分功一郎ら知識人が参加したこともあり、小平市の住民投票は幅広い関心を集めた。ここでは、民主主義のあり方を問い直した國分功一郎の議論を確認する。

國分は、国民の主権が有名無実なものになっているのではないかという問題提起を行った。現代日本では、物事を決めるのは議会であり、その議会に代議士を送る選挙こそが民主主義だという建前がある。しかし、実際の決定権は、官僚が担う行政権が握っている場合が多い。どこに予算をつかい、どこに道路を通すのかという問題に、主権者たる市民はほとんど関与できない。個々の政策については何もできない構造が固定化されている（「どんぐりと民主主義 PART2」）。さらに國分は、法的拘束力がない日本の住民投票を問題視し、拘束型の住民投票制度の実現を提案している（「住民投票制度についての提案」）。

國分の議論では戦後民主主義という言葉は使われていない。それでも、國分の提案内容は、直接的民主主義を模索するという戦後民主主義の現在形だと言えるだろう。

浮上する象徴天皇

二〇一〇年代後半は、従来よりも増して、天皇が存在感を示した時代だった。きっかけは、二〇一六年八月八日のビデオメッセージだった。生前退位の意向を示した天皇のメッセージを、日本社会はおおむね好意的に受け止めた。

第2章と第3章で触れたように、一九五〇年代末の皇太子成婚の際には天皇論が一時的に盛り上がったが、その後の風流夢譚事件を境に、天皇を批判的に考察する議論はマス・メディアからほとんど姿を消した。それ以降、戦後民主主義は象徴天皇について曖昧な態度を取り続けた。戦中派知識人たちのなかには、天皇に対して屈折した心情を吐露する者も多かったが、それは戦後民主主義とは結びつかず、一種の戦争体験論として理解された。

平成の天皇を高く評価した知識人の例を、二つ挙げておきたい。

一つは作家の池澤夏樹（一九四五〜）である。池澤は、平成の天皇と皇后について「我々は、史上かつて例のない新しい天皇の姿を見ているのではないだろうか」と説く。

今上と皇后は、自分たちは日本国憲法が決める範囲内で、徹底して弱者の傍らに身を置く、と行動を通じて表明しておられる。お二人に実権はない。いかなる行政的な指示も出されない。もちろん病気が治るわけでもない。

しかしこれほど自覚的で明快な思想の表現者である天皇をこの国の民が戴いたことはなかった。

（『朝日新聞』夕刊、二〇一四年八月五日）


もう一つの例は、評論家の内田樹《うちだたつる》（一九五〇～）である。リベラルな論者として知られた内田は、二〇一七年に自身を「天皇主義者」だと述べ、天皇制は政治権力の暴走を抑止するとともに、国民統合の機能を果たしていると評価した（『月刊日本』二〇一七年五月号）。

もっとも、象徴天皇を肯定する傾向は突然に沸き起こったわけではない。平成の時代を通して、ゆっくりと形成されたものだ。

そもそも、天皇は日本国憲法のもとで即位した初めての天皇だった。そのためか、天皇の職務について、信念を感じさせる行為が目立った。

天災が起これば被災地を訪れ、ハンセン病患者を慰問し、老人ホームを訪問し、アジア・太平洋戦争の戦死者の慰霊のために沖縄やサイパンへの旅を繰り返した。慰霊の旅は、日本国憲法の第一条と第九条とを国民のイメージのなかで結びつけることに成功した。

二〇〇四年一〇月には、園遊会の席上で、当時東京都の教育委員だった将棋棋士の米長邦雄《よねながくにお》が「日本中の学校で国旗を掲げ、国歌を斉唱させることが私の仕事でございます」と述べると、天皇は「やはり、強制になるということではないことが望ましい」と返答した。

これらは日本国憲法に規定された国事行為ではなく、法的には曖昧な公務である。しかし天皇の行動は、池澤や内田の言葉が示すように、知識人からも支持された。端的に言えば、平成の天皇は、そうはっきりと明言されることはなくとも、戦後民主主義者として捉えられるようになっていたと言える。ここには、日本国憲法を擁護する戦後民主主義者の一つの完成形が、国民というよりは平成の天皇だったという皮肉がある。それが戦後日本の一つの帰結だった。

戦後民主主義の現在地

戦後民主主義は過去のものになったのか。最後に、現代日本における平和意識のあり方を見ておこう。

ＮＨＫによる「平和に関する意識調査」を確認しよう（調査結果は、「一八・一九歳」と「二〇歳以上」の回答者の二種類に整理されているが、以下では「二〇歳以上」の回答傾向だけを取り上げる）。二〇一七年の六月から七月に実施されたこの調査には、「いま、日本は平和だと思いますか」という質問があった。それに対し、「平和だと思う」と答えたのは七七・三％だった。その人たちに平和だと思う理由を問うと、一番多い答えは「戦争をしていないから」で、四八・七％。二番目は「治安がよいから」で、三九・四％である。

しかし、「いま、世界は平和だと思いますか」という問いに対して、「思う」と答えた人はわずか五％に過ぎない。「世界が平和だと思わない」と答えた人は九二・八％。その理由は、戦争や紛争だと思う人が四七・三％。テロだと思う人は三三・九％だった。

つまり、「日本は平和」だが、「世界が平和」ではないという理解が、二〇一七年の日本社会の最大公約数である。この認識は、現代日本人の生活感覚に照らせば、当たり前のように感じられるかもしれない。しかし、日本が世界の一員ならば、世界が「平和」でないなかで日本だけ「平和」だということはあり得るのだろうか。

二〇一四年に集団的自衛権の行使容認が閣議決定され、翌年九月には「平和安全法制」が公布されたことは記憶に新しい。その際に強調されたのは、グローバルなパワーバランスの変化、大量破壊兵器や弾道ミサイルの開発及び拡散、テロの脅威などだった。そして、現代国際社会では、一国のみで平和を十分に守ることはできないから、集団的自衛権の行使容認に踏み切るのだと説明された。そして、その延長上に、「平和安全法制」が成立した。

集団的自衛権の行使容認は、「日本の平和」と「世界の平和」とを従来よりも深く結びつけて考えざるを得ない状況を作ってしまったわけだが、世論調査を見れば、両者は依然として切り離されたままである。「一国平和主義」と呼ばれた意識は残存しているが、日本の平和主義を世界に誇るという理想はもはや誰にも相手にされていないようにみえる。

終章　戦後民主主義は潰えたか

本書では、戦後民主主義を、占領期に進んだ政治的・経済的・文化的な民主化に基づくさまざまな制度・思想の総称として理解し、その総体的な変容過程の把握を目指した。先行研究では一九六〇年代までが対象になりがちであり、より長い期間を設定する場合でも特定個人に対象を絞るものが目立つ。そもそも、戦後民主主義という概念は広く流布しているが、各種の事典では項目が立てられていないことも多い。項目がある場合でも、たとえば三省堂の『戦後史大事典　1945-2004 増補新版』では平和主義への言及がなく、十分な概念規程だったとは言えない。

戦後民主主義は日本国憲法を基幹とする巨大な概念であり、戦後日本を包括する簡便な言葉だったが、本書を結ぶにあたって、その内容を整理しておこう。

戦後民主主義の前提にあるのは、当り前だが、民主主義である。民主主義という概念は、「民」とは誰を指すのかという問題がつきまとうため、常に論争的であり続けてきた。ここではそうした議論には踏み込まず、自分たちのことは自分たちで決めるという広義の「自治」を求める政治参加の試みとして民主主義を理解する。近代の民主主義はジェンダーや民族や人種を抑圧し、そこから目を逸《そ》らしてきたが、それを改善しようとする運動もまた民主主義の名のもとに行われた。民主主義という言葉のうえに「戦後」が加わるとき、次の三点が焦点化される。

第一に、戦争体験と結びついた平和主義である。

戦場・空襲・引揚げなどの戦争体験は、厭戦・反戦意識や反核意識の母胎となり、憲法前文と第九条が広く受け入れられる要因となった。空襲による死や引き揚げの途上での死など、兵士以外の死者を目にした経験は国家への根本的な不信を生んだ。体験と結びついた平和主義は狭義には「非武装中立」論として、広義には軍事全般への拒否感として定着した。一九五〇年代から六〇年代の平和主義は、反米意識やナショナリズムを取りこむことで日米安保体制を鋭く批判する力となった。

ただし、世界を先導するとまで言われた平和主義は高度成長期を通して次第に保守化・現実主義化した。一九九〇年代初頭になると、「国際貢献」の足かせとなる「一国平和主義」として、戦後の平和主義は批判の対象にもなり、第九条の改憲論が影響力を増した。平和主義は、二〇二〇年代の現在も日本社会に一応は根を張っているが、それはきわめて消極的なものになった。二〇一四年に集団的自衛権の行使容認が閣議決定されたとき、戦後民主主義の平和主義的価値観は、ほとんど有名無実化した。

第二に、直接的民主主義への志向性である。

これは言い換えれば、社会運動と地方議会を重視する姿勢を指す。これをたんに国民主権と呼んでしまうと、有権者の関心が国政選挙に偏っている現代では社会運動や地方議会の存在が見えにくくなるため、あえて直接的民主主義への志向性と呼んでおく。

戦後日本で社会運動が果たした役割は決して小さくない。先述の平和運動だけでなく、多様な市民運動・労働運動・学生運動の広がりがあった。社会運動は、議会制民主主義を監視し、批判することで、議会制民主主義を活性化させる重要な方法だった。一九七〇年代には学生運動が退潮し、一九八〇年代には労働組合の弱体化が決定的になったことは間違いないが、二〇一〇年代の原発災害後の脱原発運動や、平和安全法制への反対運動の高揚が示すように、直接的民主主義の要素は、現代も一定程度は残っていると言える。

地方議会については、一九六〇年代から七〇年代の革新自治体や、生活クラブ生協に代表される市民運動の動きがあった。これらの運動は「代表」とは何かを問い直し、自分たちの足元から政治に参加しようとする主体的意識の表れだった。

第三に、平等主義である。

平等主義については、日本国憲法が掲げる「法の下の平等」があるが、経済と教育の要素も見逃すことができない。経済については、戦後復興期には労働者と使用者の平等や貧困の解消を、高度成長期には富のより平等な分配を追い求めた。一九七〇年代以降は総中流意識が定着し、一九八〇年代には経済的な豊かさが達成されたという認識が広まった。それはある意味では戦後民主主義の理想の実現を意味していた。しかし、一九七〇年代後半からは、福祉国家の理想が退潮し、市場原理を公共部門に浸透させようとする政治・経済エリートの試みが、ある程度「成功」した。他方で、平等の幻想は貧困への意識を稀薄にした。その弊害は二〇〇〇年代に表面化する。

教育という面では、教育基本法の理念に基づく教育の機会均等が達成され、学歴差も是正された。しかし、第1章で確認した戦後教育の輝くイメージは戦後の過程で色褪《あ》せてしまった。また、男女同権や少数派の権利という面では、戦後民主主義が多様な問題を抱えていたことも忘れてはならないだろう。

以上の三点が重なりながら構成された戦後民主主義は、総体としてみれば、敗戦後の数年を例外としてほとんど常に否定の対象として話題にのぼってきた。

その言葉がまだ定着する前の一九五〇年代には改憲勢力に否定され、六〇年代には支配体制と同一視され否定された。また、一九八〇年代には、自民党的な利益誘導政治を指す言葉として使われたり、反権威主義的でモラトリアム的な大衆の価値観を指す言葉として使われたりするようになった。一九九〇年代になると「過剰な権利意識」「悪平等」「ミーイズム」「モラトリアム」など、あらゆる否定的な概念と結びつけられ、日本が「普通の国」ではないことの原因として痛罵されるまでになった。二〇〇〇年代半ば以降は、戦後日本のシステム全般を指して「戦後レジーム」という言葉が使われだし、戦後民主主義という言葉はますます使用されなくなっていった。つまり、戦後民主主義という言葉が論壇やジャーナリズムで積極的に使われたのは、一九五〇年代半ばから二〇〇〇年代初頭までの約五〇年間に過ぎない。

では、戦後民主主義は「終わった」のだろうか。

それを考える手がかりとして一冊の本を紹介したい。岩波書店編集部が二〇一六年に編集した『私の「戦後民主主義」』である。三八人の著名人による、戦後民主主義をめぐるメッセージをまとめたものだ。三八人のなかには、本書で触れた上野千鶴子や久米宏や石川好などもいる。

興味深いことに、同書の最も「若い」執筆者は、一九五〇年生まれの内田樹と姜尚中《カンサンジュン》である。編集部は、執筆者を「戦後民主主義の時代」を生きた著名人に限ったのだろうか。いずれにせよ、同書の読者として想定されているのは、おそらく執筆者たちと同世代の高齢者であり、若者ではないのだろう。戦後民主主義を語る最も「若手」の論客が、七〇歳なのだから、それはほとんど「老賢者の知恵」と化している。

だから悪いというわけではない。「戦後民主主義世代」を明示することで、その終わりを可視化するという意義があった。「戦後民主主義は終わったのか」という問いに対して、若い世代は、はっきりとそう明言することはなくても、心のなかでイエスと答えるのではないだろうか。

戦後民主主義がセットされた占領下から一九五〇年代にかけて、人びとは民主主義の基盤が、自分たちの内側にしかないことを体感的に理解していた。また、終戦直後の人びとがみせた湧き上がるような生存の欲求、学びの欲求に触れた知識人たちは、保守と革新とを問わず、戦後民主主義の主役が自分たち知識人だけではないことを深く理解していた。そうした経験を持つ世代が少なくなるにつれ、戦後民主主義という言葉もまた過去のものになりつつある。

他方で、戦後民主主義という言葉が、批判の対象を指し示す言葉として使用されてきたという側面もある。それゆえに、各時代で、この言葉は日本社会に欠けているものを照らし出してきた。しかしながら、二〇〇〇年代以降は、戦後民主主義は批判の言葉としても有効に機能しなくなった。ただし、戦後民主主義という言葉の機能不全と、その内容的な価値の失効とを、混同してはならないだろう。戦後民主主義は、磨き直すべき価値をいまなお持っている。

しばしば、現代社会は民主主義の転換点だと言われる。アメリカ、イギリス、フランス、日本などの先進国では、民主主義への憎悪や排外主義など、人びとの内向きの姿勢が目立つ。スマートフォンとSNSの普及によりグローバルな情報流通がいっそう加速したが、一国のみを対象とする思考の枠組みが揺らいだとは言えない。むしろ、その反動が各地で生じているようだ。

時間のかかる合意形成は、そのなかで自他がともに変化する場でもあるが、そのデメリットのみが言挙げされ、速度ばかりが重視される。舌鋒鋭く「敵」を批判する指導者が支持され、「国民」の経済的利益を守るためと称して従来の民主主義的なプロセスを軽視・無視する姿勢が、「政治的な決断力」と言い換えられている。

二〇二〇年に世界を覆った新型コロナ・ウイルス問題に際して、日本では四月から五月にかけて緊急事態宣言が発出され、政府と自治体から事業者への営業自粛要請や国民への外出自粛要請が行われた。罰則をともなう規制ではなく、自粛要請を採ったのは、強い規制が基本的人権や自由を制限しかねないからだろう。そこに、ドイツと同様、戦後民主主義の残滓《ざんし》を読み取ることも不可能ではない。国や自治体の意図は措くとして、自粛要請という出来事は「自由で民主的な主体」とは何かを問いかけていたのだと理解できる。他者への配慮による自粛と、同調圧力とが混ざり合いながら、基本的には憲法の精神を大きく損なうことなく、多くの人びとが緊急事態宣言下を過ごした。

筆者は戦後民主主義の精神が、いまほど求められている時代はないのではないかと考えている。戦後民主主義を、たんに改憲への賛否の問題だけに限定するのは得策ではない。戦後民主主義は、民主主義が「統治」の手段ではなく、「参加」を通じた「自治」の手段であることを教えている。選挙以外の場での政治的意思表示から、コミュニティや集団に関わってより良い運営を模索する粘り強い社会的実践まで、生活の至るところに民主主義があるという感覚が、戦後民主主義の根幹にある。

戦争体験が遠い過去になった日本社会は、戦後民主主義の何を継承すべきなのか、あるいは何を継承すべきでないのか。戦後民主主義のどの部分が潰えたのか、どの部分が残っているのか。本書がそれを吟味するための一助になれば幸いである。

あとがき

戦後民主主義と聞いて何をイメージするかは人それぞれだろうが、著者は『若者たち』という作品を思い浮かべる。一九六六年にテレビドラマとして放映され、六八年に映画化、続編も製作された作品だ。二〇一四年にはフジテレビ開局五五周年ドラマとしてリメイクもされている。

この作品は、ある家族を軸に、労働者や大学生などひたむきに生きる若者たちの濃密な人間関係を描いている。いかに生きるべきかと悩みながら、互いに議論し、ぶつかり合って、互いへの信頼を確かめる。時にしたたかに、時に冷酷に、集合的な関係が形成されていく。労働者の連帯、学生運動の挫折、家族を養う若い長男の葛藤など、観ているこちらが気恥ずかしくなる場面もあるが、登場人物たちがどこか羨ましい。独立プロ作品であり製作から配給まで、自主性や集団性を重視しており、その点でも戦後民主主義の精神を感じる。

もっとも、戦後民主主義が刻印されている作品は、『若者たち』に限らない。むしろ、戦後日本は、そうした作品を大量に生み出した。黒澤明が描いた若者と年長者の調和。木下恵介が描いた女性たちのひたむきな姿。今井正が描いた様々な「社会的弱者」。手塚治虫の漫画の健康的な「正義」。高畑勲と宮崎駿のアニメーションにある人間への厳しさと優しさ。

右に挙げた表現者たちの作品に共通するのは、「素朴」なヒューマニズムである。近代日本のヒューマニズムは、大正教養主義以来、知識人や学生層に定着し、啓蒙的に語られてきた。本書で確認したように、戦後日本の平和主義、直接的民主主義、平等主義のどの側面にも、こうしたヒューマニズムが息づいている。

しかし、ヒューマニズムという言葉が憚《はばか》られる空気が定着して久しい。微温的で体制順応的だと笑われたり、美的洗練からほど遠いと嘲笑《ちょうしょう》されたりする言葉になっている。労働から軍事まで、人間がモノのように扱われる局面はいまも昔も至るところに存在するにもかかわらず、それを批判する言葉は「素朴」で「空想的」だと言われてしまう。

戦後民主主義という言葉についても、事態は変わらない。平和主義を言えば、すぐさま「米軍の核の傘」か「憲法改正による自衛軍」かを選択するように迫られ、直接的民主主義を言えば「デモではなにも変わらない」と笑われ、平等主義を言えば「頭のなかがお花畑」だと呆《あき》れられるのだから。こうした状況は一朝一夕に改善できないだろうが、議論の手がかりとなる事例や言葉を共有する試みはもっとあっていいはずだ。

本書を閉じるにあたって、近年の研究史に鑑み、本書の特色と学術的位置づけを三点に整理しておきたい。

第一に、戦後民主主義という不定形の概念を「平和主義」「直接的民主主義」「平等主義」に分節化したうえで、それぞれの要素の変容を跡付けた点にある。

これら三つの要素は、歴史社会学研究や思想史研究、社会運動史研究、教育社会学、政治学など、多様な領域でそれぞれ深められてきた。戦後の民主化を対象にする学術研究は膨大に存在する。しかし、それぞれの領域を横断的に把握する試みは決して多くはなく、戦後民主主義という言葉を正面に据えたものは数えるほどしかない。また「戦後民主主義の神話」を解体する作業はたしかに新鮮で、今後も続くだろうが、その作業が三つの要素を取り崩してしまわないか、気懸かりである。

第二に、対象とした期間である。

戦後民主主義に関連する近年の研究として、小熊英二による一連の研究を誰もが挙げるのではないか。『〈民主〉と〈愛国〉』(新曜社、二〇〇二年)、『1968』(上下巻、新曜社、二〇〇九年)などである。その他、思想史研究として趙星銀『「大衆」と「市民」の戦後思想』(岩波書店、二〇一七)を、社会運動史研究としては道場親信『占領と平和』(青土社、二〇〇五年)を挙げることができる。

これらの研究に対して本書では、一九四五年から現代までを通時的に辿った。通時的にみることで、従来の研究のエアポケットになっている期間にも照明を当てようとした。たとえば、一九七〇年代半ばから九〇年代前半における戦後民主主義の変容を、政治・経済・文化の側面から立体的に描いている。

第三に、対象とした資料である。言い換えれば、文化への注目ということになる。

思想史研究や政治学は特定概念や個人に対象を絞ることが多い。しかし、繰り返しになるが、戦後民主主義という概念の特徴は、その不定形にある。戦後民主主義を問題化するには、人びとが広く共有した「空気」や「イメージ」という側面を無視することはできない。そのため、本書は文化にも着目した。ここで言う文化とは、論壇誌・文学・映画・アニメーションだけでなく、人びとの行動様式も指している。

本書が完成するまでには、たくさんの方々にお世話になった。構想の段階では福間良明さん、酒井隆史さんに相談に乗っていただいた。草稿の段階では、坂堅太さん、森下達さん、前田聡さんに貴重なコメントを頂戴した。また、原爆文学研究会、戦争社会学研究会、現代思想研究会での活発な議論から多くを学んだ。すばらしい研究環境を整えてくださった神戸市外国語大学外国学研究所のみなさまにも、心からお礼を言いたい。

『核と日本人』に続いて編集を担当して下さった白戸直人さんには、いつも叱咤激励していただいた。今回は前回よりも対話が濃密で、白戸さんの指摘に応えるため、あらためて資料を読み直すことも多かった。最初の読者である白戸さんには、特別のお礼を申し上げます。

二〇二〇年一二月

山本昭宏

主要参考文献

複数章にわたって参考にした文献は、最初に参照した章に記した

第1章

阿久悠『愛すべき名歌たち』岩波書店、一九九九年
天野正子「「解放」された女性たち」中村政則・天川晃・尹健次・五十嵐武士編『戦後日本 占領と戦後改革 第3巻 戦後思想と社会意識』岩波書店、一九九五年
新井直之『敗戦体験と戦後思想』論創社、一九九七年
安藤丈将『脱原発の運動史――チェルノブイリ、福島、そしてこれから』岩波書店、二〇一九年
池田浩士「「戦後民主主義」とわれわれの「いま」」『未来』一九八八年一一月号
岩本憲司編『占領下の映画――解放と検閲』森話社、二〇〇九年
海野十三『海野十三敗戦日記』中央公論新社、二〇〇五年
大井赤亥・大園誠・神子島健・和田悠編『戦後思想の再審判――丸山眞男から柄谷行人まで』法律文化社、二〇一五年
大嶽秀夫『再軍備とナショナリズム――戦後日本の防衛観』講談社、二〇〇五年
勝又浩『「鐘の鳴る丘」世代とアメリカ――廃墟・占領・戦後文学』白水社、二〇一二年
加藤周一「民主教育に対する疑問」『知性』一九五六年四月号
苅部直『丸山眞男――リベラリストの肖像』岩波書店、二〇〇六年
河西秀哉『天皇制と民主主義の昭和史』人文書院、二〇一八年
久野収「平和の論理と戦争の論理」『世界』一九四九年九月号
久野収『久野収対話集 戦後の渦の中で 3』人文書院、一九七二年
久米郁男『労働政治』中央公論新社、二〇〇五年
黒澤明『蝦蟇の油――自伝のようなもの』岩波書店、一九八四年
古関彰一「憲法九条意識の基本構造」『法律時報』一九八一年、一一月号
古関彰一『九条と安全保障 日本国憲法・検証――一九四五―二〇〇〇 資料と論点 第5巻』小学館、二〇〇一年
ゴードン、アンドルー編、中村政則監訳『歴史としての戦後日本 上』みすず書房、二〇〇二年
今野勉『今野勉のテレビズム宣言』フィルムアート社、一九七六年
境家史郎『憲法と世論――戦後日本人は憲法とどう向き合ってきたのか』筑摩書房、二〇一七年
澤地久枝『私が生きた「昭和」』岩波書店、二〇〇〇年
佐藤卓己『八月十五日の神話――終戦記念日のメディア学』筑摩書房、二〇〇五年
佐藤忠男「映画の戦後民主主義」『世界』一九七二年一〇月号
清水幾太郎『清水幾太郎著作集 14 わが人生の断片』講談社、一九九三年
清水靖久『丸山真男と戦後民主主義』北海道大学出版会、二〇

一九年
高畠通敏「戦後民主主義とは何だったか」中村政則・天川晃・尹健次・五十嵐武士『戦後日本　占領と戦後改革　第4巻　戦後民主主義』岩波書店、一九九五年
高見勝利編『あたらしい憲法のはなし　他二篇』岩波書店、二〇一三年
高見順『敗戦日記』文藝春秋、一九八一年
竹内洋『革新幻想の戦後史』中央公論新社、二〇一一年
竹内洋・佐藤卓己・稲垣恭子編『日本の論壇雑誌——教養メディアの盛衰』創元社、二〇一四年
竹山道雄「門を入らない人々」『新潮』一九五一年六月号
田中明彦『安全保障——戦後50年の模索』読売新聞社、一九九七年
田中伸尚『憲法九条の戦後史』岩波書店、二〇〇五年
筑紫哲也「筑紫哲也オーラルヒストリー」『週刊朝日MOOK　筑紫哲也』二〇〇九年、朝日新聞出版
千葉慶「石坂洋次郎映画はいかに「民主主義」を〈消化〉したか——『青い山脈』の系譜学・試論」『千葉大学人文社会科学研究科研究プロジェクト報告書』第二七九集、二〇一四年二月
成田龍一『「戦後」はいかに語られるか』河出書房新社、二〇一六年
成田龍一『近現代日本史との対話　戦中・戦後——現在編』集英社、二〇一九年
日本教職員組合編『日教組十年史』日本教職員組合、一九五八年
波多野哲朗「戦後民主主義映画——その成熟と頽廃」『美術手帖』一九七五年五月号
花田史彦「「民主主義」から「戦後主義」へ——映画『青い山脈』（一九四九年）をめぐる輿論と世論」『京都メディア史研究年報』第一号、二〇一五年四月
廣澤榮『わが青春の鎌倉アカデミア——戦後教育の一原点』岩波書店、一九九六年
福永文夫『日本占領史 1945-1952』中央公論新社、二〇一四年
藤田省三「戦後の議論の前提——経験について」『思想の科学』第七次第一号、一九八一年四月
藤田省三『全体主義の時代経験』みすず書房、一九九五年
舟橋和郎『回想の日本映画黄金期』清水書院、一九九六年
毎日新聞社編『岩波書店と文藝春秋——『世界』・『文藝春秋』に見る戦後思潮』毎日新聞社、一九九六年
松尾尊兊「象徴天皇制の成立についての覚書」『思想』第七九〇号、一九九〇年四月号
三宅芳夫『ファシズムと冷戦のはざまで——戦後思想の胎動と形成 1930-1960』東京大学出版会、二〇一九年
山川均「非武装憲法の擁護——日本は再び軍備をもつべきか」『世界』一九五一年一〇号
山田太一「菊池寛の「通俗小説」」『菊池寛全集　第八巻』高松市菊池寛記念館、一九九四年
山本昭宏『教養としての戦後〈平和論〉』イースト・プレス、二〇一六年
山本明『戦後風俗史』大阪書籍、一九八六年
吉田裕「戦争責任と極東国際軍事裁判」中村政則・天川晃・尹健次・五十嵐武士『戦後日本　占領と戦後改革　第5巻　過去の清算』岩波書店、一九九五年
米谷匡史「丸山真男の日本批判」『現代思想』一九九四年一月号

米谷匡史「丸山眞男と戦後日本――戦後民主主義の〈始まり〉をめぐって」『情況』一九九七年一・二月合併号
我妻栄「知られざる憲法討議」『世界』一九六二年八月号
和田春樹『「平和国家」の誕生――戦後日本の原点と変容』岩波書店、二〇一五年

第2章

有山輝雄『戦後史のなかの憲法とジャーナリズム』柏書房、一九九八年
飯田泰三「解説」『藤田省三対話集成1』みすず書房、二〇〇六年
石田あゆう『ミッチー・ブーム』文藝春秋、二〇〇六年
石田雄『平和の政治学』岩波書店、一九六八年
石田雄『日本の政治と言葉 下』東京大学出版会、一九八九年
石田雄・坂本義和・篠原一・隅谷三喜男・田口富久治・日高六郎・丸山眞男「現在の政治状況：何をなすべきか」『世界』一九六〇年八月号
石橋政嗣『非武装中立論』日本社会党中央本部機関紙局、一九八〇年
大嶽秀夫『日本政治の対立軸――九三年以降の政界再編の中で』中央公論新社、一九九九年
小熊英二『〈民主〉と〈愛国〉』新曜社、二〇〇二年
小熊英二「丸山眞男の神話と実像」『KAWADE 道の手帖　丸山眞男』河出書房新社、二〇〇六年
蒲島郁夫・竹中佳彦『イデオロギー――現代政治学叢書8』東京大学出版会、二〇一二年
河西秀哉『天皇制と民主主義の昭和史』人文書院、二〇一八年
篠原一『現代日本の文化変容――その政治学的考察』れんが書房、一九七一年
朱依拉「『秋津温泉』論」『研究論集』北海道大学文学研究科、第一七号、二〇一七年
自由民主党編『自由民主党史　資料編』自由民主党、一九八六年
竹内好「民主か独裁か――当面の状況判断」『図書新聞』一九六〇年六月四日
竹内好「私たちの憲法感覚」『世界』一九六〇年八月号
武田晴人『「国民所得倍増計画」を読み解く』日本経済評論社、二〇一四年
谷川雁ほか『民主主義の神話――安保闘争の思想的総括』現代思潮社、一九六〇年
趙星銀『「大衆」と「市民」の戦後思想――藤田省三と松下圭一』岩波書店、二〇一七年
壺井栄『二十四の瞳 他二編』旺文社、一九六五年
テツオ・ナジタ、前田愛、神島二郎編『戦後日本の精神史』岩波書店、一九八八年
手塚治虫『ぼくはマンガ家』大和書房、一九七九年
中北浩爾『一九五五年体制の成立』東京大学出版会、二〇〇二年
成田龍一「二〇一五年七月一五日のあとに、『1960年5月19日』を読む」『現代思想』二〇一五年一〇月臨時増刊号
日本社会党結党20周年記念事業実行委員会編『日本社会党20年の記録』日本社会党機関誌出版局、一九六五年
長谷川宏『丸山眞男をどう読むか』講談社、二〇〇一年
林尚之「戦後改憲論と『憲法革命』」『立命館大学人文科学研究所紀要』一〇〇号、二〇一三年三月
原彬久『岸信介』岩波書店、一九九五年

原彬久『戦後史のなかの日本社会党――その理想主義とは何であったのか』中央公論新社、二〇〇〇年
日高六郎編『1960年5月19日』岩波書店、一九六〇年
藤田省三・江藤淳「運動・評価・プログラム」『思想の科学』一九六〇年七月号
藤田省三「戦後昭和二十年、二十七年を中心とする転向の状況」思想の科学研究会編『共同研究　転向　下』平凡社、一九六二年
丸山眞男『丸山眞男集8』岩波書店、一九九六年
御厨貴・中村隆英『聞き書　宮澤喜一回顧録』岩波書店、二〇〇五年
道場親信『占領と平和――〈戦後〉という経験』青土社、二〇〇五年
渡辺治『憲法改正の争点――資料で読む改憲論の歴史』旬報社、二〇〇二年

第3章

赤塚行雄『戦後欲望史――黄金の六〇年代篇』講談社、一九八四年
天野正子『「生活者」とはだれか――自律的市民像の系譜』中央公論社、一九九六年
五十嵐恵邦『敗戦の記憶――身体・文化・物語　1945〜1970』中央公論新社、二〇〇七年
石坂友司・松林秀樹編『一九六四年東京オリンピックは何を生んだのか』青弓社、二〇一八年
磯田光一『戦後史の空間』新潮社、一九八三年
磯前順一『昭和・平成精神史――「終わらない戦後」と「幸せな日本人」』講談社、二〇一九年
上山春平『大東亜戦争の意味――現代史分析の視点』中央公論社、一九六四年
江藤文夫「カッパ文化――戦後をつくるI」『江藤文夫の仕事2』影書房、二〇〇六年
大熊信行『増補版　日本の虚妄――戦後民主主義批判』論創社、二〇〇九年
大嶽秀夫『高度成長期の政治学』東京大学出版会、一九九九年
小熊英二『1968　上・下』新曜社、二〇〇九年
桶谷秀昭『昭和精神史　戦後篇』文藝春秋、二〇〇〇年
小田実「投票者の拒否権」『朝日ジャーナル』一九六七年一月一五日号
小田実・鶴見良行・日高六郎「戦後民主主義の現局面と憲法」『展望』一九六九年五月号
葛西弘隆「花森安治と戦後民主主義の文化政治」『津田塾大学紀要』第五〇号、二〇一八年三月
鹿野政直『現代日本女性史――フェミニズムを軸として』有斐閣、二〇〇四年
川北直生「革新自治体の政治学的研究――黒田革新府政の誕生」『国際公共政策研究』第一六巻第一号、二〇一一年
北川隆吉「戦後民主主義とマイ・ホーム主義」『現代の眼』一九六二年二月号
桜井哲夫『増補　可能性としての「戦後」』平凡社、二〇〇七年
酒井哲哉「永井陽之助と戦後政治学」『国際政治』一七五号、二〇一四年
篠原一「戦後民主主義と議会制」『世界』一九六三年八月号
信夫清三郎「日本現代史と占領時代」『世界』一九六四年八月号
絓秀実『増補　革命的な、あまりに革命的な――「1968年

の革命」史論』筑摩書房、二〇一八年
関嘉彦「「戦後民主主義」を再検討する」『諸君！』一九八六年一月号
大松博文『おれについてこい！——わたしの勝負根性』講談社、一九六三年
高畑勲『「ホルス」の映像表現』徳間書店、一九八三年
鶴見俊輔・齋藤愼爾編『サザエさんの〈昭和〉』柏書房、二〇〇六年
鶴見良行『鶴見良行著作集2——ベ平連』みすず書房、二〇〇二年
根津朝彦「『中央公論』編集者の配置と思想——編集後記に見る戦中戦後経験」同時代史学会『日本国憲法の同時代史』日本経済評論社、二〇〇七年
根津朝彦『戦後『中央公論』と「風流夢譚」事件——「論壇」・編集者の思想史』日本経済評論社、二〇一三年
八田一朗『勝負根性』実業之日本社、一九六五年
花森安治「民主主義と味噌汁」『中央公論』一九六五年九月号
林房雄『続・大東亜戦争肯定論』番町書房、一九六五年
原山浩介「出発としての焼け跡・闇市」安田常雄編『シリーズ戦後日本社会の歴史2　社会を消費する人びと——大衆消費社会の編成と変容』岩波書店、二〇一三年
福間良明『「反戦」のメディア史』世界思想社、二〇〇六年
福間良明『戦争体験の戦後史』中央公論新社、二〇〇九年
松下圭一「直接民主主義の論理と社会分権」『朝日ジャーナル』一九六九年六月八日号
松下圭一「大衆社会と管理社会」『現代の理論』一九六九年九月号
松下圭一『シビル・ミニマムの思想』東京大学出版会、一九七一年
松本三之介「大熊信行における国家の問題」『思想』一九九四年三月号
三宅明正「戦後改革と市民社会」歴史学研究会・日本史研究会編『日本史講座10　戦後日本論』東京大学出版会、二〇〇五年
村井良太『佐藤栄作』中央公論新社、二〇一九年
安丸良夫・喜安朗編『戦後知の可能性——歴史・宗教・民衆』山川出版社、二〇一〇年
山田宗睦『戦後への出生証』勁草書房、一九六五年
山本昭宏「民衆・女性・マイノリティ——高畑勲の映画における戦後民主主義のイメージ」『ユリイカ』二〇一八年七月号

第4章

会田雄次ほか『日本に政治はあるか』恒文社、一九七四年
青木保『「日本文化論」の変容——戦後日本の文化とアイデンティティー』中央公論社、一九九〇年
色川大吉『色川大吉時評論集——新世紀なれど光は見えず』日本経済評論社、二〇一四年
NHK放送文化研究所『現代日本人の意識構造［第九版］』NHK出版、二〇二〇年
大内裕和・酒井隆史・三宅芳夫・山根伸洋・柿原泰・藤本一勇「八〇年代とは何だったのか」『現代思想』二〇〇一年一月号
小沢雅子『新「階層消費」の時代』日本経済新聞社、一九八五年
北田暁大『嗤う日本の「ナショナリズム」』NHK出版、二〇〇五年
久野収『戦後民主主義』毎日新聞社、一九七九年
佐藤誠三郎・公文俊平・村上泰亮「脱『保革』時代の到来」

『中央公論』一九七七年二月号
佐藤慶幸『女性と協同組合の社会学』文眞堂、一九九六年
島桂次『シマゲジ風雲録――放送と権力・40年』文藝春秋、一九九五年
上丸洋一『『諸君!』『正論』の研究――保守言論はどう変容してきたか』岩波書店、二〇一一年
鈴木耕『私説集英社放浪記――「月刊明星」「プレイボーイ」から新書創刊まで』河出書房新社、二〇一八年
鈴木英生『新左翼とロスジェネ』集英社、二〇〇九年
高畠通敏「成田・戦後民主主義の終焉――集団エゴイズムの論理」『エコノミスト』一九七八年六月二〇日号
高畠通敏『戦後思想の潮流』新評論、一九七八年
高畠通敏『いま何が論じられているか』三一書房、一九八三年
田中康夫『なんとなく、クリスタル』河出書房新社、一九八一年
津村喬「平和と戦争の再定義――平和憲法と戦後精神の限界」『思想の科学』一九七九年八月号
中北浩爾『自民党政治の変容』NHK出版、二〇一四年
日米欧委員会編『民主主義の統治能力』綿貫譲治監訳、サイマル出版会、一九七六年
『ニッポンと戦争』別冊宝島一三五号、JICC出版局、一九九一年
日本放送協会編『憲法論争――その経緯と焦点』日本放送出版協会、一九八四年
博報堂生活総合研究所編『「分衆」の誕生』日本経済新聞社、一九八五年
服部龍二『中曽根康弘』中央公論新社、二〇一五年
原彬久『戦後史のなかの日本社会党』中央公論新社、二〇〇〇年
福田恆存『福田恆存対談・座談集 第四巻』玉川大学出版部、二〇一二年
福永文夫『大平正芳』中央公論新社、二〇一三年
藤岡和賀夫『さよなら、大衆』PHP、一九八四年
文藝春秋編『「諸君!」の30年』文藝春秋、一九九九年
宮崎駿『風の帰る場所――ナウシカから千尋までの軌跡』ロッキング・オン、二〇〇二年
山口瞳『私の根本思想』新潮社、一九八六年
山崎正和『柔らかい個人主義の誕生――消費社会の美学』中央公論社、一九八四年
山田洋次『学校』岩波書店、一九九三年
山本昭宏『教養としての戦後〈平和論〉』イースト・プレス、二〇一六年
吉本隆明「わたしにとって中東問題とは」『中央公論』一九九一年四月号
吉本隆明『ハイ・イメージ論』福武書店、一九九四年
渡邉恒雄・御厨貴・伊藤隆・飯尾潤『渡邉恒雄回顧録』中央公論新社、二〇〇七年

第5章

朝日新聞社編『にっぽんの民主主義』朝日新聞社、一九九五年
石川真澄・山口二郎『戦後政治史 第三版』岩波書店、二〇一〇年
伊東祐吏「ちくま学芸文庫版解説 一九九五年という時代と「敗戦後論」」加藤典洋『敗戦後論』筑摩書房、二〇一五年
宇野重規『〈私〉時代のデモクラシー』岩波書店、二〇一〇年
大井赤亥「運動を摑む政治学のために――熟議・左派ポピュリズム・「戦後民主主義」」『現代思想』二〇一五年一〇月臨時

増刊号
大塚英志『戦後民主主義のリハビリテーション』角川書店、二〇〇一年
大塚英志「誰が「新しい日本国憲法」を書くのか――読者参加型企画 夢の憲法前文をつくろう」『中央公論』二〇〇一年一〇月号
大塚英志『私たちが書く憲法前文』角川書店、二〇〇二年
大塚英志「復刊によせて」石橋政嗣『非武装中立論』明石書店、二〇〇六年
小熊英二・上野陽子『〈癒し〉のナショナリズム――草の根保守運動の実証研究』慶應義塾大学出版、二〇〇三年
小沢一郎『日本改造計画』講談社、一九九三年
木村元『学校の戦後史』岩波書店、二〇一五年
久野収「市民主義の成立」『思想の科学』一九六〇年七月号
倉橋耕平『歴史修正主義とサブカルチャー――90年代保守言説のメディア文化』青弓社、二〇一八年
國分功一郎「住民投票制度についての提案」『atプラス』第一七号、二〇一三年八月
小林よしのり『新・ゴーマニズム宣言スペシャル　脱正義論』幻冬舎、一九九六年
酒井隆史『完全版　自由論――現在性の系譜学』河出書房新社、二〇一九年
櫻澤誠『沖縄現代史――米国統治、本土復帰から「オール沖縄」まで』中央公論新社、二〇一五年
杉田敦「代表制の「不可能性」ゆえに、多様な回路を模索する」『atプラス』第一八号、二〇一三年一一月
高橋哲哉『戦後責任論』講談社、一九九九年
田中康夫『神戸震災日記』新潮社、一九九六年
中沢新一・宮台真司・國分功一郎「どんぐりと民主主義　PART2」『atプラス』第一六号、二〇一三年五月
中野敏男『大塚久雄と丸山眞男――動員、主体、戦争責任　新装版』青土社、二〇一四年
中村哲『アフガニスタンで考える――国際貢献と憲法九条』岩波書店、二〇〇六年
中村政則『戦後史』岩波書店、二〇〇五年
西部邁『リベラルマインド――歴史の知恵に学び、時代の危機に耐える思想』学習研究社、一九九三年
服部龍二『高坂正堯』中央公論新社、二〇一八年
福間良明『「勤労青年」の教養文化史』岩波書店、二〇二〇年
文藝春秋編『日本の論点　一九九四』文藝春秋、一九九三年
待鳥聡史『代議制民主主義――「民意」と「政治家」を問い直す』中央公論新社、二〇一五年
丸山眞男『自己内対話』みすず書房、一九九八年
宮澤喜一『新・護憲宣言』朝日新聞社、一九九五年
安丸良夫『現代日本思想論――歴史意識とイデオロギー』岩波書店、二〇〇四年
吉田裕「せめぎあう歴史認識」成田龍一・吉田裕編『記憶と認識の中のアジア・太平洋戦争』岩波書店、二〇一五年
與那覇潤『歴史がおわるまえに』亜紀書房、二〇一九年
読売新聞社世論調査部編『日本の世論』弘文堂、二〇〇二年
涌井秀行「戦後敗戦論――『敗戦後論』を手がかりとして」『明治学院大学国際学部付属研究所研究所年報』第八号、二〇〇五年

◎主要図版出典

読売新聞社　一四六左、一八八頁

		ュー　平和への決意を再確認せよ」『世界』5月号.「特集 集団的自衛権という選択　ガラパゴス安保観からの脱却」『中央公論』6月号
2015	4月 日米防衛協力のための指針（ガイドライン）」が改定. 5月17日「大阪都構想」をめぐる住民投票が否決. 6/19 18歳選挙権を実現する改正公職選挙法が公布（施行は16/6/19）. 7/15 衆院安保法制特別委員会で安保法制関連法案が強硬採決. 国会前での反対デモが高揚. 9/19「平和安全法制」関連法成立	「特集『違憲』安保法案を廃案に」『世界』8月号.「総特集 安保法案を問う」『現代思想』臨時増刊号10月号.「特集 法治崩壊　新しいデモクラシーは立ち上がるか」『世界』11月号
2016	8/8 ビデオメッセージにより生前退位の意向を天皇が明らかに	岩波書店編集部編『私の「戦後民主主義」』（岩波書店, 1月号）.「インタビュー柄谷行人　改憲を許さない日本人の無意識」『文學界』7月号.「特集 シルバー民主主義に耐えられるか」『中央公論』7月号.
2017	10/2 立憲民主党が結党宣言	黄之鋒 / 周庭「講演録 香港 民主のゆくえ」『世界』8月号. 内田樹「私が天皇主義者になったわけ」『月刊日本』5月号
2018	なし	片山杜秀・鈴木洋仁「脈絡と主体なき時代に民主主義を体現した天皇」『中央公論』1月号. 片山杜秀「戦後民主主義のフィナーレ」『Voice』9月号. 能川元一・安田浩一「戦後民主主義が築き上げたものへのバックラッシュ」『金曜日』11月2日号
2019	なし	なし
2020	8/28 安倍首相退陣表明. 9/16 菅義偉内閣発足. 11/1「大阪都構想」をめぐる2度目の住民投票が否決	「特集原発と民主社会」『Journalism』2月号.「瀕死の民主主義と新型肺炎」『中央公論』4月号

	選で自民党大敗，民主党第一党に．9/26 福田康夫内閣発足	たい——三一歳、フリーター。希望は、戦争」『論座』1月号．鶴見俊輔．福島みずほ．佐高信らによる赤木智弘への応答特集『論座』4月号．丸谷才一 / 長谷部恭男「改憲論と御霊信仰」『世界』5月号．「特集 否定された『安倍改憲路線』逆転参院選とその後」『世界』10月号
2008	9/24 麻生太郎内閣発足	竹中平蔵・山口二郎「漂流する日本を救うシナリオを探せ　新自由主義か社会民主主義か」『中央公論』11月号
2009	8/30 総選挙で民主党大勝，民意による初の政権交代へ．9/16 鳩山由紀夫内閣発足	筑紫哲也「筑紫哲也オーラルヒストリー」(『週刊朝日 MOOK 筑紫哲也』朝日新聞出版，11月)．「特集『対等な日米関係』とは何か 核密約と日米安保」『世界』11月号
2010	6/8 菅直人内閣発足	坂本義和「東アジアを超えた『東アジア共同体』の構想を」『世界』1月号．西谷修「“自発的隷従”を超えよ　自立的政治への一歩」『世界』2月号
2011	3/11 東日本大震災．9/2 野田佳彦内閣発足	江川達也 vs. 堀江貴文「『老人民主主義』時代を若者が生き抜く法」『Voice』3月号．酒井直樹「「無責任の体系」三たび」『現代思想』5月号
2012	12/16 衆院選で勝利し自民党政権奪回へ．12/26 第2次安倍内閣発足	國分功一郎「議会制民主主義はいかにして反民主主義的でありうるか？」『POSSE』14号「特集 徹底解剖　橋下徹」『中央公論』5月号．「特集 だれのための政治なのか 政党政治の危機、デモがもたらす希望」『世界』9月号
2013	5/26 東京・小平市で住民投票．12/4 国家安全保障会議発足、初会合．12/6 特定秘密保護法が成立(12/13に公布)	中沢新一 / 宮台真司 / 國分功一郎「どんぐりと民主主義 PART2」『at プラス』16号
2014	7月 安倍政権，集団的自衛権の行使は憲法に違反しないと閣議決定	「小選挙区制「選挙独裁制」が破壊する民主主義　少数派を多数派に変換するマジック装置」『世界』2月号．河野洋平「インタビ

		明・川崎哲・姜尚中ほか「シンポジウム 北東アジアの安全保障と憲法9条」『世界』10月号．松本健一「孫たちが受け継ぐポピュリズム 政党政治を売り渡した政治家たち」『中央公論』10月号
2004	なし	「特集『自衛隊イラク派遣』と首相の責任」『中央公論』1月号．「特集 いま．すぐ撤兵を！ 過った戦争／占領に協力してはならない」『世界』5月号
2005	10月 自民党，結党以来初めて条文形式の憲法改正草案発表	佐藤卓己・原武史「言論統制．天皇制．戦後責任．占領期 日本言論界の沈黙の過去を検証する」『中央公論』1月号．八木秀次「国家の基本条件再整備のために「日本」を否定した日本国憲法の問題」『中央公論』2月号．「特集 公共性を問う」『現代思想』5月号．古関彰一／前田哲男／山口二郎ほか「平和基本法共同提言 憲法9条維持のもとで，いかなる安全保障政策が可能か」『世界』6月号．「特集 クール！な憲法の論じ方」『論座』6月号．山野車輪『マンガ嫌韓流』（晋遊舎，7月）．古川隆久「政党の役割 議会政治は危機に瀕しているか 日本政党政治史から考える」『世界』9月号．野田宣雄「後継者なき指導者民主主義の虚しさ」『中央公論』11月号
2006	9/26 第1次安倍晋三内閣発足．12月 安倍政権，「国を愛する心」「伝統の尊重」などを盛り込んだ教育基本法を全面改正．12月「在日特権を許さない市民の会」設立	「特集 東アジア共同体 未来への構想」『世界』1月号．「特集 憲法にとって『国』とは何か」『世界』6月号．『ワーキングプア―働いても働いても豊かになれない』（NHK，7月放映）．「特集 教育基本法が変えられてしまったら？」『世界』7月号．安倍晋三『美しい国へ』（文春新書，7月）．大塚英志．石橋政嗣が1980年に刊行した『非武装中立論』を復刊（9月）
2007	5月 改憲発議後の国民投票のルールを定めた「日本国憲法の改正手続に関する法律」成立．7/29 参院	特集記事「ロストジェネレーション」（『朝日新聞』1/1〜12）．赤木智弘「「丸山眞男」をひっぱたき

		宣言SPECIAL 戦争論』幻冬舎. 小熊英二「『左』を忌避するポピュリズム」『世界』12月号
1999	8月 国旗及び国歌に関する法律が施行	「特集『周辺事態法』への対抗構想」『世界』4月号.「特集『日の丸』『君が代』への視点」『世界』6月号
2000	なし	安丸良夫・栗原彬「天皇制は国民動員の源泉となりうるか」『世界』1月号.「特集『中流』崩壊」『中央公論』5月号. 小林直樹「護憲の大前提を考える」『世界』6月号
2001	4/26 小泉純一郎首相就任. 9/11 米同時多発テロ. 10/29 テロ対策特別措置法が成立. 11月 自衛艦, インド洋派遣	「連続特集(1) 歴史教科書論争を解体する 緊急アンケート「つくる会」歴史教科書を読んで」『中央公論』8月号. 大塚英志「誰が『新しい日本国憲法』を書くのか 読者参加型企画 夢の憲法前文をつくろう」『中央公論』10月号. 酒井隆史「小泉政権 失われゆく「社会」改革が踏みつぶすもの」『世界』10月号. 中村哲「報道されないタリバンの素顔 17年間医師としてアフガンに暮らして」『中央公論』12月号.「特集 アフガニスタン戦争 日本は何のために『参戦』するのか」『世界』12月号
2002	なし	大塚英志『私たちが書く憲法前文』(角川書店, 7月). 石原慎太郎 / 内館牧子 / 米長邦雄ほか「教育が変わる. 東京から変える」『中央公論』9月号
2003	3月 イラク戦争開始. 6月 米軍への後方支援のために協力を義務づける有事法制関連三法が成立	「特集 現代貧乏物語 いま. こんなことが起きている!」『世界』2月号. 佐藤俊樹「『右』も『左』も無力化させる『ふつうの人』の論理」『中央公論』2月号. 北岡伸一「日米安保を基軸にした「国連重視」へ」『中央公論』5月号.「特集 日本は戦争の準備をするのか? 有事法制 / 個人情報保護法案批判」『世界』6月号. 我部政

	警察官が武装集団に襲撃され死亡．5/11 自衛隊，モザンビークに派遣．6/18 宮澤内閣不信任案可決．8/9 非自民非共産8党派連立内閣として細川護熙内閣発足（55年体制の終焉）．8/10 細川首相，所信表明演説で日本の植民地支配と「侵略」を認め，反省とおわびを表明	『世界』1月号．樋口陽一「改憲・護憲の隠れた争点」『世界』3月号．古関彰一ほか「共同提言『平和基本法』をつくろう」『世界』4月号．「特集 憲法 私たちの論じ方」『世界』6月号．映画『学校』（山田洋二，松竹，11/6）
1994	6/30 自民，社会，新党さきがけによる村山富市内閣発足．7/20 村山首相，自衛隊合憲・日米安保条約不可欠と発言．9/27 河野外相，国連で常任理事国入りに希望表明．11/3『読売新聞』，憲法改正試案発表	宮台真司「かくて“ブルセラ女子高生”誕生す 団塊の親たちの無残な失敗」『諸君！』1月号．江藤淳「『戦後民主主義』の呪い」『諸君！』1月号．坂本義和「平和主義の逆説と構想」『世界』7月号．赤坂憲雄・加藤典洋「三百万人の死者から二千万人の死者へ」『思想の科学』8月号．上野千鶴子／大塚英志「「戦後民主主義」と「松田聖子」」『諸君！』11月号
1995	1/17 阪神／淡路大震災．3/20 地下鉄サリン事件．6/9 衆院「歴史を教訓に平和への決意を新たにする決議」を可決．7/「自由主義史観研究会」設立．8/15 戦後50年を受けて「村山談話」．9/4 沖縄で米兵による少女暴行事件	加藤典洋「敗戦後論」『群像』1月号．「特集 戦争の記憶」『現代思想』1月号．伊藤隆・佐藤誠三郎「あの戦争とは何だったのか」『中央公論』1月号．坪内祐三「戦後民主主義」を探す」『諸君！』3月号
1996	1/11 橋本龍太郎内閣発足．8/4 新潟県西蒲原郡巻町（現在新潟市）で住民投票原発建設反対が賛成を上回る	佐伯啓思「「責任論」の陥穽」『発言者』3月号．江藤淳「平成問答 北岡伸一・政治の肖像（上）江藤淳氏を迎えて」『読売新聞』6/1夕刊．「特集『あいまいな50年』からの訣別」『世界』9月号．小林よしのり『新・ゴーマニズム宣言スペシャル 脱正義論』（幻冬舎，9月号）．呉智英・西部邁「今さら最劣等の直接民主制に何を期待するのか」『発言者』11月号
1997	1/「自由主義史観研究会」を母体に「新しい歴史教科書をつくる会」発足．9/23 日米防衛協力のための指針（ガイドライン）を策定	「特集『自由主義史観』批判」『世界』4月号．「特集『安保翼賛体制』の成立？」『世界』6月号．五十嵐敬喜・松下圭一・菅直人「行政権とは何か」『世界』8月号
1998	7/30 小渕恵三内閣発足	小林よしのり『新・ゴーマニズム

	野宗佑内閣発足. 7/23 参院選で社会党が46議席を獲得し与野党の議席逆転. 8/10 海部俊樹内閣発足. 11/21 総評解体. 11月 ベルリンの壁が崩壊	界』1月号. 大岡昇平「裕仁天皇への訣別」『朝日ジャーナル』1/20号. 盛田昭夫・石原慎太郎『「NO」といえる日本』(光文社, 1月).「特集 経済大国と天皇」『世界』3月号.「特集〈学校〉とは何か」『世界』5月号. 西部邁「民主主義を破壊する第1権力　マスコミ」『中央公論』9月号.「特集 民主主義の発明」『現代思想』11月号.「特集 昭和の終焉　朝鮮と日本」『思想』12月号
1990	8/2 イラクがクウェートへ侵攻. 10/16 自衛隊の海外派兵案を盛り込んだ「国連平和協力法案」が閣議決定. 11/9 国連平和協力法案, 衆院で廃案. 11/29 国連安保理, 対イラク武力行使容認を決議	「特集 戦後責任を問う」『世界』8月号. 西部邁「社会民主主義幻想に縋る知識人」『諸君！』9月号. 石川好「何もしないという選択」『朝日新聞』9/10. 諏訪哲二『反動的！　学校, この民主主義パラダイス』(JICC出版局, 9月).「特集 派兵　踏みにじられた憲法」『世界』12月号
1991	1/17 湾岸戦争勃発. 1/24 多国籍軍に90億ドルの追加資金. 2/28 湾岸戦争の戦闘終結. 4/24 日本政府がペルシャ湾へ自衛隊派遣決定. 9月 PKO協力法案, 国会に提出. 11/5 宮澤喜一内閣発足. 12/25 ソ連解体	久米宏ほか「座談会『ニュースステーション』私たちの湾岸報道」『朝日ジャーナル』3/22号. いとうせいこう「オレは“平和憲法右翼”になってやる！」『週刊プレイボーイ』3/26号. 宮澤喜一「国連常設軍の創設と全面軍縮」『月刊Asahi』5月号.「特集 思想としての湾岸戦争」『現代思想』5月号. K・V・ウォルフレン「日本人よ憲法九条を改正せよ」『文藝春秋』5月号.「特集 自衛隊解体論」『世界』8月号
1992	1/17 訪韓中の宮澤首相が「慰安婦」問題について謝罪. 6/15 PKO協力法案, 衆参で強行採決. 9/17 国連カンボジア暫定統治機構に陸上自衛隊参加	吉見義明「占領期日本の民衆意識」『思想』1月号.「総検証 憲法九条とPKO」『朝日ジャーナル』5/1/8合併号. 映画『紅の豚』(宮崎駿, スタジオジブリ, 7/18). 佐藤健志「「中年オタク」の思想を排す」『諸君！』9月号.「主題 記憶の政治学」『思想の科学』12月号. 杉山光信「戦後ナショナリズム論の『逆転』」『世界』12月号
1993	5/4 カンボジアPKOで日本の文民	山口二郎「戦後平和論の遺産」

		哲也「若者たちの神々」『朝日ジャーナル』4/13〜85年4/12号．山崎正和『柔らかい個人主義の誕生―消費社会の美学』（中央公論社，5月）．鶴見俊輔 / 袖井林二郎 / 粟屋憲太郎「占領史から現代を考える」『エコノミスト』8/21号．山口瞳「私の根本思想」『週刊新潮』11/29号
1985	4/1 公社民営化でNTTと日本たばこが発足．5/17 男女雇用機会均等法成立（86年4/1施行）．8/15 中曽根首相および閣僚が初の靖国神社への「公式参拝」．9月 ニューヨークでG5開催，プラザ合意	博報堂生活総合研究所編『「分衆」の誕生』（日本経済新聞社，1月）．藤田省三「「安楽」への全体主義」『思想の科学』8月号．宮澤喜一「保守本流の大義 『戦後否定論』を否定する」『朝日ジャーナル』10/18号．久米宏へのインタビュー『プレイボーイ 日本版』11月号
1986	9/6 土井たか子，社会党委員長に．11月 国鉄改革関連法案が成立．12/30 中曽根首相，防衛費GNP比1%枠突破を決定	奥平康弘・江橋崇・杉原康雄「『戦後政治の総決算』を総決算する」『世界』2月号．「特集 戦後日本精神史の再検討」『世界』3月号．「特集 丸山眞男を読む」『現代の理論』7月号．映画『天空の城ラピュタ』（宮崎駿，スタジオジブリ，8/2）
1987	4/1 国鉄分割民営化によりJR発足．11/6 竹下登内閣発足．11/20 全日本民間労働組合連合会（連合）が発足	浅田彰「祭りのあとの消費社会論」『広告批評』1月号．鶴見良行「陛下よ フィリピンをまとめるのはむつかしい」『世界』3月号．「特集 憲法40年」『思想』5月号．「主題 国家秘密法研究」『思想の科学』6月号．「総特集 日本のポストモダン」『現代思想』12月
1988	9/19 昭和天皇吐血，重体と報道．以後「自粛」ムード高まる．11/10 消費税関連法案が衆議院で強行採決	石川好「『鎖国への感傷』を排す」『正論』4月号．「特集 日本国際化論」『世界』4月号．「特集 原発の時代は終わった」『世界』5月号．「特集 戦争責任」『歴史評論』8月号．「特集 思想空間の変容」『思想』11月号
1989	1/7 昭和天皇死去．2/10 文部省，国旗掲揚 / 国歌斉唱を指導する新しい学習指導要領を発表．6/3 宇	社説「新天皇への私たちの期待」『朝日新聞』1/8．奥平康弘「日本国憲法と『内なる天皇制』」『世

		テレビドラマ『3年B組金八先生』(TBS, 10月)
1980	2〜3月 自衛隊が「環太平洋合同演習(リムパック)」に初参加. 6/22 衆参ダブル選挙で, 自民党が圧勝. 7/17 鈴木善幸内閣が発足. 8/15 閣僚19人が靖国神社参拝	内山秀夫「国家の時代と戦後民主主義の転生」『朝日ジャーナル』5/16号. 清水幾太郎「日本よ国家たれ―核の選択」『諸君!』7月号. 神島二郎「非武装主義」『世界』7月号. 坂本義和「軍事化に代わるもの」『世界』8月号. 江藤淳「一九四六年憲法 その拘束」『諸君!』8月号. 上山春平「非武装自衛は空論か」『中央公論』9月号
1981	1/20 レーガンが米大統領就任. 3/16 第二次臨調増税無き財政再建のための小さな政府を提言. 5月 鈴木首相訪米, 日米両国の「同盟」関係を確認	永井陽之助「モラトリアム国家の防衛論」『中央公論』1月号. 田中康夫「なんとなく、クリスタル」(河出書房新社, 1月). 藤田省三「戦後の議論の前提　経験について」『思想の科学』4月号. 鶴見俊輔/鎌田慧/佐藤忠男「『ツービート』は危険な兆候か」『朝日ジャーナル』5/1号. 「特集 改憲論の本質を劈く」『世界』6月号. 杉山光信「保守化社会論の再検討」『中央公論』8月号.
1982	1/20 文学者たちによる反核声明. 6月 下旬教科書検定が「侵略」を「進出」へと書き換えるよう意見したと報道. その後, 中韓による抗議. 11/26 中曽根康弘内閣発足	宮崎駿「風の谷のナウシカ」『月刊アニメージュ』2月号〜94年3月号. 江藤淳「閉ざされた言語空間　占領軍の検閲と戦後日本」『諸君!』2月号. 吉川勇一・野坂昭如「何のための軍隊か. 誰のために闘うのか」『現代』3月号. 渡部昇一「万犬虚に吠えた教科書問題」『諸君!』10月号. 「特集 歴史の問い　八・一五と教科書」『世界』10月号
1983	1/17 中曽根首相訪米, 「不沈空母」発言. 9月 社会党, 石橋政嗣を委員長に選出	橘川俊忠「戦後民主主義は死に瀕しているのか　保守回帰論の虚妄性を突く」『エコノミスト』2/1号. 山崎正和「新しい個人主義の予兆」『中央公論』8月号. 江藤淳「吉田政治の再検討」『自由』9月号
1984	2月 第48回社会党党大会で, 自衛隊違憲/法的存在論	浅田彰『逃走論　スキゾ・キッズの冒険』(筑摩書房, 3月). 筑紫

		ループ1984年「日本共産党『民主連合政府綱領』批判」『文藝春秋』6月号．橋川文三「靖国思想の成立と変容」『中央公論』10月号
1975	5月 日米欧委員会の京都総会が開催，共同調査「民主主義の統治能力」の最終報告．7/17「ひめゆりの塔」を訪問した皇太子夫婦，火焔瓶を投げられる．11/26 公労協，スト権スト決行	グループ1984年「日本の自殺」『文藝春秋』2月号．雑誌『プレイボーイ日本版』（集英社）創刊（7月）
1976	7/27 田中角栄逮捕（ロッキード事件）．11/5 77年度以降の防衛費，GNP の1% 以内とすることを決定．12/24 福田赳夫内閣発足	加納実紀代「"銃後"の女たち」『思想の科学』臨時増刊号2月号．グループ1984年「腐敗の研究」『文藝春秋』7月号．久野収「諸君らはズルく構えていた」『月刊エコノミスト』8月号
1977	3月 江田社会党書記長，社会党を離脱し社会市民連合結成	公文俊平 / 村上泰亮 / 佐藤誠三郎「脱『保革』時代の到来」『中央公論』2月号．「特集 日常意識としての天皇制」『思想の科学』4月号．「『新中間層』論争」『朝日新聞』5/20〜8/24．雑誌『銃後史ノート』（女たちの現在を問う会）創刊（11月）．雑誌『Voice』（PHP 研究所）創刊（12月）
1978	3/26 成田空港管制塔占拠事件．10/4 原子力安全委員会が発足．10/17 靖国神社，A級戦犯を合祀．11月 日米防衛協力のための指針（ガイドライン）が策定．12/7 大平正芳内閣発足	清水幾太郎「戦後を疑う」『中央公論』6月号．日高六郎「〈暴力〉対〈満場一致〉」『展望』6月号．高畠通敏「成田・戦後民主主義の終焉」『エコノミスト』6/20号．関寛治「タカ派論理の超克と平和の課題」『世界』9月号．生活クラブ生活協同組合編『主婦の生協づくり』（三一新書，10月）．
1979	4/19 合祀の事実が明らかに．8月 経済審議会が大平正芳首相への答申で「日本型福祉社会」という目標を掲げる．12/27 ソ連，アフガニスタンに侵攻	村上泰亮 / 公文俊平 / 佐藤誠三郎『文明としてのイエ社会』（中央公論社，8月）．津村喬「平和と戦争の再定義」『思想の科学』8月号．「特集『戦後』から逃走」『朝日ジャーナル』8/17・24日合併号．深瀬忠一「平和憲法の新しい総合的省察」『世界』9月号．「特集 降伏か．抵抗か」『文藝春秋』9月号．

	腹自殺.	マムの思想」『展望』5月号. 森崎和江『闘いとエロス』(三一書房, 5月). 三島由紀夫「果たし得ていない約束」『サンケイ新聞』7/7夕刊. 「特集 七〇年安保 平和発展と軍国主義」『中央公論』7月号. 華僑青年闘争委員会「入管闘争を闘うなかから民族の魂の復権を」『底流』創刊号. 野口武彦「『平和の時代』の終焉」『思想の科学』8月号. 大江健三郎『沖縄ノート』(岩波新書, 9月)
1971	4月 大阪府知事選, 社共推薦の憲法学者/黒田了一当選. 6/17 沖縄返還協定調印. 7/1 環境庁発足. 8/15 ニクソン, 金とドルの交換停止 (ニクソン/ショック)	「読者の手記特集 私にとっての国家」『朝日ジャーナル』2/19号. 鶴見俊輔・長谷川宏「戦後〈大衆〉像と全共闘運動」『現代の眼』3月号. 多田道太郎「管理社会の影」『展望』4月号. 和田春樹「さあ, ここで戦争の機械をとめよう」『朝日ジャーナル』5/7号. 映画『儀式』(大島渚. 創造社・ATG. 6/5). 「特集 ウーマンリブを洗い直す」『朝日ジャーナル』6/25号. 「特集 女性解放の思想」『思想の科学』7月号. 長谷川宏「戦争責任論の黄昏」『展望』8月号. 宮田光雄「平和のための教育」『中央公論』9月号
1972	1/24 グアム島で横井庄一発見. 2/19 連合赤軍によるあさま山荘事件. 5/15 沖縄返還. 5/30 日本赤軍によるテルアビブ空港銃乱射事件. 7/7 田中角栄内閣が発足. 9/29 日中国交正常化	井上陽水「傘がない」(アルバム『断絶』, ポリドール, 5/1). 田中角栄『日本列島改造論』(日刊工業新聞社, 6月). 佐藤忠男「映画の戦後民主主義」『世界』10月号
1973	9/7 長沼ナイキ訴訟, 札幌地裁で自衛隊違憲判決. 10月 第4次中東戦争の影響により第1次オイルショック. 10月 日米欧委員会 (日米欧三極委員会) が発足	雑誌『現代思想』(青土社) 創刊 (1月). 色川大吉「国家幻想と草の根のはざまで」『潮』7月号. 野坂昭如「戦後の繁栄は悪夢にて御座候」『中央公論』8月号. 高畠通敏「市民運動の政治学・ノート」『思想の科学』9月号
1974	4/12 衆院内閣委員会で靖国法案強行採決. 8/30 三菱重工ビル爆破事件. 12/9 三木武夫内閣が発足	「シンポジウム 日本における平和研究の方向とその展望」『世界』3月号. 松尾尊兊『大正デモクラシー』(岩波書店, 5月). グ

		本主義と公害』（岩波書店，3月）．「特集 反抗する学生たち」『中央公論』5月号．「座談会　七〇年闘争のなかの群衆」『朝日ジャーナル』5/19号．「憲法記念特集 憲法と教育」『世界』6月号．三島由紀夫「文化防衛論」『中央公論』7月号．「特集 戦争中の暮しの記録」『暮しの手帖』8月号．日高六郎「直接民主主義と「六月行動」」『世界』8月号．「特集 戦後民主主義の再検討」『中央公論』8月号．映画『太陽の王子 ホルスの大冒険』（高畑勲，東映，7/21）．鶴見俊輔「二十四年目の「八月十五日」」『毎日新聞』8/14夕刊．映画『肉弾』（岡本喜八，ATG，10/12）．「特集 反戦市民運動'68年の総括」『朝日ジャーナル』12/15号．映画『若者たち』（森川時久，劇団俳優座／新星映画社，12/16）
1969	1/19 東大安田講堂，機動隊により封鎖解除．2/18 日大文理学部，機動隊により封鎖解除．5/20 立命館大学のわだつみ像，全共闘系学生が破壊（「わだつみ像」破壊事件）．6/29 新宿西口広場のフォークソング集会に7000人集まる．11/21 佐藤／ニクソン共同声明，沖縄施政権返還決定．12/27 総選挙で自民党が300議席獲得，社会党惨敗	大田昌秀「戦後沖縄の民衆意識」『世界』1月号．「特集 反乱は拡大する 東大・日大闘争の意味するもの」『情況』臨時増刊号3月．山本義隆「攻撃的知性の復権」『朝日ジャーナル』3/2号．「特集 核と沖縄」『世界』4月号．庄司薫「赤頭巾ちゃん気をつけて」『中央公論』5月号．雑誌『諸君』（文藝春秋）が創刊（5月）．「特集 日本国憲法と沖縄」『世界』6月号．松下圭一「直接民主主義の論理と社会分権」『朝日ジャーナル』6/8号．小田実「デモ行進とピラミッド」『展望』7月号．映画『男はつらいよ』（山田洋次，松竹，8/27）．「8・15記念パネル討論「私と戦後民主主義」」『朝日ジャーナル』8/31号．松下圭一「大衆社会と管理社会」『現代の理論』9月号
1970	3/14 大阪で万博開催（～9/13）．6/23 日米安保条約自動延長．10/14 初のウーマンリブ大会「性差別への告発」開催．11/25 三島由紀夫，市ヶ谷自衛隊駐屯地で割	花崎皋平「希望の原理としてのマルクス主義」『中央公論』2月号．「死者たちの復権―わだつみ像破壊者の思想」『朝日ジャーナル』2/8号．松下圭一「シビル・ミニ

		『潮』6月号.「特集 占領と追放」『思想の科学』8月号. 林健太郎「「戦後」の意味」『自由』8月号. 日高六郎「安保論争の展開と陥穽」『世界』8月号. 小田実「平和の論理と倫理」『展望』8月号. 江藤淳「成熟と喪失」『文藝』8月号～67年3月号. 坂本義和「権力政治を超える道」『世界』9月号. 小田実「平和をつくる」『世界』9月号. 小松左京「"平均的人類"の願い」『文藝』10月号.「特集 ヴェトナム反戦と平和運動の課題」『世界』10月号. 雑誌『週刊プレイボーイ』(集英社) 創刊 (11月)
1967	4/15 美濃部亮吉が都知事当選. 4月 佐藤首相,「武器輸出三原則」発表. 10/8 三派全学連, 佐藤首相のベトナム訪問阻止を掲げて羽田で機動隊と衝突 (第1次羽田事件). 12/11 佐藤栄作首相が国会答弁にて非核三原則を表明	武藤一羊「「ベ平連」運動の思想」『思想の科学』1月号.「座談会 『明治百年』と国民の歴史意識」『歴史学研究』1月号. 大江健三郎「万延元年のフットボール」『群像』1～7月号. 松下圭一「構造変動と戦後民主主義」『世界』4月号. 林雄二郎「未来学の日本的条件」『中央公論』4月号. 香山健一『未来学入門』(潮新書, 4月).「特集 安保以後への視点」『思想の科学』6月号.「特集 女性が切りひらいた思想」『思想の科学』7月号.「特集 敗戦22年 日本の政治と沖縄の現実」『世界』8月号. 小田実「原理としての民主主義の復権」『展望』8月号. 鶴見良行「「八月一五日」の復権のために」『東京新聞』8月15日夕刊.「特集 革新勢力をどう革新するか」『中央公論』9月号.「特集 戦後マルクス主義」『思想の科学』10月号.「特集 佐藤首相訪米と沖縄問題」『中央公論』12月
1968	1/19 米原子力空母エンタープライズ, 佐世保入港. 1/29 東大医学部自治会が無期限スト突入, 東大闘争始まる. 5/27 日本大学全学共闘会議が結成, 日大闘争始まる. 7月 東大全共闘が結成. 10/21 国際反戦デー, 新宿で騒乱罪適用.	「特集 核に覆われた世界と日本」『世界』1月号. ちばてつや「あしたのジョー」『週刊少年マガジン』1月～73年5月. 家永三郎『太平洋戦争』(岩波書店, 2月). 映画『絞死刑』(大島渚, 創造社, ATG, 2/3). 都留重人編『現代資

		『明治精神史』(黄河書房, 6月). 大江健三郎「戦後世代と憲法」『朝日新聞』7/16. 「特集 占領時代 戦後史の出発を顧みる」『世界』8月号. 大江健三郎「ヒロシマ/ノート」『世界』10月号〜65年3月号. 臼井吉見「戦後知性の構図」『展望』10月号. 白土三平「カムイ伝」『ガロ』12月号〜71年7月号
1965	2/7 米, 北ベトナムへの空爆開始. 4/24「ベトナムに平和を！市民文化団体連合 (ベ平連)」が結成. 6/12 家永三郎による「教科書検定制度違憲訴訟」始まる. 6/22 日韓基本条約調印. 8/19 佐藤栄作が首相として初めて訪沖, 沖縄が日本に復帰しないかぎり戦後は終わらないと発言. 8月 第1回「8・15記念国民集会」が開催, 丸山眞男が登壇	上山春平「自主防衛の理論的前提」『中央公論』1月号. 小田実「難死の思想」『展望』1月号. 坂本義和「『力の均衡』の虚構」『世界』3月号. 山田宗睦『危険な思想家—戦後民主主義を否定する人びと』(光文社, 3月). 「特集 日本はアジアで何をなすべきか」『中央公論』4月号. 憲法問題研究会編『憲法読本』上/下 (岩波新書, 4月). 江藤淳「困る過去のタナ上げ 明治百年と戦後二十年〈5〉」『朝日新聞』4/19夕刊. 永井陽之助「米国の戦争観と毛沢東の挑戦」『中央公論』6月号. 丸山眞男「憲法第九条をめぐる若干の考察」『世界』6月号. 高畠通敏「政治の発見」『展望』6月号. 蠟山政道/大熊信行/加藤周一/上山春平/宮崎音弥「座談会/戦後民主主義を検討する」『潮』7月号. 「総特集 戦後史」『現代の眼』8月号. 加藤周一「中立主義の二十年」『世界』8月号. 花森安治「民主主義と味噌汁」『中央公論』9月号. 高島善哉「戦後民主主義と新しいナショナリズム」『思想』10月号. 日高六郎「原理としての中立」『世界』10月号. 朝日ジャーナル編集部「大学生はマンガ好き」『朝日ジャーナル』11/28号
1966	6月 成田空港建設の反対運動 (三里塚闘争) 起こる. 10/31 中央教育審議会「期待される人間像」. 12/17 三派全学連結成	座談会「戦後民主主義の危機と知識人の責任」『世界』1月号. 永井陽之助「日本外交における拘束と選択」『中央公論』3月号. 鶴見良行「軍事国家の論理と心理」

		争の思想史的意義」『中央公論』9月号．丸山眞男『日本の思想』（岩波書店，11月）．久野収「憲法第九条の思想」『中央公論』12月号
1962	2/24 憲法調査会，初の公聴会．8/6 原水禁世界大会分裂．12/3 社会党／総評が「原水爆禁止と平和のための国民大会」開催，いかなる国の核実験にも反対すると決議	鶴見良行「戦後天皇制の存在と意味」『思想の科学』4月号．映画『キューポラのある街』（浦山桐郎，日活，4/8）．映画『秋津温泉』（吉田喜重，松竹，6/15）．大熊信行「祖国喪失の日本的状況　『戦後民主主義』の虚妄を衝く」『現代の眼』7月号．映画『ニッポン無責任時代』（古沢憲吾，東宝，7/29）．篠原一「戦後民主主義と議会制」『世界』8月号．坂本義和「平和運動における心理と論理」『世界』8月号．江田三郎「社会主義の新しいビジョン」『エコノミスト』10/19号
1963	8/5 原水禁世界大会分裂．8/5 米英ソ，部分的核実験停止条約調印	テレビアニメ『鉄腕アトム』放映開始（1/1）．都留重人「憲法第九条と日本の安全保障」『世界』1月号．石田博英「保守政党のビジョン」『中央公論』1月号．高坂正堯「現実主義者の平和論」『中央公論』1月号．森崎和江『非所有の所有 性と階級覚え書き』（現代思潮社，3月）．林房雄「大東亜戦争肯定論」『中央公論』9月号〜65年6月号．久野収「目標としての一方的核武装」『世界』10月号．「特集 大東亜共栄圏」『思想の科学』12月号
1964	4/28 経済協力開発機構（OECD）加盟．10/10 東京五輪開催（〜24）．10/16 中国，核実験に成功．10/25 池田首相辞職．11月 佐藤栄作内閣発足	大熊信行「日本民族について」『世界』1月号．高坂正堯「宰相吉田茂論」『中央公論』2月号．前田俊彦「平等ということについて大学受験浪人と語る」『思想』5月号．丸山眞男『増補版 現代政治の思想と行動』（未來社，5月）．「特集 現代民主主義と国家」『思想』6月．「特集 戦後の再評価」『思想の科学』6月号．「特集 憲法論争の核心」『世界』6月号．色川大吉

		月号.「特集 戦後思想史への視角」『思想の科学』12月号. 白土三平『忍者武芸帳』(第一巻, 三洋社, 12月)
1960	1/16 岸首相新安保条約に調印のため訪米. 1/19 日米相互協力及び安全保障条約が調印. 2/5 新安保条約が国会に提出. 5/20 岸政権が新安保条約案を強行採決. 6/4, 15, 22 新安保条約批准阻止のため, 総評を中心とした労働組合によるストライキ. 6/10 ハガチー事件. 6/15 樺美智子がデモ隊と機動隊との衝突に巻き込まれ死亡. 6/16 岸首相, アイゼンハワー米大統領訪日中止を表明. 6/17 新聞社7社共同宣言「暴力を排し議会主義を守れ」). 6/19 新安保条約が自然承認. 6/23 岸, 内閣総辞職を表明. 7/19 池田勇人内閣発足. 10/12 浅沼稲次郎社会党委員長, 右翼少年により刺殺. 12月「国民所得倍増計画」閣議決定	松本清張「日本の黒い霧」『文藝春秋』1～12月号.「共同討議 ふたたび安保改定について」『世界』2月号.「小特集 現代における戦争と平和の思想」『思想』3月号. 清水幾太郎「いまこそ国会へ—請願のすすめ」『世界』5月号. 小林直樹「日本国憲法の理想と現実」『中央公論』6月号. 竹内好「民主か独裁か」『図書新聞』6/4. 丸山眞男「この事態の政治的問題点」『朝日ジャーナル』6/12号. 藤田省三「6/15事件流血の渦中から」『朝日ジャーナル』6/26号. 日高六郎「五月二〇日から六月一九日まで」『思想』7月号.「特集 市民としての抵抗」『思想の科学』7月号.「特集 湧きあがる民主主義」『中央公論』7月号.「特集 主権者は国民である 安保条約をめぐる国民運動と今後の課題」『世界』8月号. 清水幾太郎「安保闘争の『不幸な主役』」『中央公論』9月号. 吉本隆明「擬制の終焉」『民主主義の神話』(現代思潮社. 10月). 江藤淳「戦後知識人の破産」『文藝春秋』11月号. 深沢七郎「風流夢譚」『中央公論』12月号
1961	2/1 風流夢譚事件. 12月 中央公論社,『思想の科学』の天皇制特集号(62年1月号)の発売中止	三島由紀夫「憂国」『小説中央公論』1月号. 大江健三郎「セブンティーン」『文学会』1月号(第二部は2月号).『中央公論』が風流夢譚事件の「お詫び」と「社告」を掲載(3月号). 藤田省三「国家原理の現在と未来」『思想の科学』4月号.「特集 抵抗の遺産化のために」『思想の科学』7月号. 清水幾太郎「安保闘争一年後の思想」『中央公論』7月号. 大江健三郎「強権に確執をかもす志」『世界』7月号. 上山春平「大東亜戦

	訪米．アイゼンハワー大統領，ダレス国務長官と会談．8月 憲法調査会が発足．10/4 ソ連，人工衛星の打ち上げ成功	若干の問題点」『中央公論』2月号．加藤秀俊「中間文化論」『中央公論』3月号．「特集 安保条約の改廃をめぐって」『中央公論』5月号．「特集 国民の憲法　その十年の歩み」『世界』6月号．大熊信行『国家悪』（中央公論社，6月）．南博「『世論』の政治的効用　憲法改訂宣伝活動の批判」『中央公論』7月号．松下圭一「日本における大衆社会論の意義」『中央公論』8月号．武谷三男『原水爆実験』（岩波新書，8月）
1958	3/28 岸首相，在日米軍基地への攻撃は日本への侵略と答弁．6/8 憲法問題研究会が発足．10月 岸政権が警職法の改正案を国会提出．11/27 皇太子の婚約決定．12/10 全学連の学生らが共産主義者同盟（ブント）を結成	瀬長亀次郎「祖国に訴える」『世界』1月号．「特集 現代社会主義の再検討」『中央公論』2月号．映画『楢山節考』（木下惠介，松竹，6/1）．松下圭一「忘れられた抵抗権」『中央公論』11月号．「特集 民主主義への挑戦 警職法改定と岸政権」『世界』12月号．藤島宇内／丸山邦男／村上兵衛「在日朝鮮人 60万の現実」『中央公論』12月号
1959	3/28 安保改定阻止国民会議が結成．3/30 東京地裁，米軍駐留を違憲と判決．4/10 皇太子成婚．4/16 国民年金法公布．5/1 防衛二法強行採決．11/27 ブント率いる全学連主流派が国会構内に突入（安保阻止第8次統一行動）	雑誌『朝日ジャーナル』（朝日新聞社），『週刊少年マガジン』（講談社）創刊（3月）．雑誌『週刊文春』（文藝春秋）．『週刊少年サンデー』創刊（4月），「特集 日米安保条約改定問題」『世界』4月号．武藤一羊「平和運動の内在的論理」『思想』4月号．松下圭一「大衆天皇制論」『中央公論』4月号．井上清「皇室と国民」『中央公論』5月号．松下圭一「続大衆天皇制論」『中央公論』8月号．「特集 戦争体験」『思想の科学』8月号．都留重人／丸山眞男／加藤周一「現代とはいかなる時代か」『朝日ジャーナル』8/9号．佐藤忠男「ヒロヒト氏の微笑」『中央公論』9月号．荒瀬豊／吉田一人「原水爆禁止運動と安保改定問題」『思想』9月号．映画『野火』（市川崑，大映，11/3）．「特集 安保改定の関頭で」『中央公論』12

	3/8 日米相互防衛援助協定（MSA協定）署名．3月 自由党，憲法調査会を発足．7/1 防衛庁と自衛隊が発足．8/8 原水爆禁止署名運動全国協議会結成．9月 改進党の憲法調査会，憲法の全面的改正を主張する「現行憲法の問題点の概要」発表．11月 憲法調査会（自由党）が「日本国憲法改正要綱」発表．11月 日本民主党誕生．12月 吉田内閣総辞職．12/10 第1次鳩山一郎内閣発足	平和憲法擁護の会・憲法擁護国民連合「二つの宣言」『世界』3月号．ビキニ事件を初めて報じた記事（『読売新聞』3/16夕刊）．「特集 日本はアメリカの植民地か」『中央公論』6月号．安井郁「八〇〇〇万の署名へ」『改造』9月号．映画『二十四の瞳』（木下惠介，松竹，9/15）．光文社が『カッパブックス』の刊行開始（10月）．映画『ゴジラ』（本多猪四郎，東宝，11/3）．福田恆存「平和論の進め方についての疑問」『中央公論』12月号
1955	1月 鳩山首相，施政方針演説で「自主独立」のための憲法改正を訴える．2/27 総選挙で日本民主党が第一党へ，改憲反対派は3分の1の議席確保．5月 砂川闘争始まる．5月 鳩山首相が自主憲法期成同盟を結成．7/27～29 日本共産党第6回全国協議会（六全協）開催，武装闘争路線を放棄．8/6 第1回原水爆禁止世界大会が広島で開催．9/19 原水爆禁止日本協議会（原水協）結成．10/13 左右社会党が統一．11/15 保守合同により自民党が結党	福田恆存「ふたたび平和論者に送る」『中央公論』2月号．川島武宜「イデオロギーとしての家族制度」『世界』3月号．中島健蔵「一人の平和主義者から福田恆存へ」『中央公論』3月号．石原慎太郎「太陽の季節」『文學界』7月号．清水幾太郎「国民教育について」『思想』8月号．遠山茂樹「敗戦の歴史をどう受けとめるか」『世界』8月号．遠山茂樹・今井清一・藤原彰『昭和史』（岩波新書，11月）
1956	2/9，10 衆参両院で原水爆実験禁止要望決議．5/16 憲法調査会法成立（6/11公布）．7/17『経済白書』で「もはや戦後ではない」．8/10 日本原水爆被爆者団体協議会（被団協）結成．12/18 国連に加盟．12/23 石橋湛山内閣発足	映画『ビルマの竪琴』（市川崑，日活，第一部が1/21，第二部が2/12）．遠山茂樹「第5回教研全国集会から」（『朝日新聞』2/3）．「特集 ふたたび世界に訴える 水爆実験に対する日本人の発言」『世界』4月号．村上兵衛「戦中派はこう考える」『中央公論』4月号．「特集 小選挙区制から憲法改正へ」『中央公論』5月号．鶴見俊輔「日本知識人のアメリカ像」『中央公論』7月号．「特集『戦後』への訣別」『世界』8月号．「特集 社会主義への道は一つではない！」『世界』9月号．「小特集 大衆社会」『思想』11月号
1957	2/25 岸信介内閣発足．6/ 岸首相，	藤田省三「現在革命思想における

	朝鮮戦争勃発．7/8 マッカーサー，吉田首相に警察予備隊設置を指示．7/11 日本労働組合総評議会（総評）が結成．8/10 警察予備隊令が施行	月号
1951	1/21 社会党，平和四原則（全面講和／中立堅持／軍事基地反対／再軍備反対）を採択．1/24 日教組が「教え子を再び戦場に送るな」をスローガンに再軍備に反対，社会党の平和三原則への支持を表明．3/10 総評，平和四原則を採択．9/8 サンフランシスコで48ヵ国と講和条約調印，同時に日米安全保障条約を調印．10/ 講和条約をめぐり社会党，左派と右派に分裂	手塚治虫『来るべき世界』1巻1/10，2巻2/10．無着成恭編『山びこ学校』（青銅社，3月）．映画『カルメン故郷に帰る』（木下恵介，松竹，3/21）手塚治虫「アトム大使」『少年』4月号〜52年3月号．思想の科学研究会編『「戦後派」の研究』（養徳社，6月）．竹山道雄「門を入らない人々」『新潮』6月号．長田新編『原爆の子』（岩波書店，10月）
1952	3/6 吉田首相「自衛のための戦力は合憲」と国会答弁．4/21 公職追放令廃止．4/28 サンフランシスコ講和条約発効．吉田首相，記者会見で「憲法改正の意思はない」と発言．5/1 血のメーデー事件．6/6 中央教育審議会（中教審）設置．7/4 破防法が衆院で可決．10/15 保安隊発足	「特集 民族の運命と講和後の民主化」『世界』1月号．小泉信三「平和論」『文藝春秋』1月号．「特集 憲法に云う『健康で文化的な最低限度の生活』と我々の生活」『中央公論』2月号．丸山眞男『政治の世界』（御茶の水書房，3月）．ラジオドラマ『君の名は』放送開始（4/10〜54/4/8）．「特集 再武装問題を直視せよ」『世界』5月号．社説「憲法の再検討を急げ」『読売新聞』5月3日．中村光夫「占領下の文学」『文学』6月号．山川均「非武装中立は不可能か」『世界』7月号．「原爆被害の初公開」『アサヒグラフ』8/6号．映画『原爆の子』（新藤兼人，近代映画協会，8/6）．映画『カルメン純情す』（木下恵介，松竹，11/13）
1953	2月 吉田首相のバカヤロー解散．4月 総選挙で社会党が左右両派議席を伸ばし左派が右派を上回る．5月 内灘基地反対闘争．9月 全国の学者，宗教家，政治家らが「平和憲法擁護の会」結成．10/2 池田／ロバートソン会談．11月 米副大統領リチャード・ニクソン訪日	映画『ひめゆりの塔』（今井正，東映，1/9）．NHK がテレビ放送開始（2/1）．清水幾太郎他編『基地の子』（光文社）．清水幾太郎他編『基地日本』（和光社）．「特集 占領と日本」『思想』6月号．「特集 MSA と再軍備」『世界』10月号．
1954	1/15 憲法擁護国民連合結成．3/1 米水爆実験で第五福竜丸被ばく．	清水幾太郎「わが愛する左派社会党について」『中央公論』2月号．

		権主義」『世界文化』5月号. 雑誌『思想の科学』創刊5月号. 映画『はたちの青春』(佐々木康, 松竹, 5/24)・映画『或る夜の接吻』(千葉泰樹, 大映, 5/23). 映画『わが青春に悔なし』(黒澤明, 東宝, 10/29)
1947	1/31 GHQ, 2/1 ゼネストの中止を命令. 3/12 トルーマン・ドクトリン. 3/31 教育基本法制定. 5/3 日本国憲法施行. 6/1 片山哲内閣発足. 6/8 日本教職員組合(日教組)結成. 12/22 改正民法の公布	大熊信行「戦争体験としての国家」『思索』3月号. 手塚治虫作画 / 酒井七馬原作『新宝島』(育英出版, 4月). 加藤周一・中村真一郎・福永武彦『1946 文学的考察』(真善美社, 5月). 石坂洋次郎「青い山脈」『朝日新聞』6/9～10/4. ラジオドラマ「鐘の鳴る丘」放送開始(7/5). 映画『戦争と平和』(亀井文夫 / 山本薩夫共同, 東宝, 7/22). 映画『安城家の舞踏会』(吉村公三郎, 松竹, 9/27)
1948	1/6 ロイヤル米陸軍長官が「極東における全体主義に対する防壁としての役割を日本に望む」と演説. 3/10 芦田均内閣発足. 8月 東宝争議(第3次争議). 10/19 第2次吉田内閣発足. 12月 平和問題討議会(のちの平和問題談話会)が「戦争と平和に関する日本の科学者の声明」を発表	花森安治が大橋鎭子とともに季刊誌『美しい暮しの手帖』(53年『暮しの手帖』に改称)を創刊(9月). 平塚らいてう「わたくしの夢は実現したか」『女性改造』10月号. 大山郁夫「全民衆の問題としての民主主義擁護の必要性」『中央公論』10月号
1949	1/23 総選挙で共産党35議席獲得し躍進. 4月 トルーマン米大統領, 原子兵器使用をためらわないと明言. 9月 ソ連の原爆保有が明らかに.	井上清『日本女性史』(三一書房, 1月).「特輯 平和問題」『世界』3月号. 横田喜三郎「時代遅れの中立論」『読売新聞』5/27. 田岡良一「永世中立無価値か」『読売新聞』5/27. 映画『青い山脈』(今井正, 東宝, 7/19)
1950	1/1 マッカーサーの年頭声明で「日本国憲法は自己防衛の権利を否定せず」. 1/15 平和問題談話会が講和問題についての声明(全面講和・中立堅持・国連加盟・軍事基地反対)を発表. 4/28 日本学術会議, 戦争目的の科学研究には従事しないと声明. 6/6 マッカーサー,『アカハタ』発行禁止. 6/25	映画『また逢う日まで』(今井正, 東宝, 3/21). 南原繁「世界の破局的危機と日本の使命」『世界』5月号. 映画『日本戦歿学生の手記 きけ, わだつみの声』(関川秀雄, 東横映画, 6/15). 手塚治虫「ジャングル大帝」『漫画少年』11月～54年4月号. 平和問題談話会「三たび平和について」『世界』12

戦後民主主義 関連年表

	政治・社会	文化・メディア
1945	7/26 米英中，ポツダム宣言発表．8/6 広島に原爆投下．8/8 ソ連，日本に宣戦布告．8/9 長崎に原爆投下．8/14 ポツダム宣言受諾を決定．8/15 終戦．全国に「玉音放送」が流される．8/28 東久邇稔彦首相が国体護持を強調，「一億総懺悔」に言及．9/2 戦艦ミズーリ号で降伏文書調印式．9/10 GHQ，プレスコード発表．9/27 天皇がマッカーサーに面会．10/4 GHQ，「人権指令」発令．10/9 幣原喜重郎内閣発足．10/11 GHQ，幣原首相に憲法改正示唆．10/11 GHQ，「五大改革指令」発令．10/15 治安維持法，思想犯保護観察法廃止．12/15 GHQ，「神道指令」発令．12/17 衆院選挙法改正，女性に参政権付与	大田洋子「海底のやうな光　原子爆弾の空襲に遭って」『朝日新聞』8/30．雑誌『思想』（岩波書店）が復刊（9月号）．雑誌『文藝春秋』（文藝春秋社）が復刊（10月号）．美濃部達吉「憲法改正問題」『朝日新聞』10/20〜22．河上徹太郎「配給された自由」『東京新聞』10/26〜27．民間情報教育局（CIE）による「太平洋戦争史—真実なき軍国日本の崩潰」が『朝日新聞』『毎日新聞』『読売報知』などで連載開始（12/8）．GHQのラジオ放送「真相はかうだ」開始（12/9）
1946	1/1 天皇による「人間宣言」．2/1『毎日新聞』，憲法問題調査委員会の試案をスクープ．2/13 憲法改正に関するGHQ案を日本政府に提示．3月 東宝争議（第1次争議）．3/ 婦人団体「婦人民主クラブ」結成．3/6「憲法改正草案要綱」発表．4/10 戦後初の総選挙，39名の女性議員当選，日本自由党が第一党に．5/3 東京裁判開廷．6/26 吉田首相，自衛権の発動としての戦争も放棄と答弁．10月 東宝争議（第2次争議）．10/7 憲法改正案が衆院で確定．11/3 日本国憲法公布	雑誌『世界』（岩波書店），『展望』（筑摩書房）創刊（1月号）．雑誌『中央公論』（中央公論社），雑誌『改造』（改造社）が復刊（1月号）．本多秋五「芸術 歴史 人間」『近代文学』1月号．映画『大曽根家の朝』（木下惠介，松竹，2/21）．宮沢俊義「憲法改正について」『改造』3月号．「天皇は皇位にとどまることをほっしておられない」という東久邇宮の談話（『読売報知』3/6）．馬場恒吾「徹底した平和主義」『読売報知』3/8．映画『民衆の敵』（今井正，東宝，4/25）．映画『彼と彼女は行く』（田中重雄，大映，4/18）．津田左右吉「建国の事情と万世一系の思想」『世界』4月号．志賀直哉「天皇制」『婦人公論』4月号．長谷川町子「サザエさん」『夕刊フクニチ』で連載開始．丸山眞男「超国家主義の論理と心理」『世界』5月号．宮沢俊義「八月革命と国民主